武器としての

図で
考える
経営

本質を見極め未来を構想する
抽象化思考のレッスン

平井孝志

東洋経済新報社

はじめに──図で考えれば経営はうまくいく

──経営について、うまく考えられないのはなぜか？

本書では「図」を使って「経営」の意思決定について考える方法を紹介します。

ここで言う経営とは、**事業戦略**や**組織**、**マーケティング**や**イノベーション**など、企業の未来を左右する重要な領域のことです。難しそうに聞こえるかもしれませんが、こういった「経営」は、皆さんの日々の仕事にも深く関わっているか、あるいは、仕事そのもののはずです。

そしておそらく皆さんは、日々の仕事の中で、経営について考える際に、次のような悩みを持っているのではないでしょうか。

「現在の延長線上でしか解決策が出てこない」

「どこからどこまでの範囲を考えるべきか。どう考えるべきか。自己流で自信がない」

「みんなで議論をしていても、噛み合っているのかどうか、わからない時がある」

「結局、勘と経験だけが頼り。他社の真似か、対症療法的なことばかりしている」


このように、経営について考える際に「この考え方でいいのかな?」と不安を感じている人は少なくありません。


「もっとうまい考え方があるのではないか?」

「もっとちゃんと考えられれば実際に経営もうまくいくのではないか?」


本書では、そうしたお悩みをお持ちの方に、効果的な処方箋を出すことを試みます。

数字やファクト「だけ」で考える限界

「なぜ経営について、うまく考えることができないのか?」を知るために、まず皆さんが、そもそも経営について、いつもどのようにして考えているかを振り返ってみてください。

いまどき「勘と経験」だけを頼りに経営を考えている人はいないでしょう。では、何を元に考えているでしょうか？　経営会議の資料には、何が書かれていますか？

それは**数字**や**ファクト**ではないでしょうか。

ビジネスにおいて、数字やファクトは確かに重要です。数字がなければ自社の現在地や今後の展望がわかりませんし、ファクトがなければ、世の中の変化や顧客ニーズに気付くことができません。競争や変化が激しい現代社会において、これらを蔑ろにして経営を考えることは不可能です。だから、経営を考える上で、数字やファクトが必須であることは、間違いありません。

ただし、それだけでは不十分なのです。

なぜ不十分なのかはCHAPTER0で詳しく紹介しますが、一言で言うと、**ファクトや数字だけでは「本質」も「未来」も見えない**からです。

エクセルに並んだ数字だけを見ても「上がった」「下がった」の議論しかできません。新聞や雑誌に書かれた記事（ファクト）を読んでも、現象、つまり結果論しかできません。

つまり、どれだけ数字やファクトを元に経営について考えても、それは、表面上に見えている現象や過去（結果）をこねくりまわしているだけに過ぎないのです。

繰り返しになりますが、数字やファクトは重要です。経営を考える上で欠かせません。しかし、新しいサービスや戦略を考えたり、組織マネジメントを考える上で、より「本質」に迫り、「未来」を構想するためには、**数字やファクトを元にした左脳的思考だけでは無理がある**のです。

そしてよくある過ちが「経営についてうまく考えられないのは、数字やファクトの量が、まだ足りないからだ」と、さらにその量を求めようとすることです。いくら数字やファクトが書かれた資料を分厚くしても、良い結果を生むとは思えません。下手をするとどんどん悪循環に陥ります。考えるべき要素を数え上げ、情報収集に走り、集めた情報に溺れて、さらに混乱してしまう。まったくの逆効果です。

なぜ「図」を描いて経営を考えるべきなのか？

経営を考える上で、数字やファクト以外に必要なもの。より「本質」に迫り、「未来」を構想する上で欠かせないもの。それが本書で紹介する「**図**」です。

図を描きながら経営を考える。それだけで、経営についての考えが、これまでの2倍、豊かで、ユニークなものになるでしょう。結果的に、経営も2倍うまくいくのではないかと思います。

この「2倍」という数字に科学的な根拠はありません（笑）。でも個人的には、それくらいのインパクトはあると思います。だって、いままで「左脳」でしか考えられなかった経営を「右脳」も使って考えることができるようになるのですから。

ビジネスは様々な要素の関係性で成り立っています。そんなビジネスを取り巻く豊かな関係性は、左脳的な文字や文章、数字だけで捉えるのには無理があります。**関係性を解きほぐして原因に迫り、本当に正しい意思決定をするためには、もっと感覚的に、イマジネーションを膨らませて右脳的に見て、考えることが効果的**です。その方法が「図を描いて考える」ことに他なりません。

経営について「右脳＋左脳」ではなく「右脳×左脳」で考えることができるとすれば、今までの考え方の2倍どころではないアップグレードがなされると言っても、過言ではないでしょう。

重要なのは「（完成した）図」ではなく「図を描いて考える」行為

本書は「図で考える」アプローチをテーマにしました。

ただし、素晴らしい図を描き、完成させるためのスキルについて紹介するわけではありません（私にはそんな画才はありません……）。

そうではなくて、左脳にプラスして右脳もフル活用し、図を手掛かりに経営について深く・広く考え、本質に迫るためのヒントを明らかにする試みです。なぜなら、**意味があるのは、完成した図ではなく、図を使いながら考えるプロセスそのもの**だからです。

詳しくはCHAPTER0で紹介しますが、図を描いて経営を考えることには様々なメリットがあります。

図を使いながら考えると、思考の「**見える化**」ができ、論理のヌケ・モレが見えてきます。

それに図は、頭の中でイメージしやすく、いつでもどこでも頭の中で引っ張り出してきて、粘っこく考えることも可能になります。

また、図を描くと、ものごとの全体像（ビッグ・ピクチャー）や、論理の関係性や、そこに作用するダイナミズムが浮き彫りになります。だから図を「ぐっ」とにらんでいると、現象の裏にある本質や、そこから導き出される未来に気付くこともあります。

もちろん図は、1人で考える時だけでなく、複数の人と議論する際にも威力を発揮します。みんなでホワイトボードを囲んで議論すれば、議論そのものが「**見える化**」され、腹落ちする共通認識をつくったり、新しい発想を得ることにもつながります。

さらに図を描くことで、長期的なメリットを享受することもできます。「これはすごくいい図だなぁ」と思ったものを「**モジュール化**」して手元に蓄積できるからです。そんな図のストックを増やしていけば、新しい問題に直面した時に、アナロジーを働かせることができます。

なぜ名経営者はナプキンの裏に図を描くのか

図を描いて経営を考えることの効用は、単なる私の思いつきではありません。ビジネスにおいて、図がすさまじい威力を発揮した幾つかの具体例をお話ししましょう。よくビジネスの成功物語には、ナプキンの裏に描いたメモが出発点になったというエピソードがついて回ります。これは典型的な、図を描いて経営を考えて大成功した例に他なりません。
たとえばアマゾンの創業者ジェフ・ベゾスは、ナプキンの裏にループ図の成長モデルを描きました（260ページの図5−11）。GEの中興の祖ジャック・ウェルチは、ナプキンの裏にベン図の事業構想図を描きました。格安航空会社の基礎を築いたサウスウエスト航空の創業者3人は、ナプキンの裏にダラス・ヒューストン・サンアントニオを結ぶ三角形のルート図を描きました。

これらは、経営学の本やビジネス書の中で、繰り返し語られる伝説的なエピソードです。そして実際に、彼らが描いた図が元になって、その後世界を一変させるようなビジネスができあがりました。**ナプキンの裏に描かれた落書きのような図が、成功の裏側にあるメカニズムそのものだった**からです。

ジェフ・ベゾスはオンラインで本を売ることを始めたから凄いのではありません。成長のメカニズムの本質を突いたから凄いのです。ジャック・ウェルチも、市場でNo.1、No.2になるという事業の選択と集中を行なったから凄いのではありません。資源有効活用のための論理モデルを創ったから凄いのです。サウスウエスト航空も、田舎で安い運賃の飛行機を飛ばしたから凄いのではありません。大手航空会社のハブ・アンド・スポークのルート設計に対して、点と点を結ぶピア・ツー・ピアという斬新なネットワークを持ち込んだから凄いのです。

もし彼らが図を描かずに、こんな風に経営を考えていたとしたらどうでしょう。

「ライバルのA社がこんなサービスを始めた。うちはどうする？」

「今期の売上が○○だった。じゃあ来期は△△でいいかな？」

このようにファクトや数字だけで経営を考えていては、今のような成功はなかったでしょう。そうではなく、図を描き、右脳もフルに使って経営を考えたからこそ、世界にインパクトを与える経営を実現できたのです。

ちなみに、彼らの描いた図が、ナプキンの裏に描ける程度のものだったことは、大変示唆に富みます。ナプキンの裏には長い文章をダラダラとは書けません。経営において大切なのは情報量ではないということです。

ファクトや数字からなる膨大な資料よりも、よりよい経営を考える上で必要なのは、ナプキンの裏に描く程度の図。成功のためのメカニズムやモデル、ネットワークといった「勝ちパターン」は、ちょっとした図を描くことで手に入ることがあるのです。

できる人は、図を使いこなす

私はこれまで、ベイン・アンド・カンパニーやローランド・ベルガーといった戦略系コンサルティングファームでコンサルタントとして働いてきました。また、デル、スターバックス コーヒー ジャパンでは経営企画やマーケティング部門の責任者をしたこともあります。マサチューセッツ工科大学（ＭＩＴ）にもＭＢＡ留学しました。今は、筑波大学大学院で経営戦略論を教えています。

その中で「この人すごい！」「考えが深い！」という人に、幾度となく遭遇してきました。

・業界知識や情報で戦うのではなく、鋭い論理でクライアントを唸らせるコンサルタント。

・複雑な経営課題を単純明快な論理で切って取る経営者。

・ホワイトボードの前に立って議論をテキパキと捌き、思考水準を一段高めるＭＢＡ生。

その人たちも決まって、経験や知識だけに頼らず、図の力を借りながら本質に迫っていました。

「経営で成果を出す人は必ず図を使っている」とまでは言えませんが、少なくとも「図を使って経営を考える人は、成果を出す確率が高い」とは言えると思います。

本書の狙い、読者対象、目次構成

本書では、これまで私が見聞きしたり、経験したり、学んできたことを題材に、経営課題を図で捉え、深掘りして考える方法をご紹介します。右脳を使うことで、今まで見えていなかったことに気付けたり、より本質に迫ることが可能になる方法です。

そういった意味で、本書は経営学の教科書や解説書とは異なります。決して理論やフレームワークを網羅的に説明する本ではありません。ですので、簡単なノウハウやスキル、体系的な知識は手に入らないと思います。でも本書を片手に手を動かしながら、図を描きつつ読み進んでいただければ、視座・視点・視野の広がりを実感してもらえると信じています。

また、「図で考える」アプローチは、手っ取り早いノウハウではなく「**考え方**」です。なので「How Toがない」「すぐに役立たない」という苦情も聞こえてきそうです。あるいは「言われたように図を描いたのに答えが見えてこない」というお叱りもありそうです。おそらくその通りです。「図で考える」アプローチは、そんな手軽なものではないからです。

しかし、手軽でないからこそ、**図で経営を考えられるようになれば、他の人との差別化になる**はずです。急がば回れ。習うより慣れろ。時間はかかるかもしれません。でも始めなければいつまでたっても脳の半分を使えないまま。それは実にもったいないことです。

本書の主たる対象は、企画部門で働く人、ビジネスリーダー（含む候補）、若手から中堅にかけての戦略コンサルタント、これから事業を立ち上げようとしている人たちなどです。そう、つまり日々の仕事の中で、経営について、問題設定や問題解決に悩んでいる方々が対象です。そこでテーマとしては、マネジメント上重要なものを選定しました。

ＰＡＲＴ1の「戦略編」では「事業戦略」「全社戦略」「マーケティング」、ＰＡＲＴ2の「イノベーション編」では「Ｒ＆Ｄ戦略」「イノベーション」、ＰＡＲＴ3の「組織編」では「組織マネジメント」「コスト削減」「リーダーシップ」を取り上げています。

また、それぞれのテーマの中の各項目毎に、それに適した図の「形」、たとえば「田の字」「ピラミッド」「ループ」「ベン図」「タテ・ヨコ」「階層」などを紹介しています。できれば最初から全体を通して読んでいただきたいのですが、興味がある章だけつまみ喰いしてもらってもＯＫです。

最近ではビジネスへの影響因子として、社会貢献や環境、コンプライアンス、さらには地政学的な要素などが加わりました。考えなければならないことの増殖は止まりません。ますます正しい答えが見えにくくなっています。それでもビジネスの世界では、迅速な意思決定を日々していかなければならない。我々はそんな矛盾に直面しています。

それゆえ私は、ますます「図で考える」アプローチが重要になってくると考えています。**表層的なことにとらわれず、本質的なメカニズムを見据えないと、根本的な解決策やアイデアに近づくことはできない**からです。

本書が、皆さんの考える力を補強し、ビジネス上の課題に直面した時に役に立つ武器になれば幸いです。

紙1枚とペン1本を持って、手を動かしながら一緒に考えていきましょう。

では本編スタート。

武器としての図で考える経営――目次

PART 1 戦略編

CHAPTER 1 図で考える事業戦略

CHAPTER 2

図で考える全社戦略

CHAPTER 3

図で考えるマーケティング

PART 2 イノベーション編

CHAPTER 4 図で考えるR&D戦略

CHAPTER 5
図で考えるイノベーション

PART 3 組織編

CHAPTER 6 図で考える組織マネジメント

CHAPTER 7
図で考えるコスト削減

CHAPTER 8
図で考えるリーダーシップ

CHAPTER

0

なぜ今、経営を「図」で考えるべきなのか？

事業戦略やマーケティングなど、ビジネスパーソンは日々、経営の様々な側面について考え、意思決定していく必要があります。その際になぜ「図」を描くことが効果的なのか。それによって得られるメリットや注意点を、まずはご紹介しましょう。

1

図を描いて考えることは「抽象化思考」である

エクセルでは「確認」はできても「考える」ことは難しい

本書では、経営について考える際に図を描くことで、その思考をより間違いのない、洗練された、本質的なものにしていく試みについて紹介していきます。

さて、ビジネスにおいて「図」というと、エクセルで描いた折れ線グラフや棒グラフ、あるいは散布図などを思い浮かべる方もいるかもしれません。しかし、これらを見ながら経営について考えることと、私が本書で提案する「図を描いて経営を考える」ことは、まったく異なります。

本書でいう「図」とは、エクセルで作った表やグラフのような、数字を入れると自動的に出てくる図を指しているわけではありません。たとえば、**できあがった折れ線グラフを眺めても、気になるのは増減だけ**。見えてくる課題も上がっているか下がっているかだけ。それだと、なかなか発想が広がらず、到達する結論も近視眼的になりがちです。

いつまでも近視眼的な発想をしていては、ビジネスで勝てません。VUCA[*1]とも呼ばれる先の見えない時代。折れ線グラフの延長線上に答えはあろうはずもなく、もっと複眼的な視点、非連続な視点、変化球のような発想が大事になるはずです。そして、そのために必要なのが「図を描いて考えること」なのです。

エクセルで描けるようなグラフの図を、私は「分析図」と呼んでいます。これはボタン1つで描けるしろものです。そして、分析図の解釈などは、今後おそらく真っ先にＡＩ（人工知能）にとって代わられるでしょう。

＊1　ＶＵＣＡ：Volatility（変動性）、Uncertainty（不確実性）、Complexity（複雑性）、Ambiguity（曖昧性）の頭文字をとった言葉。読み方は「ブーカ」。変化が激しく予測が難しい社会や経済情勢を表す言葉。

ものごとを抽象化して捉える

私が大事だと思うのはそんな「分析図」ではありません。それ以外の2種類の図です。それを私は、「概念図」と「構成図」と呼んでいます。

これら**「概念図」と「構成図」を描くことこそが、経営に関する問題設定や問題解決に大きく役立ち、私たちを延長線上にはない答えへと導いてくれる**のです。

では、「概念図」「構成図」とはどんな図でしょうか。

「概念図」とは、紙1枚の上に描かれる線や丸や四角と短い言葉で表現されるイメージ。よく「ポンチ絵」とも呼ばれる落書きのような図です（図0−1）。

「構成図」とは、よく使われる定型の図です。前著『武器としての図で考える習慣』では、最も重要な4つの構成図「田の字（2×2のマトリックス）」「ピラミッド構造」「矢バネの図」「ループ図」を取り上げ、詳しく解説しました（図0−2）。

この2つの図には、分析図にはない共通点があります。それは、ものごとを「**抽象化**」する試みだということです。複雑な事象を、〇や□や△、あるいは矢印で結ぶ。そうすることでシンプルに視覚化され、抽象化されたことで、論理のつながりやものごとの関係性

図0-1　概念図

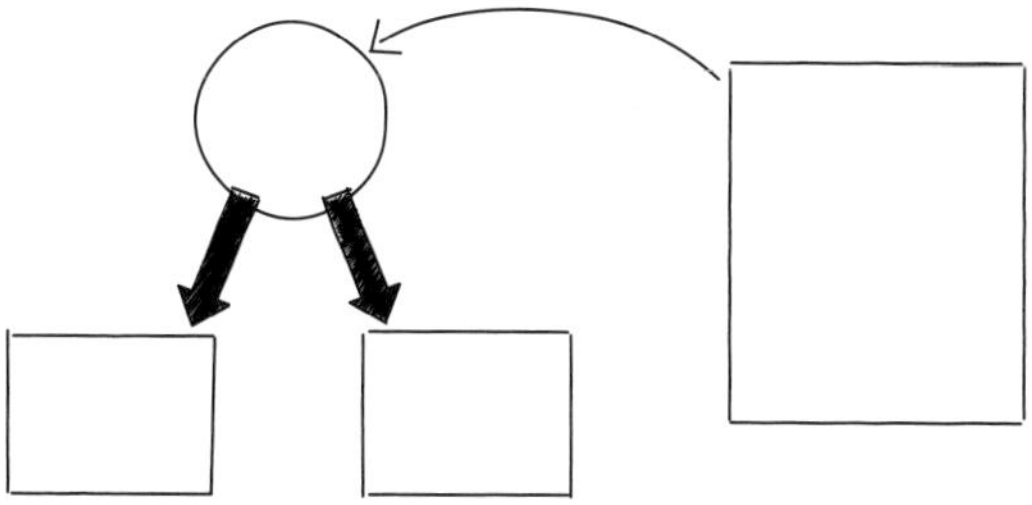

図0-2　構成図

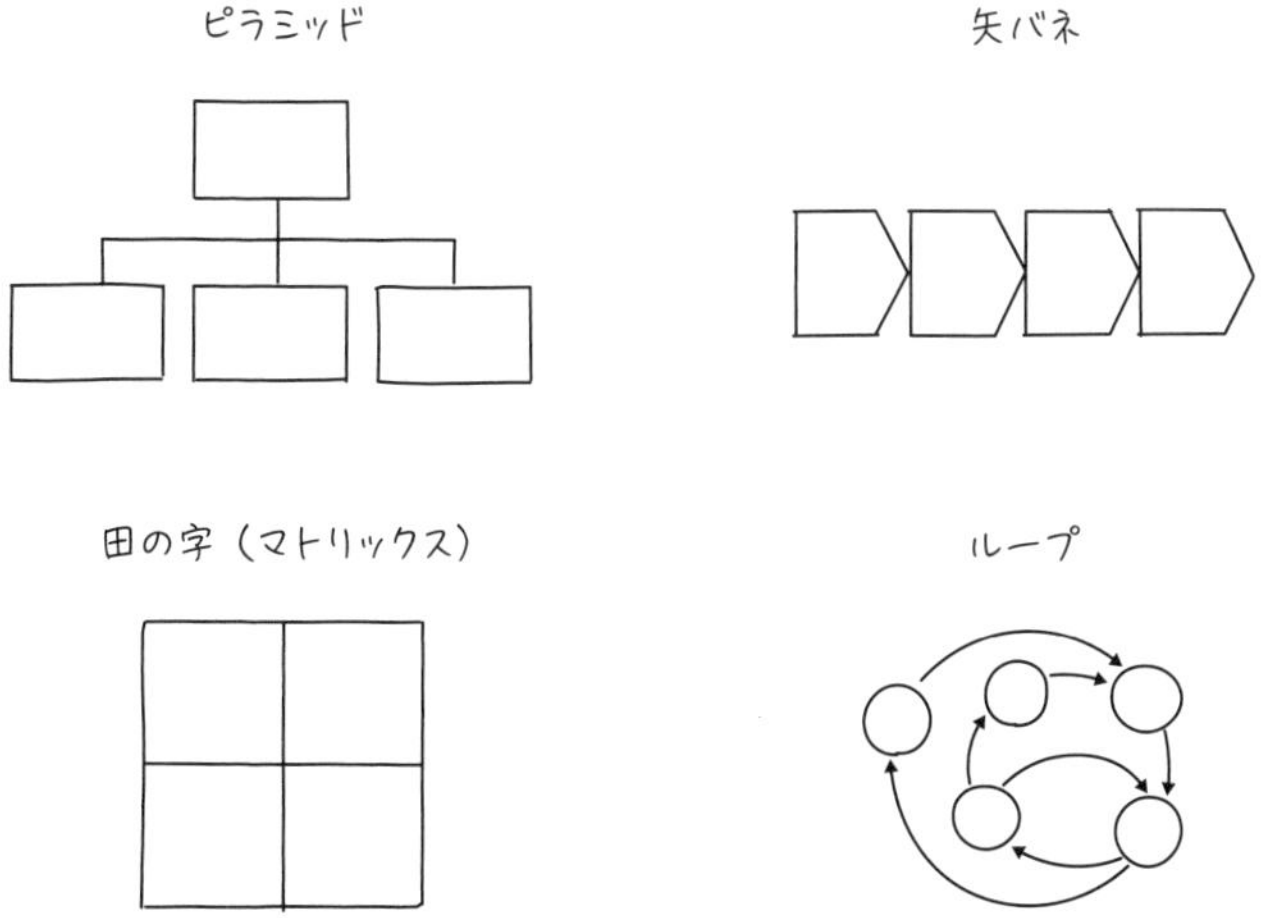

を、はっきりと捉えることができます。つまり、「概念図」や「構成図」は、ものごとの本質や大切なポイントを、私たちにはっきりと見えるようにしてくれるのです。「図で考える」アプローチは、抽象化思考の具体的手段ということです。

概念図と構成図の関係

概念図はあなたが自由に描いたオリジナルの図、構成図は誰かが考えたテンプレートを拝借した図です。皆さんには、ぜひ概念図を自由自在に使いこなし、考えたことを思考の血肉として十二分に活用していただきたいと思うのですが、最初からそうすることはもちろん簡単ではありません。そこで構成図、つまり先人が編み出した、有効なフレームワークなどのすでにある図が大きな意味を持ってきます。

世の中には、溢れるほどビジネス関連のフレームワークがあります。フレームワークに沿って情報を整理しても答えが見えてくるわけではないですが、**フレームワークは、考えるための視座・視点・視野を与えてくれます**。フレームワークそのものではなく、それら視座・視点・視野を使いこなそうという心構えを持つと、図を描く発想も広がり、そこからの気付きの質も上がるはずです。

図0-3　構成図と概念図をループさせる

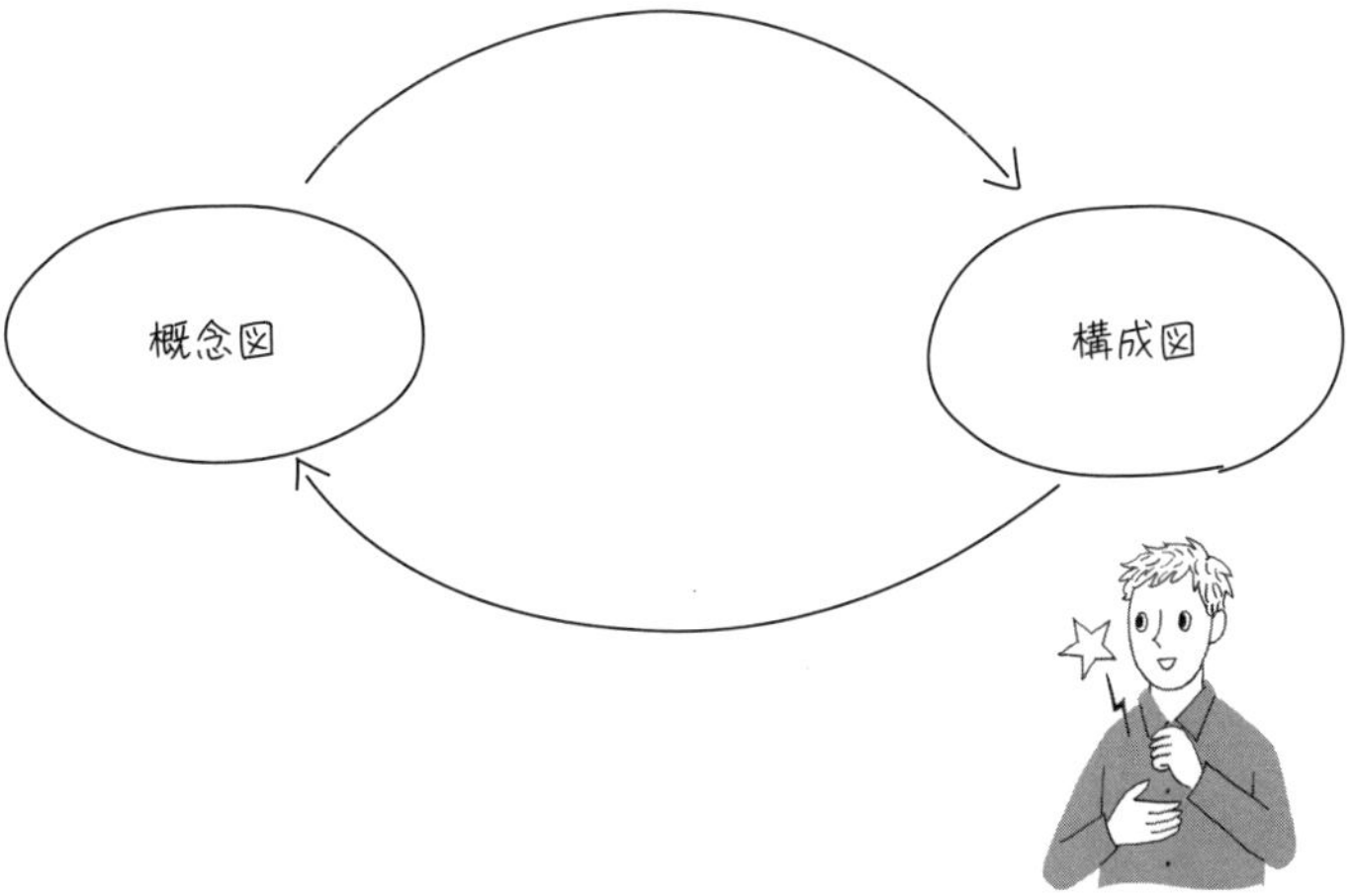

図で経営を考える第一歩は、こうした構成図を使ってみることです。そのために本書では、各経営課題に対して、描くことで有益な示唆を得られる構成図を紹介していくスタイルを採用しています。

「田の字」や「ピラミッド」「矢バネ」のような誰もが使う構成図はやはり使い勝手がいいものです。また、経営学のフレームワークや理論などにもこのような構成図が数多く使われています。なので、既にある図をどんどん真似してみるのも一つの手です。

構成図を当てはめてみたり、あるいは異なる構成図を組み合わせてみたり、いろいろと試行錯誤を繰り返すことで、やがてオリジナルの概念図を描く能力も高まっていきます。

また概念図を描く際にも、構成図をどんどん参考にすれば、概念図そのものもリッチになっていきます。

つまり「構成図→概念図」「概念図→構成図」の双方向のシナジーを生み出していくことが大事だということです。それを図にすると図0-3のようになります。

ちなみにこれは**ループ図**です（笑）。こうやってループ図にすると、双方向のシナジーの重要性が、より頭の中に定着しませんか。

2

コンサル時代に役立った図で考えるアプローチの例

私が蓄積してきた図

深く・広く考え正しい答えに辿り着くため、欧州系の戦略コンサルティングファーム、ローランド・ベルガーでコンサルタントとして働いていた頃、私もホワイトボードと向き合って概念図を描きながら、議論を昇華し、深め、問題の全体像と解決の方向性を見出していました。

今でもその幾つかは写真に撮って保存しています。たとえば、図0-4と図0-5は、実際にコンサル時代、私が描いた概念図です。

図0-4は、ある商社の新規ビジネス創出のプロジェクトを行なっていた際、1人でホワイトボードに向かって考えながら描いた図です。商社の持つバリューチェーン（真ん中

図0-4　概念図の例

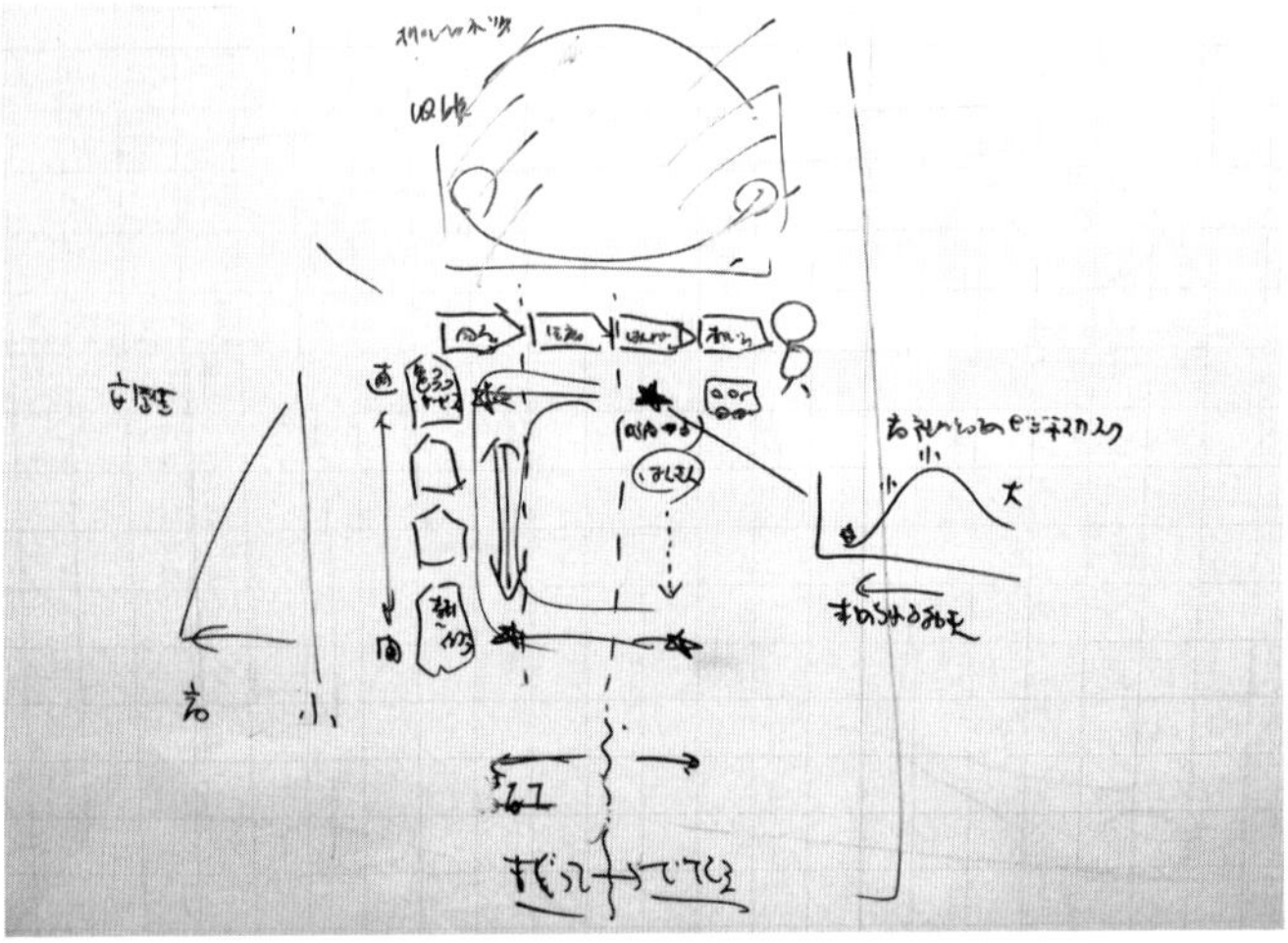

の横向きの矢バネ）と、顧客のバリューチェーン（真ん中の縦の矢バネ）を組み合わせるという発想を膨らませ、新規事業のヒントに辿り着くことができました。

図0-5は、同僚と一緒に議論しながら描いた図の一部です。製品中心のビジネスの考え方から、ソリューションビジネスへと転換する場合、何が根本的に異なるのかについて議論した際のものです。

上のプロダクト（製品中心のビジネス）では、企業のバリューチェーンに沿って製品に関する情報や試作品が移動していく様子が描かれており、下のサービス（ソリューションビジネス）では、企業活動全体を通して創出するソリューションの土台の上に、すべての機能や活動が乗っかっている様子が描かれています。

図0-5　概念図の例

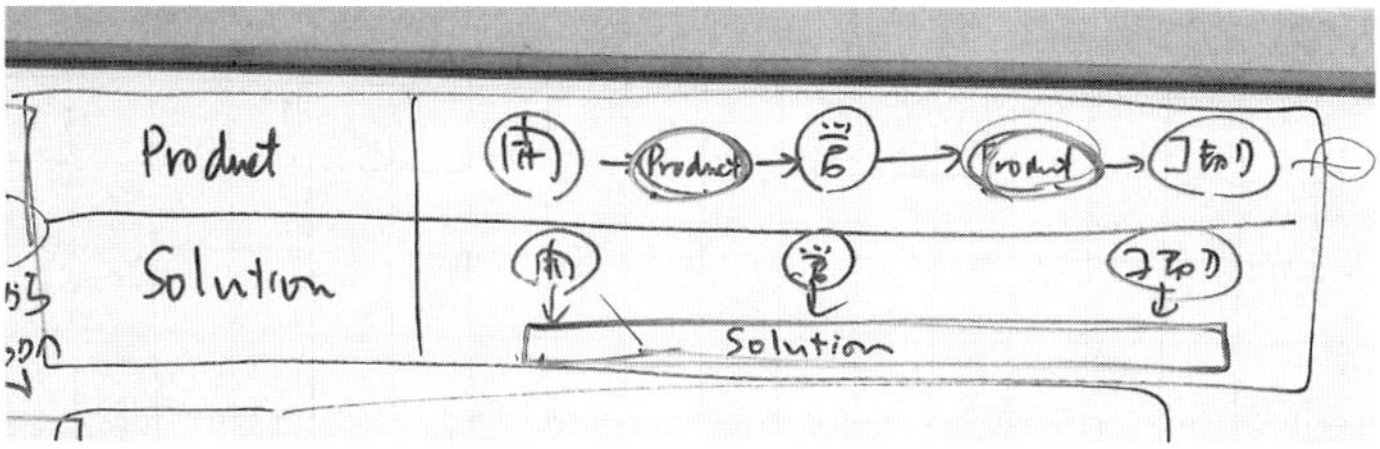

製品中心の考え方とサービス中心の考え方は、単に顧客に対する価値提供の形が異なるということではなく、それを生み出す企業の仕組み（バリューチェーン）そのものが変わるってことだよね、と話をしていたのを今でも覚えています。

何かの活動や機能や要素などを□や○で表し、そのつながりや関係性を線で表していく、つまり概念図を描いていくと、ものごとの本質を切り取って理解できるだけでなく、何十年たってもそのことをパッと思い出すことができるのです。

これって、すごくないですか？

コンサルのパートナーとしての生命線だった図

図で経営を考えることは、一コンサルタントの時代だけでなく、その後シニアパートナーになった時にも、大きな武器となりました。

通常、コンサルティング・プロジェクトでは、良くも悪くもプロジェクトの最後に最終報告を行ないます。大体の場合、説明するのはそのプロジェクトのプロジェクト・マネジャーです。

もちろんコンサルタントは、最大限の知恵と努力を動員して最終報告書を作り込みます。そして、そのすべてをマネジャーが説明してしまうのです。

そうすると普通なら、シニアパートナーの私がその後に話すことなど、ほとんど無くなってしまいます。でもだからと言って、最終責任者であるパートナーが最終報告会で黙って座っているわけにはいきません。それではそこにいる意味がないからです。「喋らない」＝「無価値」です。

つまりコンサルのパートナーは、チームが一丸となり、最大限知恵を絞って作った最終報告書のさらに上をいく議論・コメントを、その場ですることを求められるのです。それができなければただの役立たずです。

報告会の最中でも、私はよく手元の紙に、議論や質問を「図的」に整理しながら、新たな視点を探索していました。そしてその図を頼りに、さらに議論を高みに上げることに全力で挑んでいました。

まさに図は、私のパートナーとしての生命線でもあったのです。

3

抽象化によって得られるメリット「アナロジー思考」と「モジュール化」

「見える」ものは「触れる」

「はじめに」でもご紹介しましたが、ここで、なぜ図を描いて経営を考えることが効果的なのかを、その具体的なメリットを挙げて説明しておきます。

まず、図にすると事象が「**見える化**」されます。全体像を把握することができて、思考のモレがなくなります。また、複雑な関係性やメカニズムも1枚の紙の上に浮かび上がるので、現象の裏にある本質や、そこから導き出される未来に気付くこともできます。

また、自分1人で考えるのではなく会議などでみんなで議論する時にも、図を描いておくと、文字や言葉だけで議論するより、お互いの認識がずれる心配がなくなります。

そして問題や事象について図に描いて「見える化」できれば、そうした理解や認識の精度が上がるだけでなく、それに対する打ち手についても、より効果的なものを選んだり、効果的な発想をすることが可能になります。なぜなら、その課題を「**触る**」ことができるからです。

言葉や文字だけだと頭の中でぐるぐる空回りしてしまう問題も、図にしてみれば、次のようなひらめきとともに解決のヒントに気付くことが多いものです。


「なぜ、ここに空白があるのだろう?」

「なぜ、この2つは離れているのだろう?」

「なぜ、この順番になったのだろう?」

「あっ、あそこに補助線を引けば!」

「あっ、こことここをつなげば!」

「あっ、タテ・ヨコ逆にすれば!」


これも「はじめに」で触れた通りですが、図に描いて経営を考えることで、左脳的な思考だけでなく、直観やイメージを駆使した右脳的な思考もできるようになるのです。単に「増やす」「減らす」といった思考ではなく、新しい発想、根本的な解決策を考える上では、数字や文章による左脳的な発想よりも、図を駆使した右脳的な発想のほうが効果が期待できることは言うまでもありません。

抽象化して考えることの最大のメリットはアナロジー

イノベーションに関する論文の1つに、興味深い図がありました。それは「**問題空間**」と「**解の空間**」をつなぐ概念図でした。図0-6をご覧ください。

そこには、抽象化とアナロジーを介した問題解決の「三角形」が示されていました。次のようなステップです。

①具体的な問題を抽象化する。
②抽象化されたものを手掛かりに既に存在する解決策を探す。
③それを今の問題に適用してみる。

その論文には、抽象化する際には構造的な類似性に着目するのが良いとされていまし

図0-6　構造的な類似性に着目する

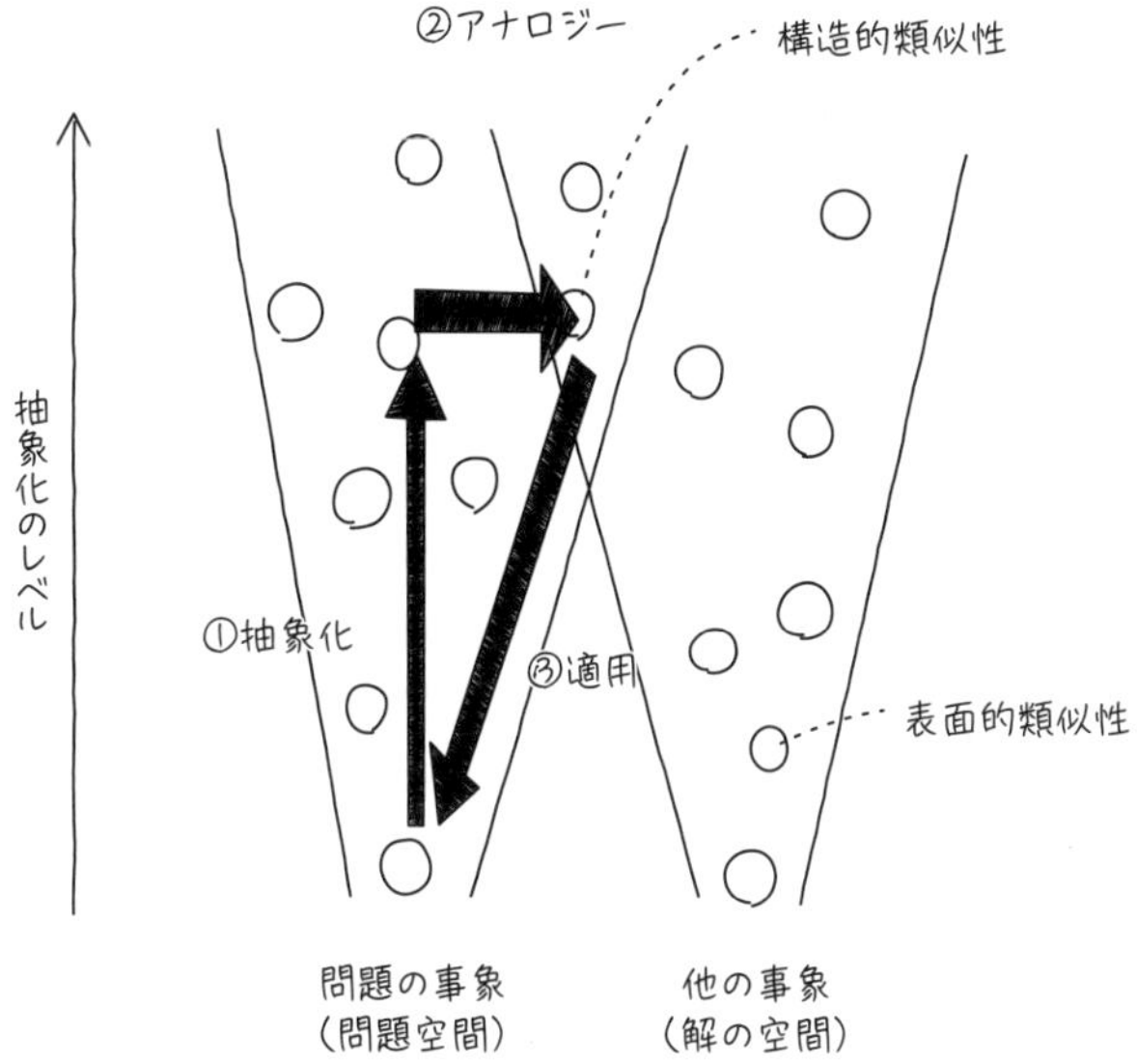

出所：Gassmann and Zeschky (2008) "Opening up the Solution Space: The Role of Analogical Thinking for Breakthrough Product Innovation", *Creativity and Innovation Management*, Vol.17 (2) を参考に筆者作成

図0-7　カモノハシと新幹線

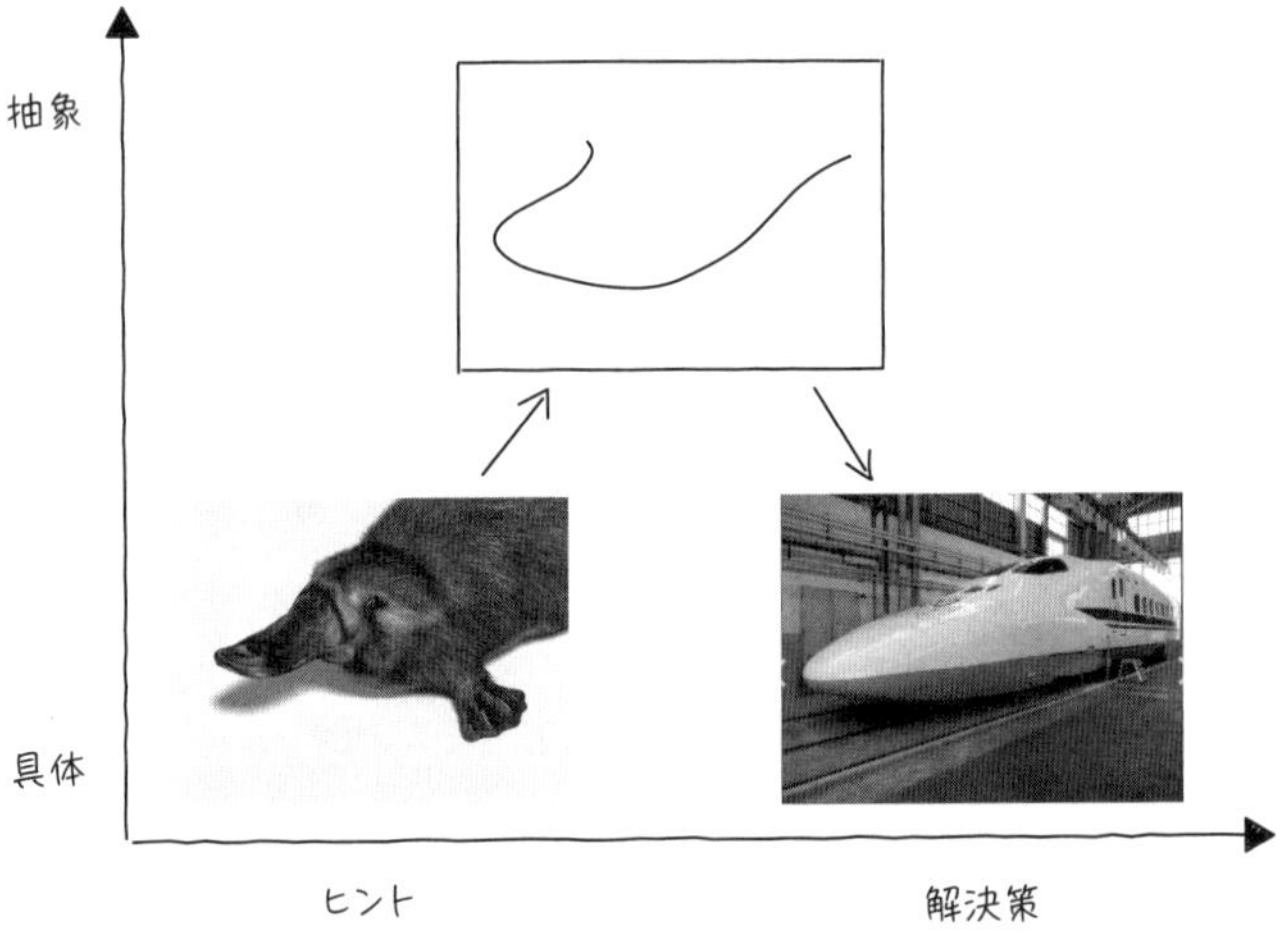

左写真：shutterstock／右写真：橋村季真

た。私なりに平たく言うと、図で表せる「形」に着目するということです。

わかりやすい具体例を挙げます。700系新幹線の先頭車両の形は、カモノハシのくちばしに似ていると思いませんか。この形は、水に飛び込む際に大きな波をたてないカモノハシのくちばしがヒントになったと言われています（図0-7）。先頭車両をこのような形にすることで、トンネルに入る際の衝撃が緩和されました。

ほかの例では、一時期流行したナイキのエアマックス。このシューズの構造は、飛行機の着陸装置からヒントを得たと言われています。重い飛行機の着陸の衝撃を和らげるために空気を使うという構造的類似性がシューズに応用されたのです。おそらく共通のイメージは、ゴム毬《まり》が弾む感じでしょうか。

このように図を描くこと、つまり抽象化することで、「Aの解決策はBにも応用できるのではないか」「Cの問題はDの問題と似ている」といったことにいち早く気付くことができます。

図で考えたことを「モジュール化」して、思考の血肉にする

私は、こうやって図と共に考えたことを1枚の紙として保存するクセがありました（最近では写真に撮って保存することも増えましたが）。その理由は考えっぱなしにしないためです。かっこよく言えば、図を使った、**知識・思考・経験の「モジュール化」**です。そうすることで、何か他の問題に直面した時、アナロジーとして活用することができます。

ちなみに図0‐8は、MITに留学時代に、学んだこと・考えたことを1枚の紙の上に描いて蓄積し、いまだに手元に取ってあるものです。数十枚あるのですが、それぞれの紙の右上隅に、日付、カテゴリー、論点、メッセージといった項目の枠を書いた紙を作って、貼り付けたりしていました。

図0-8　図で考えたことのモジュール化

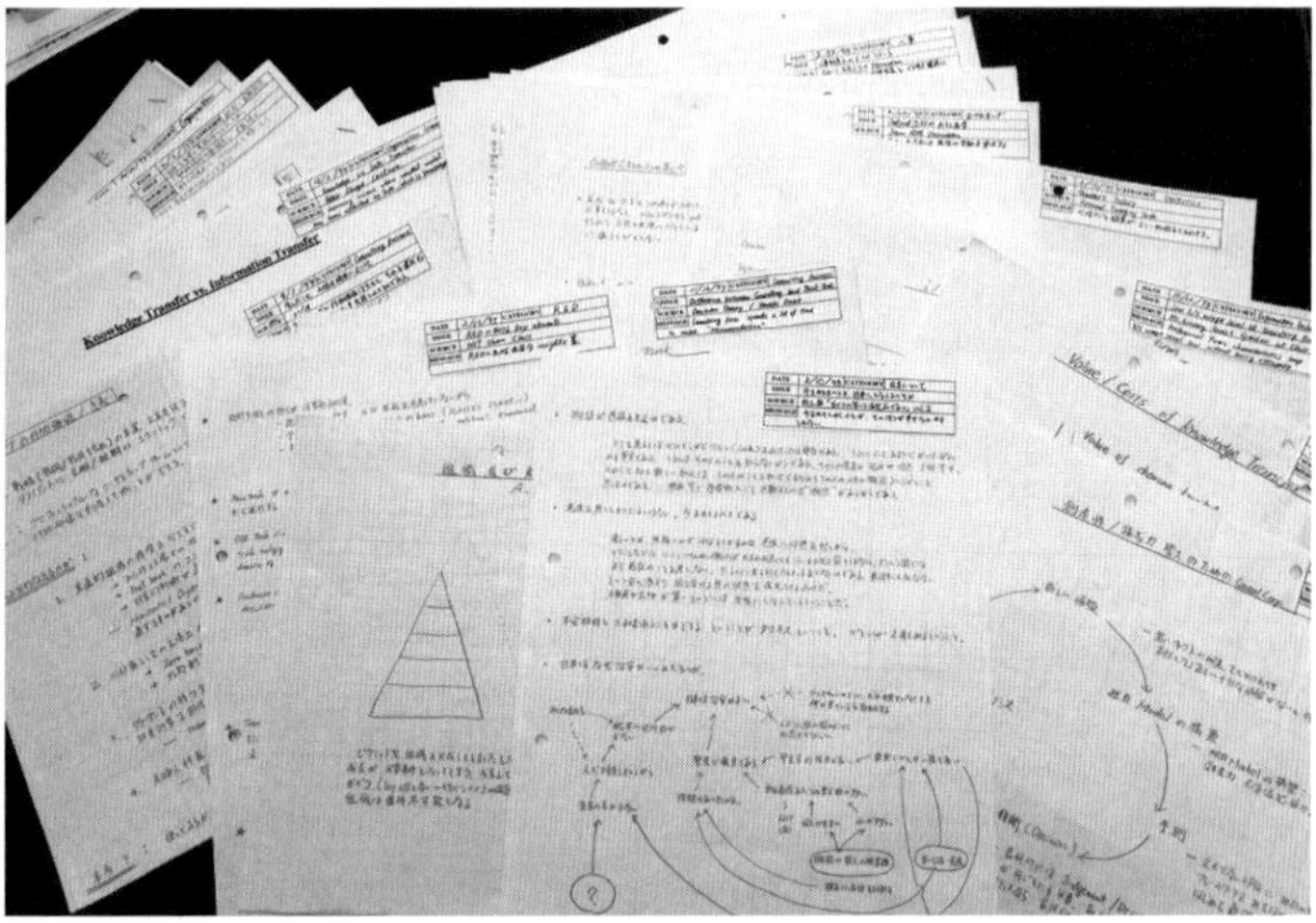

写真：竹井俊春

私は古い人間なので、基本的には紙で保存することのほうを好みます。紙で保存しておくと、アクセスも簡単で、いつでもパラパラと眺めることができ、思考の活性化が進むからです。そして、モジュール化されたイメージの束は、アイデアや視点のアナロジーを駆使する上で、アーカイブとして役立つのです。

ちなみにMBAのゼミ生に、比喩的に「どうやら私の頭の中には小人がいて、一晩寝ている間に自分に代わって考えてくれるみたい」と話すと、みんな「その小人欲しい！」と言います。

もちろん、そんな小人は貰うものではありません。自分で創り出すものです。そして、図に描いてモジュール化した自分のアーカイブは、その小人になってくれるはずです。

企業が直面する経営課題の構造は似ている

「図で考える」アプローチは、ビジネスとの相性は非常に良いと思います。というのは、いろいろな**企業が直面する経営課題の構造は、図に表すと、似通っていることが多い**からです。だからアナロジーも効きやすくなる、図が役に立つ。

そんな例を1つご紹介しましょう。

以前、MBAのゼミ生に、中堅ファミリー企業の3代目にあたる人がいました。

彼の修士論文のテーマは、どうすれば自社のレジリエンス（回復力、しなやかさ）を高められるか、というものでした。自分の代で、これまで代々受け継いできた事業を終わらせるわけにはいかない。そんな強い使命感がその根底にあったのです。

彼が最初に立てたレジリエンス獲得のメカニズムは、危機を乗り越えた経験から学習したことを、平常時に強化し、次の危機に活かしていくというものでした。図で表すと図0−9のような感じです。

図0-9　レジリエンス獲得のメカニズムⅠ

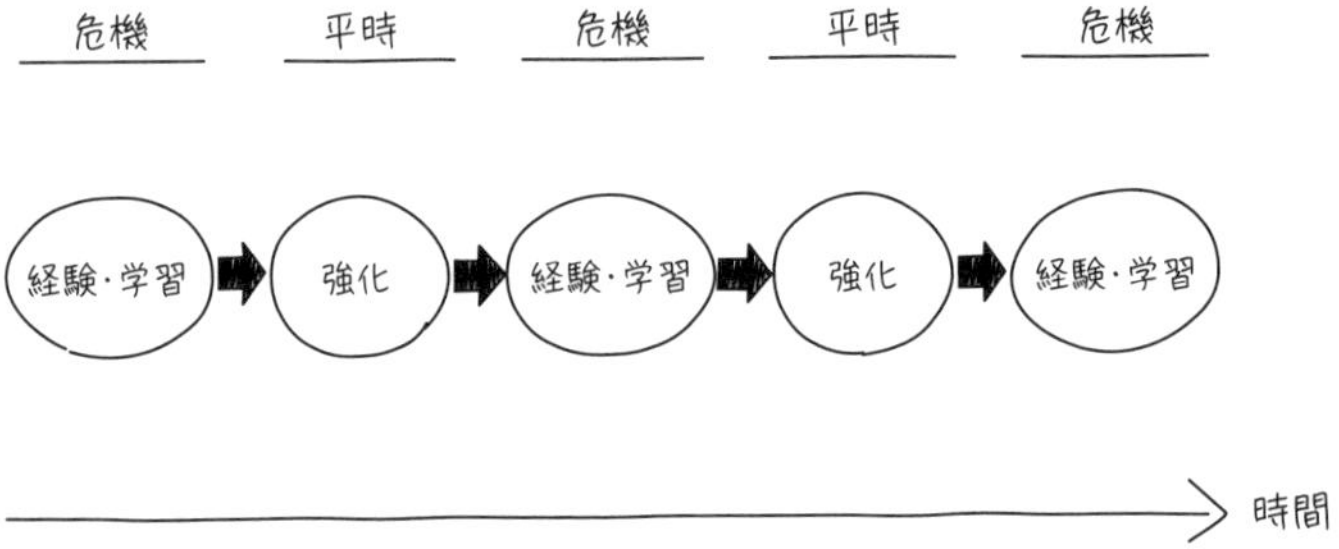

しかし、社内の古参の方々にインタビューしてみると、危機から学んで次に活かしたという話はまったく出てきませんでした。どちらかと言うと、危機も平時も区分けして考えたことは無いというコメントが大半でした。その一方で、よく聞こえてきた声は、マネジメントと現場の信頼関係が強固で、「任せて・やらせて・ダメでも責めず・マネジメントがケツを拭く」といったものでした。そこで彼と私はホワイトボードの前で悶々と議論を重ねました。

そして結果的に、次のような仮説に辿り着きました。

平時のマネジメントも、小さな危機も大きな危機も、イチ・ゼロの違いではなく、程度の差に過ぎないのではないか。何かスキルを学習・獲得し、次につなげるというメカニズムではなく、土

図0-10　レジリエンス獲得のメカニズムⅡ

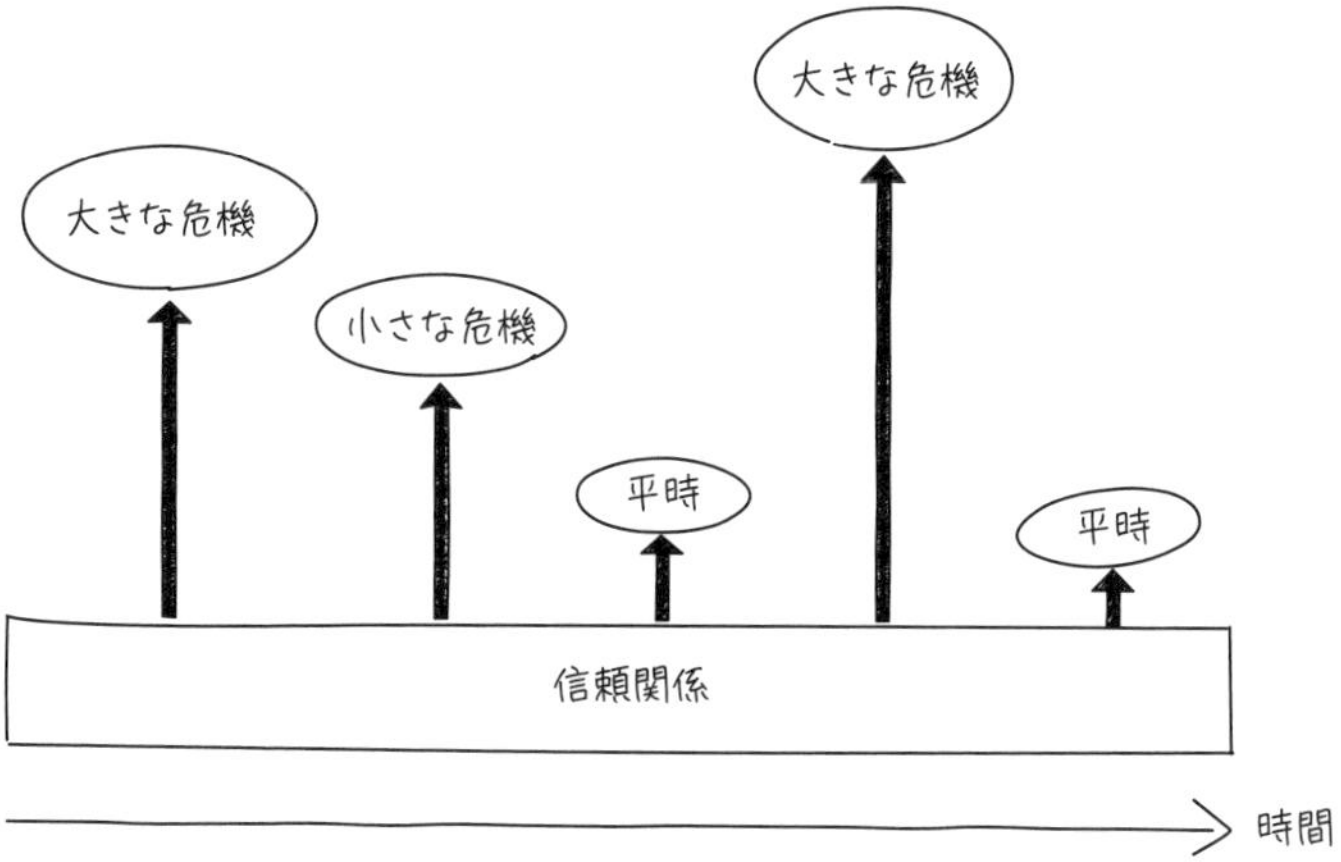

台となる信頼関係を大切にする組織文化がレジリエンスの発揮にも効いているのではないか、という仮説でした。2人が辿り着いた仮説の重要なポイントは、「経験・学習→強化→経験・学習→強化」といった、時間軸に沿ったヨコの流れ（フロー）の論理ではなく、信頼関係が危機の大きさに応じて発揮される土台（ストック）に基づくタテの論理でした。図にすると図0-10のような形になるでしょうか。

その時、私はハッとしました。

今一度、35ページの図0-5を見てもらえますでしょうか。この図0-10のレジリエンスに対する発想の転換は、先ほどお話しした図0-5のプロダクトからサービスへの変革のパターンとほとんど一緒だったからです。

図0-11　推象化して見えてきた本質的な「形」

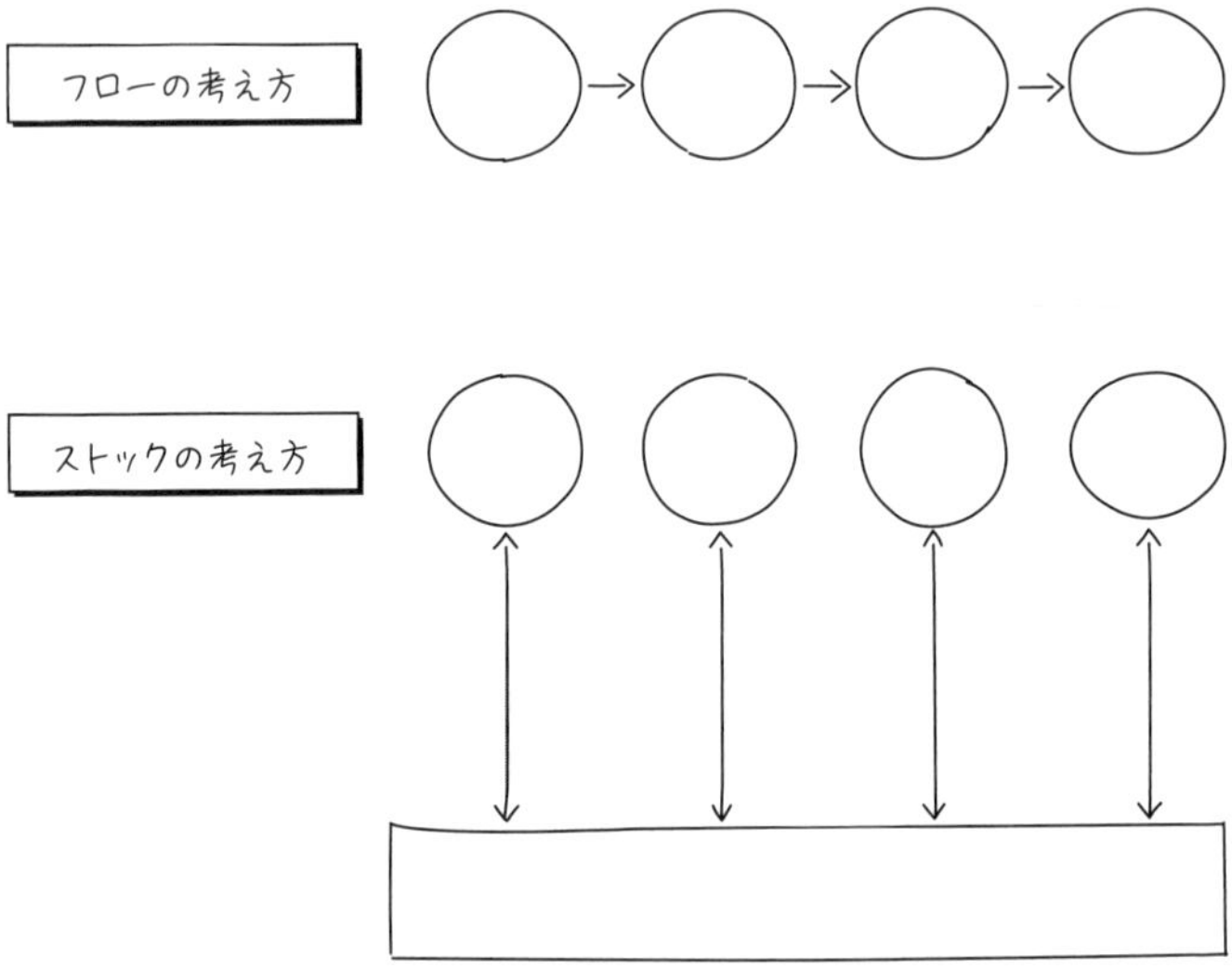

図0−5ではプロダクトはモノや情報が左から右へと「ヨコ」に流れていって顧客に価値が届けられていました。一方、サービスでは、ソリューションという顧客価値そのものの上に、すべての機能や活動が乗っていて、みんなで寄ってたかってより良くする「タテ」の流れが根本にありました。

図0−10のレジリエンス獲得のメカニズムも「学習→強化」の「ヨコ」の流れではなく、信頼関係という土台から危機対応が行なわれ、危機対応によって信頼関係も強くなるという「タテ」の流れが存在していました。

ビジネスにおけるまったく異なる2つの事象、「プロダクト→サービス」の問題も、「レジリエンスの源」の問題も、その現象の裏に潜む本質的な「形」はほとんど同じだったのです（図0−11）。

「プロダクト→サービス」の問題を考える際に図に描き「モジュール化」されていたイメージが、今回のレジリエンスの議論の際に明示的に役に立ったのかどうかはハッキリしません。ただ、なんとなく暗黙裡に影響を与えていたような気がしてなりません。

4

パワーポイントはダメ、白い紙かホワイトボード

完成した図が大事なのではない

ここまでの議論を踏まえ、本書においては、完成した図にはあまり意味がないということに賛同していただけたでしょうか。

もちろん、きれいにでき上がった図は、人に大事なことを伝える際に役に立ちます。でも、広く・深く考えるといった点では、**図を描きながら、図と共に考えることこそ大事**なのです。

そのような観点では、先ほどダメ出しをした分析図も、一概にまったくダメだということではありません。ホワイトボードや紙の上に、データを見ながら自分の手で折れ線グラフや棒グラフを描きながら考える。あるいは、ボタン1つで出力した図に、○や□や⇓を

書き込んで、囲ったり、分けたり、つないだりしながら考える。もし、そのように手を動かしながら考えるのであれば、十分、分析図も有効です。

パワーポイントの使用は思考を寸断し、作業のための作業になってしまう

図を描くのが大事なら「パワーポイントでもいいじゃないか？」という声が聞こえてきそうです。

しかし、やはり、紙とかホワイトボードのほうが「図で考える」アプローチには適しているようです。理由は簡単です。パワーポイントには、思考の流れを分断してしまう罠が数多く潜んでいるからです。

まずパワポで図を描こうとすると、画面上の様々なコマンドを探したり、フォントを選んだり、図とコマンドを行き来しなければならなくなります。それによって**思考の流れが寸断されてしまう**からです。

また、俗に言う「フローの状態（完全に没頭し、集中している心理状態）」になっている時の思考のスピードは、マウスやキーボードの操作スピードをはるかに凌ぎます。パワポの操

作が「律速段階（全体の中の最も遅い、ボトルネックになる部分）」になってしまってはもったいない限りです。

さらに「サンクコスト（将来の意思決定に本来的には影響を及ぼさない過去に発生した費用）」に囚われるという罠も潜んでいます。「せっかく苦労して描いたパワポの図だから、変えるのが面倒だ」とか「せっかく作ったから、この案が採用されないともったいない」という思いに駆られ、描いた図が逆に思考の広がりを制限してしまうことにもなりかねません。先ほども述べたとおり、大事なことは「完成した図」ではなく「図を描いて考える営み」なのです。

そしてパワポの最も恐ろしい罠は、**「作業」のための「作業」に陥ってしまう**ことです。パワポに向かうと、どうしても無意識のうちに資料を完成させることに焦点が移ってしまいがちです。つまり、経営について考えるはずが、パワポ資料作りのためのパワポ作業になり、そこで思考停止してしまうのです。

やはり、図を描いて考えるためには、自由に書いたり消したりができるホワイトボードや紙が最適なのだと思います。

「図で考える」アプローチは、いついかなる時でも実践可能です。紙とペン1本さえあれば。現象そのもの、問題そのものにも左右されません。そして、異なる問題の間でシナジーを効かせることも可能です。

では次章から、さまざまな経営トピックを取り上げ、図と共に考えていきたいと思います。

ぜひ紙1枚とペン1本を片手に、気になったこと・気付いたことを図で描いてみたり、誰かと一緒にホワイトボードを囲んだりしながら、読んでもらえれば幸いです。

なにも書かれていない白いキャンバスを相手に、自分自身の考えと対話していくことの難しさ、楽しさ、効果をまずは実感してみてください。

COLUMN

法律は文章、経営は図と相性がいい

分厚い経営戦略の本には、たくさんの図（特に構成図）が出てきます。他方、六法全書にはほとんど図は出てきません。基本的に文字ばかりです。そんな違いも「図」が経営にフィットしていることを暗示しているように、私には思えます。

法律の世界は、緻密で些細な論理のモレも許されない世界です。そして、弁護士や裁判官という頭のいい人たちだけで構成される世界でもあります。そんな世界だからこそ文章的な発想と、そのやり取りだけで事足りてしまう。

一方、ビジネスの世界には、様々なレベルの人、様々な価値観を持つ人が混在しています。組織のベクトルを合わせたり、顧客にイメージを伝えたり、新しい発想の製品を生み出したりするためには、文章だけでは物足りないのではないでしょうか。

思考を操作しやすく、どんな人にもわかりやすく伝わりやすい。そんなツールとして最適なのが「図」です。やはり、図は経営にフィットしていると思います。

思考の補助線として活用しない手はありません。

PART 1

戦 略 編

CHAPTER

1

図で考える事業戦略

どう事業を強化するのか。どうやってライバルと比して競争優位を保つのか。どんな企業にも事業戦略というものがあります。この事業戦略を考える際に図を描くことで、誰でも大変示唆に富むヒントを得ることができます。早速、その方法を見てみることにしましょう。

1

事業戦略の全体像は「おでん」を描いて考える

戦略とは「ありたい姿」と「現状」の埋め方

事業戦略について、図を描いて考える方法をこれからご紹介していくわけですが、まず、そもそも「戦略とは何か?」ということを、おさらいしておこうと思います。身近な例として、個人のキャリアを題材に、戦略について考えてみましょう。

自分のキャリアを考える場合、どこから考え始めるでしょうか。おそらく、「自分は何になりたいか」ということから多くの人は考えると思います。

たとえばＡＩやＤＸ（デジタル・トランスフォーメーション）が当たり前になっていく世の中、「データサイエンティストになりたい」と考えたとします。そのためには、データサイエンティストとして活躍できる企業に就職しなければなりません（起業してもいいですが）。でもそうした企業に採用されるためには、まずデータサイエンスの知識をある程度持っておくことも必要でしょう。そのためには、それを教えてくれる大学に入学しなければならない。そのためには、勉強して大学入試に合格する必要があります。そして合格するためには、得意な数学を伸ばし、苦手な英語も克服しなければならない……。

キャリアは、こんな風に考えるのではないでしょうか。

結局ここで考えたことは、自分の「ありたい姿」を描き、そこに至る道筋を「逆引き」で描いて、今の自分の強み・弱みを振りかえる、ということです。つまり**戦略とは、その「ありたい姿」と「現状」とのギャップを明らかにし（課題設定）、それを埋める「打ち手」を見つけることです（課題解決）**。

図にすると、図1-1のようになり、戦略の骨格がハッキリしますよね。戦略を考えるということは、この図1-1について、全部をセットで考えるということです。

事業戦略の全体像「おでん」

事業戦略も同じです。よって、事業戦略とは、次のように定義できます。

図1-1　戦略の全体像「おでん」①

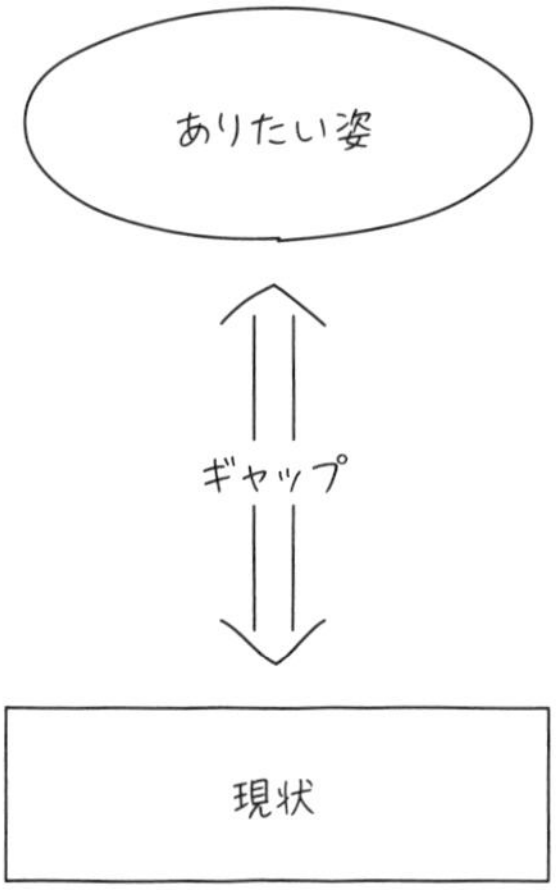

将来の「ありたい姿」を措定し、「現状」と「ありたい姿」のギャップを埋めるために何をどのように行なっていくか（打ち手）

事業戦略とは、仮置きした「ありたい姿」に行き着くための仮説（仮の答え）ということになります。

そして、「ありたい姿」に行き着くためには、当然何かを行なってゆくのですから、その道筋（パス）を明らかにしなければなりません。順番、つまり、時間の要素も必要です。

図1-1の「現状」と「ありたい姿」のギャップをタテ軸とすると、時間の要素は、ヨコ軸に設定することができます。そして、

図1-2　戦略の全体像「おでん」②

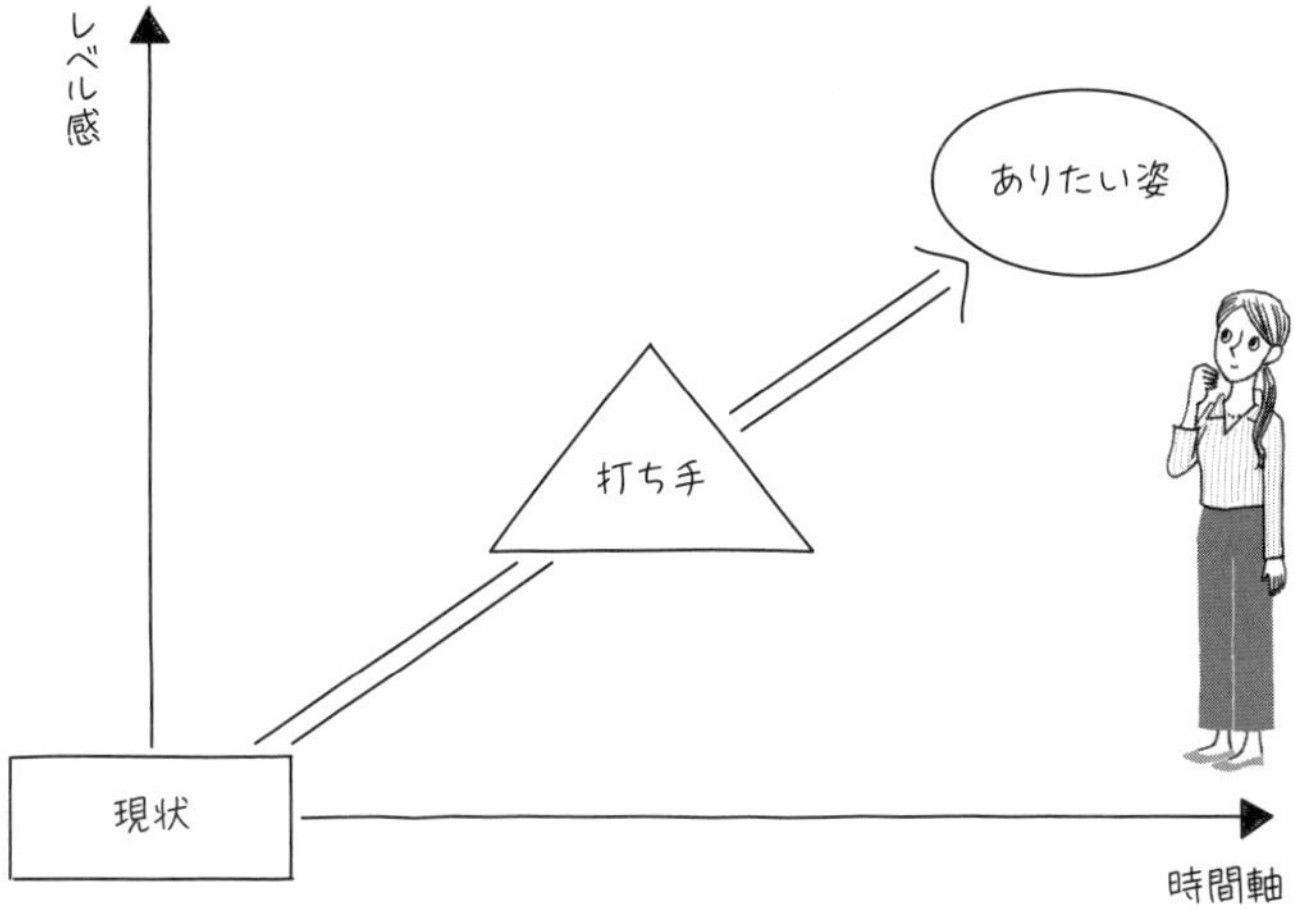

ギャップを埋める「打ち手」の流れを考えることができれば、将来のありたい姿を実現できるはずです。それを表したのが図1-2です。**このように新たな視点（この場合は時間）は、新しい「軸」を追加することで表現でき、図をリッチにしてくれます。**「線」（図1-1）から「面」（図1-2）へ、1次元から2次元への拡張ができましたね。

ところでこの図、「おでん」に似ていませんか？

お気付きの方もいると思いますが、実は**「おでん」は戦略の全体像（ビッグ・ピクチャー）**なのです。つまり「おでん」が描ければ、とりあえず戦略なるものを手に、前に進み始めることができるということです。

たとえば、厳しい冬山に登る時、今いるベースキャンプから山頂までの道筋を描いたプランがなければ、怖くて登れないですよね。でも戦略（全体像＝おでん）があれば、目標達成の確率を高めてくれます。また、もし何かアクシデントがあった場合にも、あらかじめ全体像を理解できているほうが、迂回路を探すなど、対策（プランB）も打ちやすいはずです。

このように「おでん」は、事業戦略の全体像を可視化したものと言えます。これを作らずに事業を進めることは、山頂までの地図を持たずに冬山を登るような行為です。また、もしあなたの会社の事業戦略がこの「おでん」に当てはまらないのであれば、それは事業戦略として不備があると気付くことができるでしょう。

事業戦略を考える上で「おでん」を描くことの効用を、少しはおわかりいただけたでしょうか。

「おでん」から生まれる複眼的思考

「おでん」を描くことによって得られる効用は、事業戦略の全体像が見えるようになることだけではありません。**「おでん」図を描くことによって思考が「見える化」されたお**

図1-3　戦略の全体像「おでん」③

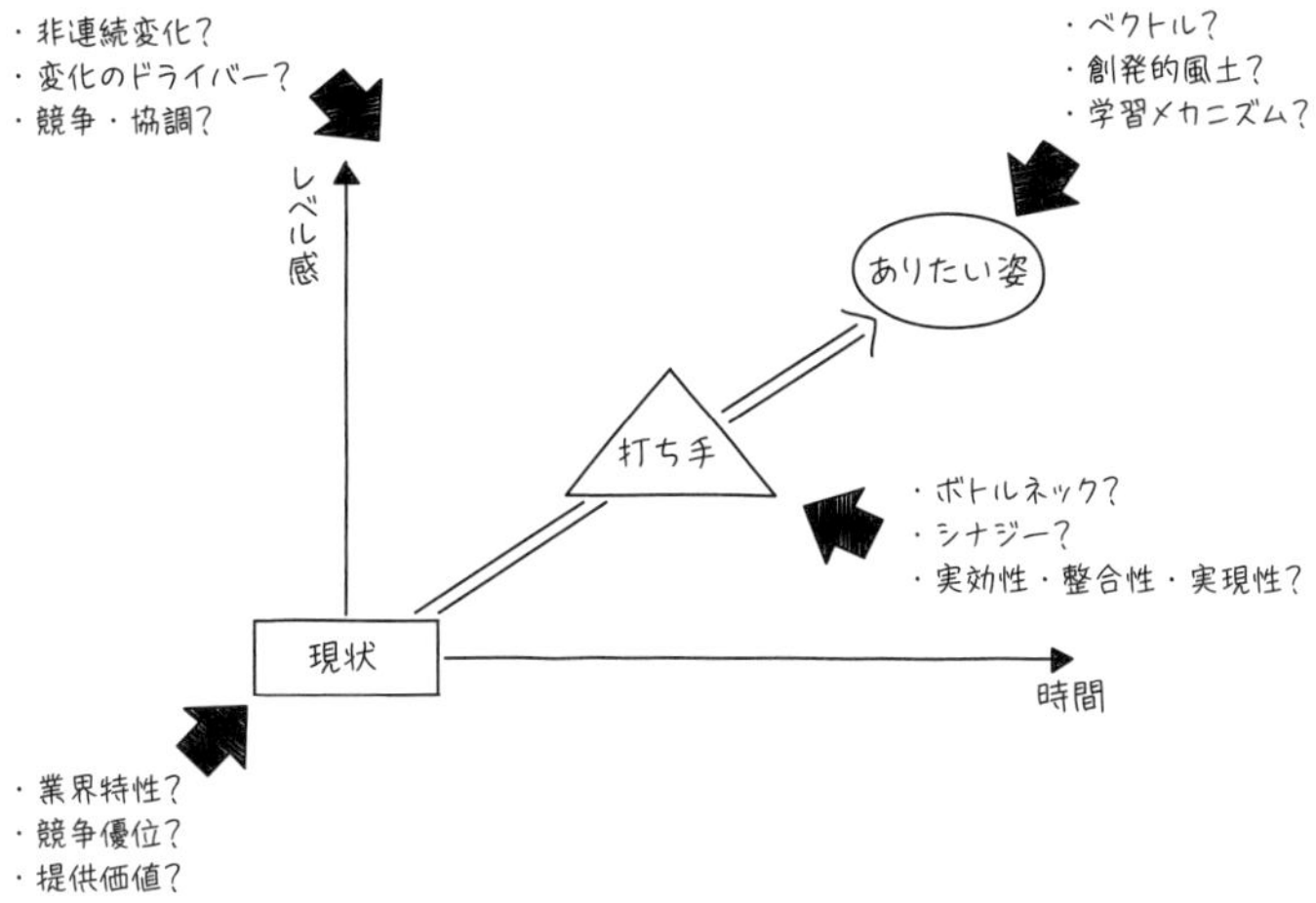

かげで、様々な角度から事業戦略を眺めることができるようになります。このことが「上下左右裏表」からの複眼的な発想を刺激してくれるのです。それよって、「ありたい姿」の実現の確度をより高める施策を見つけることが可能になります。

ためしに、いろんな角度から「おでん」を眺めてみましょう（図1-3）。

【右上（ありたい姿）から】

右上から見ると、ありたい姿に向かって、様々な活動が収斂《しゅうれん》してくるイメージが描けます。図的には、数多くのアクションを表す小さな矢印が、湧いては動きながら、鳥の群れのようにありたい姿に向かって優雅に飛んでくるイメージです。

そうすると、次のような発想が生まれてこないでしょうか。

・「ありたい姿」が明確で、組織に浸透し、活動のベクトルが揃っているかな？

・「ありたい姿」に基づき、現場で創造的な発想や活動が生まれる風土はできているかな？

・そこで生まれたアイデアからの失敗・成功を、次の学びにできそうかな？

【右下（道筋）から】

右下から見ると、ハッキリと見えるのは矢印（線）です。そうすると、「線は切れていないかな？」「3本の矢が重なって、折れないくらいの十分太い線になっているかな？」など、線をつなぐための発想が湧いてきます。

そう考えると、たとえば、こんなことに思い至るのではないでしょうか。

・「ありたい姿」と「現状」の間のボトルネックは明らかかな？

・企業の持つ資源・能力間のシナジーは発揮できそうかな？

・「打ち手」の実効性、整合性、実現性はちゃんとあるかな？

【左下（現状）から】

左下から覗くと、目の前にあるのは「現状」です。「現状」について理解すべき大事なポイントを考えざるを得なくなります。

・自分たちはどんな業界で戦っているのかな？
・自分たちはどんな強み・弱みを持ち、何が競争優位の源かな？
・自分たちが提供している価値は何かな？

【左上（環境）から】

左上から見下ろすと、おでん全体を俯瞰することになります。たとえば、こんなことに気付くでしょう。

・事業環境は非連続に変化していないかな？
・もしそうだとしたら、どんな要因のインパクトが大きいかな？
・競争環境・協調環境は、どう変化してきているかな？

このように「おでん」を描くことで、事業戦略を策定したり検証したりする上での、有益な視点や発想を得ることができるのです。

相互作用的・不均衡発展的に完成していく

もちろん、これらの発想や視点が、苦もなくスラスラ出てくるわけではありません。たとえば、小学生にこの「おでん」を見せても何も出てこないでしょう。これまで経験したことや学んだことが土台にあるから思いつくというのも事実です。それゆえ、経験や勉強によって知識の引き出しを作ることも併せて重要です。

しかしながら「図」を描くことは、直接的に脳を刺激し、蓄積された知識を引き出すのを助け、視野狭窄《きょうさく》に陥ることを防いでくれることも事実です。つまり**「図」を描いて考えることは、知識や経験の活用、理解の深化・整理、新しい発想の創出のための土台になる**ということです。

こうして「おでん図」をグッと睨み、「上下左右裏表」から発想し、戦略の精度を上げ

図1-4　戦略形成の思考パターン①：ダメなパターン

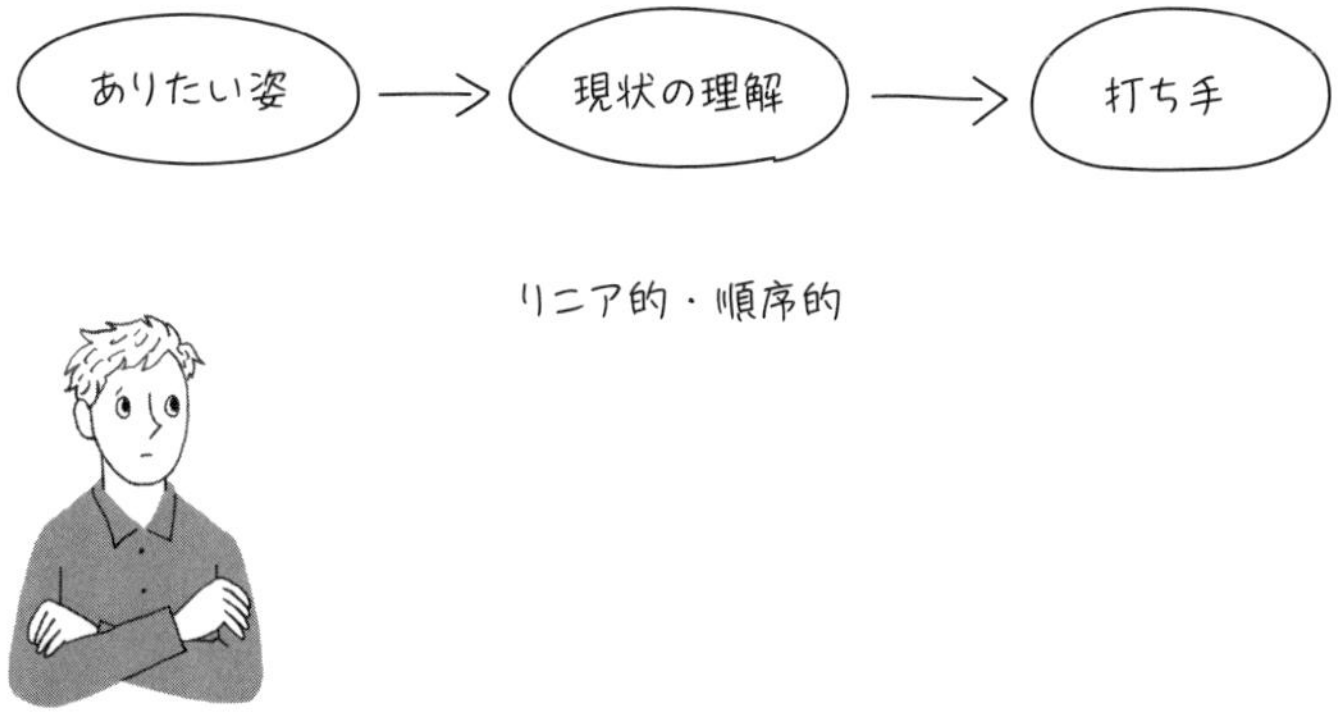

図1-5　戦略形成の思考パターン②：良いパターン

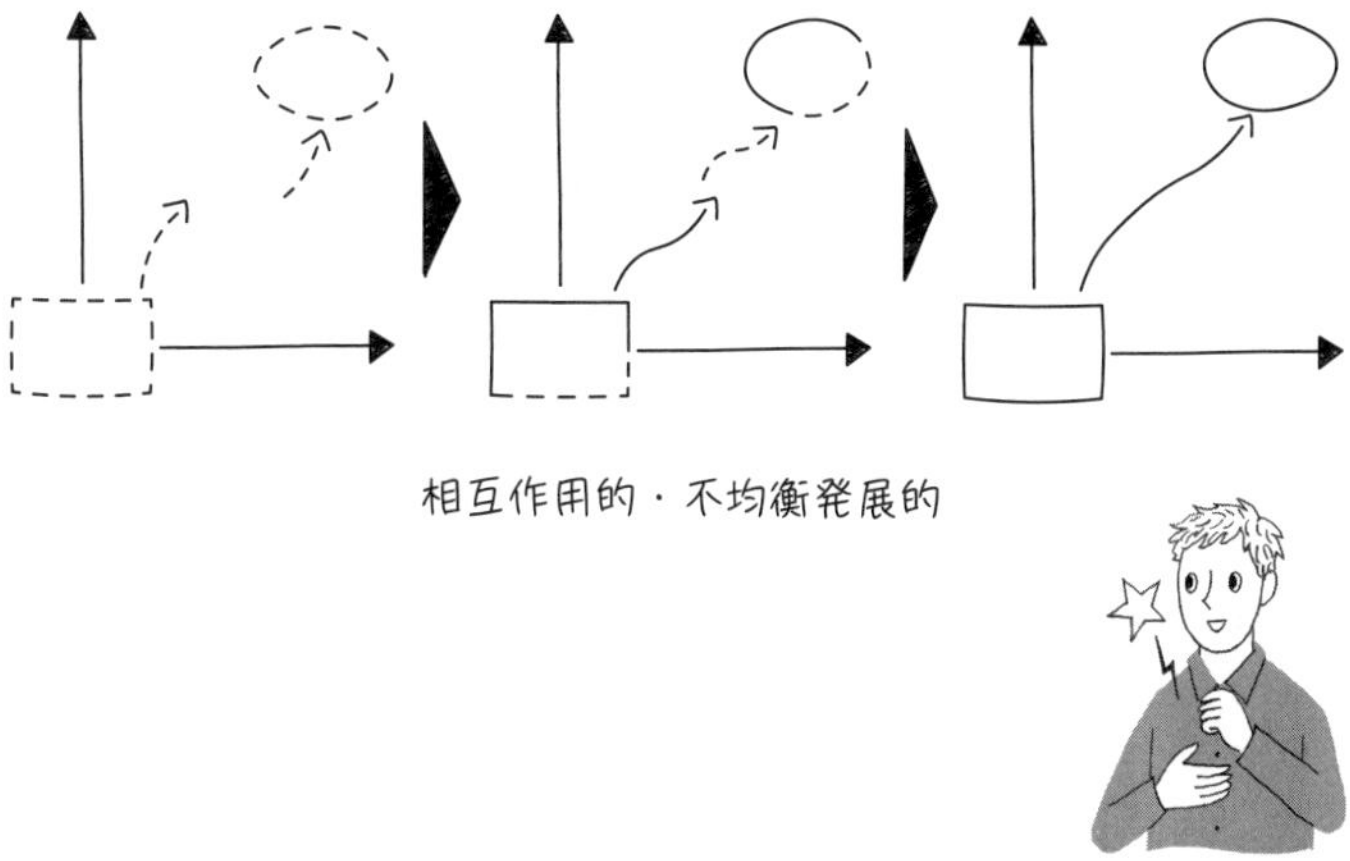

ていけば、だんだんと事業戦略は精緻化していきます。ただ、その深化の過程は、リニア的・順序的ではなく、相互作用的・不均衡発展的です。つまり、図1–4のような形成パターンではなく、図1–5のようなパターンです。だんだん輪郭が浮かび上がり、お互いがお互いに影響を与えつつ、全体像が形作られていく。そんなイメージです。

時々、戦略形成プロセスは次のように喩えられます。戦略形成のプロセスは、彫刻家が大きな木を前に、(その木の中に埋もれている)作品を彫り出していくプロセスに近い。あるいは、建築家が耐震性能なども考えながら新しい形のイメージを浮かび上がらせていくプロセスに近い。これらの比喩は意外と的を射ていると思います。

優れた戦略家は、分析家・プランナーではなく、デザイナーであるべきです。だからこそ、全体像(ビッグ・ピクチャー)が一目瞭然に俯瞰できる図、「おでん」が大きな意味を持つのです。

事例 ある化学会社の新規事業戦略

図1–6は、私がコンサルタント時代に描いた「おでん」図の一例です。守秘の関係で本書では中身は変えており、かつ概要のみに留めますが、最終報告の中で使用したキー・

図1-6　ある化学会社の「おでん」図

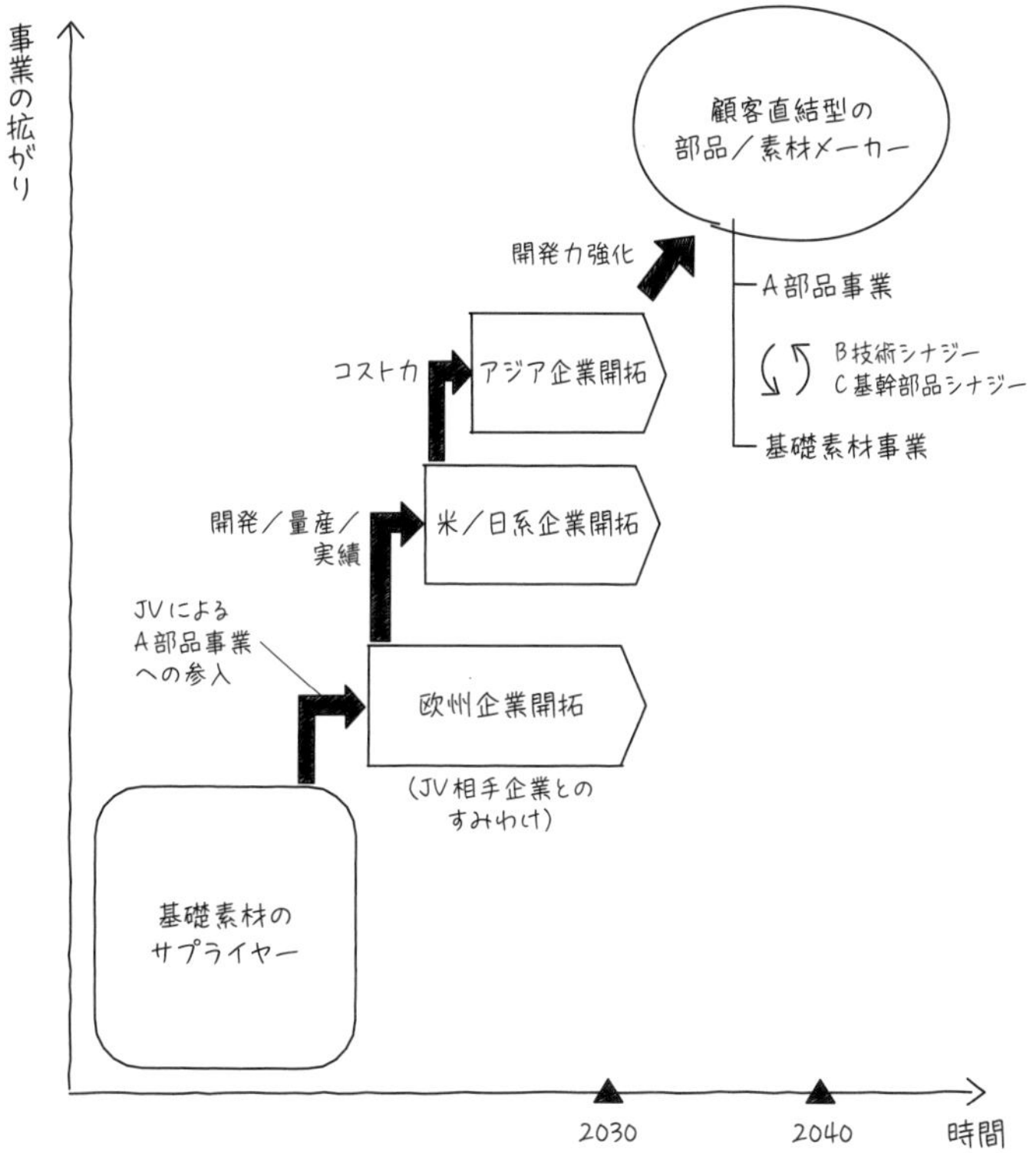

チャートです。このおでん図は、戦略提言の骨格を的確に表現したものでした。

このプロジェクトの主題は、これまで産業バリューチェーンの川上に位置していたある化学会社が、より川下に進出するための参入戦略の検討でした。そして辿り着いた結論は、素材の強みを活かしつつ、顧客企業のその先の企業（つまり顧客企業の顧客）との接点をＪＶ（ジョイントベンチャー）[*1]によって獲得し、付加価値拡大を目指すといったものでした。

その際に重要な論点は２つです。

①どこで技術シナジーを発揮するのか
②事業拡大の順番をどうするのか

そして、それを表現したのが図1-6だというわけです。

ちなみに、読者の皆さんは、この図をすぐに理解し、ピンと来たとは思えないのではないでしょうか。その理由は至ってシンプル。なぜなら、皆さんと一緒にこの図を作っていないからです。また念のために申し添えておくと、「この図のみが正しい」「この図の通りやればうまくいく」と言いたいわけでもありません。

この事実は、あらためて「図」の持つ意味合いを再認識させてくれます。つまり図は、完成させることが目的ではないのです。思考を深め、整理していく過程で威力を発揮するということです。

完成した図ではなく、図で考えるプロセスにこそ意味がある。これは何度も既に述べた通りですね。

＊1　ＪＶ（ジョイントベンチャー／Joint Venture）：複数の企業や個人、公的機関などが共同で事業を行なうこと。

2

事業の拡大は「面積図」で可能性を計る

間違った規模感の比較でつぶされる新規事業

大企業において、新規事業を立ち上げる場合には、様々な困難があります。「新しいアイデアが無い」「思った通りにことが運ばない」「既存の事業からの支援が得られない」といった困難が、その典型的な理由でしょう。

あるいは、大企業であるがゆえに「手持ちの資源を使おうとして、逆にコスト高になる」「意思決定のスピードが遅くなる」など、大企業ならではのデメリットが生じてしまうことも多いものです。しかし大企業内での新規事業には、それより深刻な問題が存在します。それは、ようやく立ち上がり始めた新規事業の息の根を自ら止めてしまう「**死の谷**」が存在することです。

ある数兆円規模の優良企業の新規事業開発責任者から、こんな話を聞いたことがありました。

「過去数年間で、ゼロからある事業を立ち上げ、利益も生み出している売上１００億円程度の事業を創った。けれど、その事業の継続の是非が社内で検討されている……」

えっ？　１００億円の黒字事業が中止？

思わず耳を疑いました。売上１００億円規模の事業など、なかなか生み出せないはずなのに……。

経営学に詳しい人なら、次のような論点を指摘するかもしれません。

「莫大な資産を必要とする資産効率（ＲＯＩ）の悪い事業なのではないか？」

「実はキャッシュフローが問題なのではないか？」

でもこのケースの場合は、そういった問題もありませんでした。では何が論点だったのか。

それは、規模感の問題でした。図１-７を見ると一目瞭然です。既存事業に比べて圧倒

図1-7　比較検討①

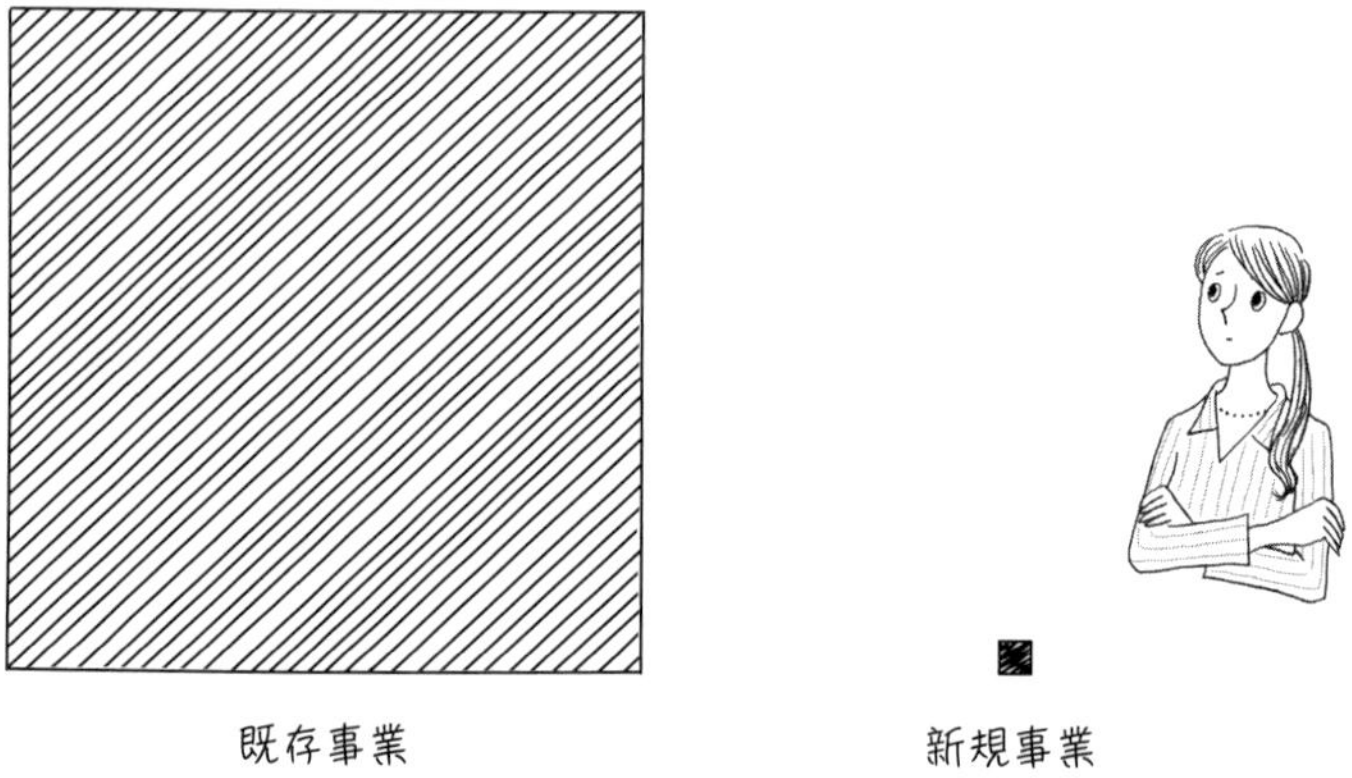

図1-8　比較検討②

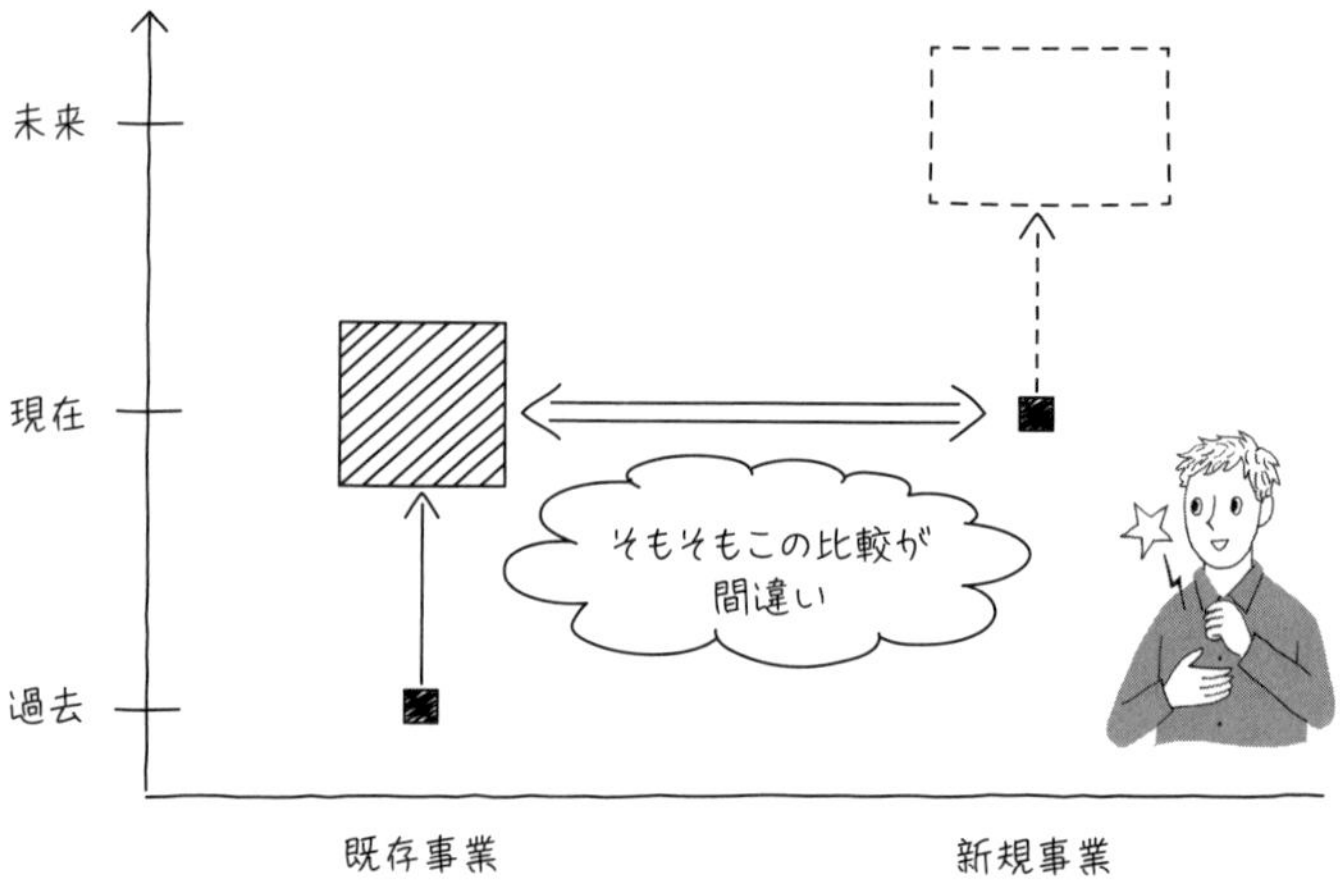

的に小さく、新規事業自体の意味を問われたのです。

でもこんな対比に意味があるでしょうか？

当然「新しい」ものは未来に咲く花であり、現時点ではそもそも小さいのが当たり前です。だから既存事業との比較自体がそもそもおかしな話です。

つまり根本の問題は、「今」という時点で事業を捉え、既に育った既存事業とこれから育つ新規事業を比べるところにあります。これはミカンとリンゴを比較するようなものです（図1–8）。

その比較は「アップル・トゥー・アップル」か？

この事例の本当の問題は、新規事業の規模が今小さいことではありません。新規事業が今後大きくなっていくという魅力的な絵姿を、経営の意思決定層に伝え、納得させられなかったことにあるのです。本来比較すべきは図1–8の「今」の既存事業と、「未来」の新規事業のはずです。

このように、単に事業の現在の規模だけでなく、時間軸を追加して面積図を作ると、もののの見方が変わってきます。つまり、**複数の視点を図に入れ込むと、問題の「枠」が広が**

図1−9　比較検討③

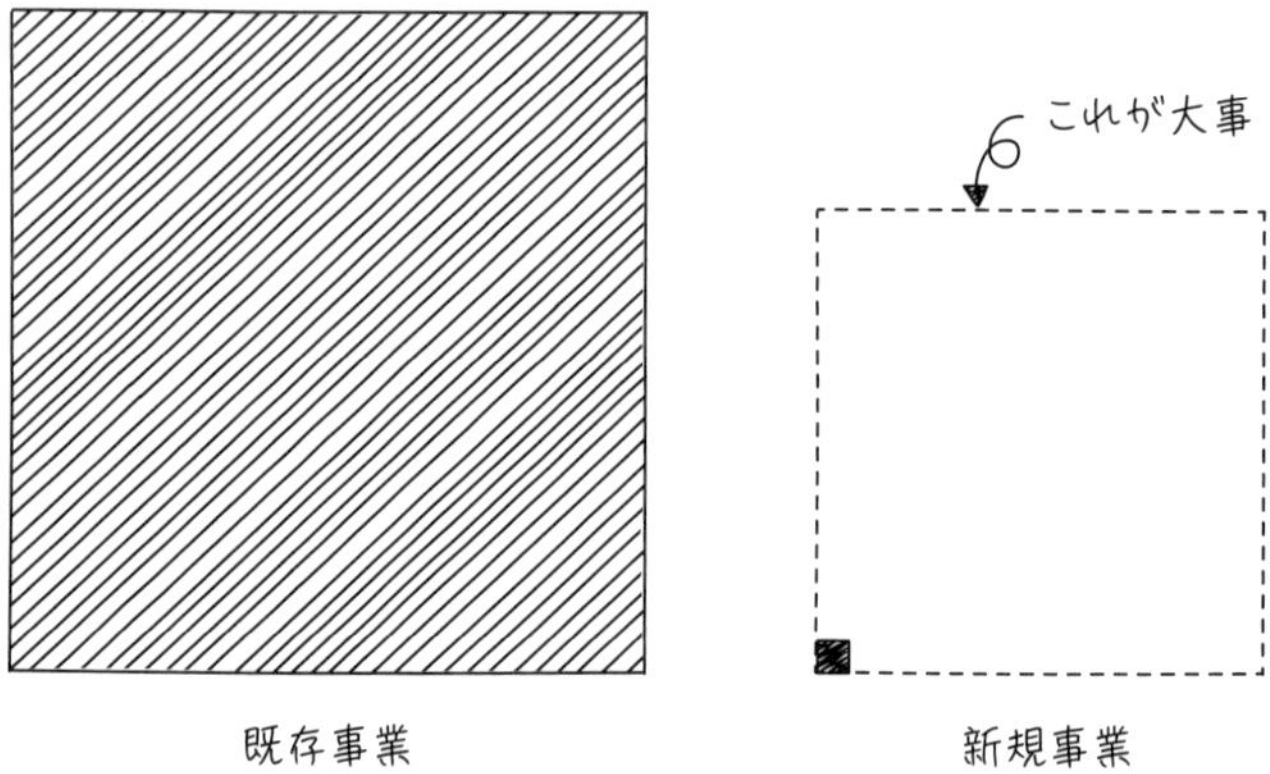

り、問題そのものを「いじる」ことができるようになるのです。

ではこのケースでは、どうすればよかったのでしょうか？　図的に考えると話はシンプルです。

見えていなかったものは、新規事業の未来の「**フルポテンシャル**」だったのですから、本来ギリギリと知恵を絞るべきポイントは、現在の新規事業の四角形の広がりであり、今の新規事業の外側を可視化することです。将来の拡大可能性でもいいし、この事業の隣接領域への発展形でもいいので、魅力ある（絵空事ではない）フルポテンシャルをきっちりと示すことが肝要だったということです（図1−9）。

ついつい私たちは現時点でハッキリと見える新規事業の四角形に意識がいきがちです。しかし、本当のアップル・トゥー・アップルの比較は、既存事業と新規事業のフルポテンシャルの比較だったということです。

新規事業の育成のためには、着眼大局・着手小局が必須です。事業成功のための内なる論理はしっかりと詰めた上で、対社内では風呂敷を広げ、手練手管を使ってでも、将来のフルポテンシャルを見せて納得させる。こういった覚悟と努力も必要でしょう。

そして経営陣には、既存事業の「今」と、新規事業の「未来」のトレード・オフにきっちりと直面してもらうのです。これは、既存のA事業とB事業を比較するよりはるかに難しい課題です。

おぼろげな「未来」と、ハッキリしている「今」という時間軸を跨いだトレード・オフ、これこそが経営にとって本質的なアップル・トゥー・アップルであり、意思決定の難しさの根幹です。

既存事業の戦略もフルポテンシャルから考える

実は、このフルポテンシャルをしっかりと考えるということは、新規事業の立ち上げだけでなく、既存事業の成長戦略を考える際にも重要になります。なぜならフルポテンシャルの大きさが戦略的方向性を規定してしまうからです。

しかし、既存事業のフルポテンシャルも意外と理解されていないケースが多いものです。「この事業のフルポテンシャルはどれくらいですか？」と質問しても、答えが返ってくることはほとんどありません。

将来、たとえば今後10〜20年で、この事業が対象とできる市場規模はどれくらいか。また、その中でどこまで自社がアクセス可能なのか。そうやって見えてきた事業のフルポテンシャルが、ありたい姿に比して小さければ、別の新しいことを始める必要があります。逆にフルポテンシャルが十分大きければ、そのビジネスをどう伸ばすかにフォーカスすべきです。


私が以前勤めていたデルで、昔こんなことがありました。

デルはＰＣの直販モデルで成功した会社ですが、創業後間もない頃、成長を焦るあまりに間接販売（小売店での販売）に手を出し、その結果、ビジネスモデルが乱れて突然の赤字に見舞われたことがありました。

ただ、その時のマイケル・デル[*2]の行動は機敏でした。コンサルティング会社から示された1枚の図を見て、間接販売を即刻中止し、直販に回帰したのです。そして、すぐ黒字基

図1-10　デルのフルポテンシャル

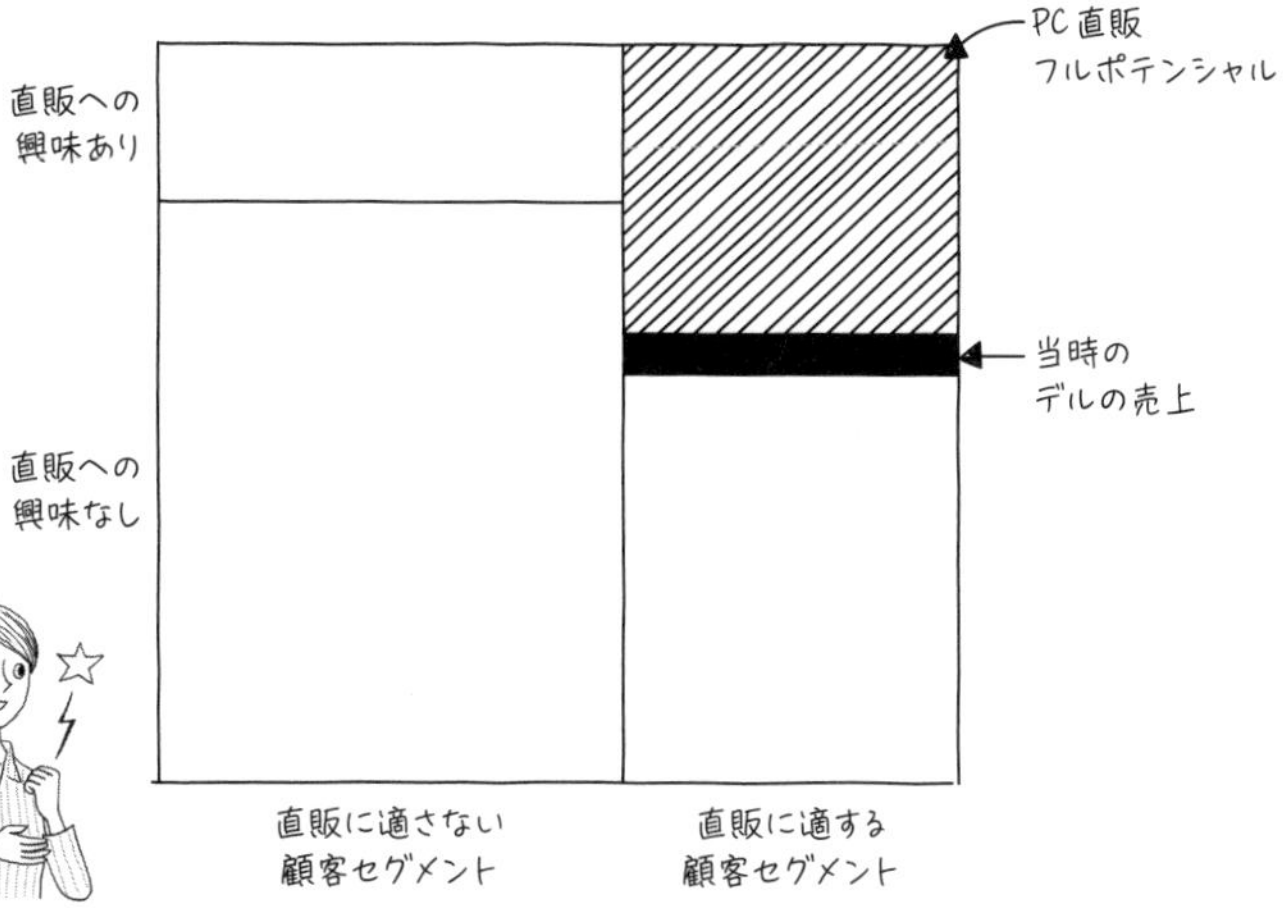

調へと復活しました。その1枚の図で示されていたのが事業の「フルポテンシャル」でした。ちょうど図1−10の面積図の右上の斜線の部分になります。

ヨコ軸は、顧客企業が直販に適しているか否か、タテ軸は、顧客企業が直販に興味を持っているか否か、です。長期的には、右下（今は直販に興味はないが、直販に適している顧客セグメント）も左上（直販に興味はあるが、あまり直販に適していない顧客セグメント）も開拓可能性はありました。

ただ、当時のデルの事業規模からすると、直販ビジネスのフルポテンシャル（斜線部分）

＊2　マイケル・デル：米国のコンピュータ関連企業デル・テクノロジーズ創業者／会長兼ＣＥＯ。直販制度を採用して同社を世界的企業へと急成長させた。

だけでも十二分に大きかったのです。ましてや無理して左下の間接販売でしかリーチできないセグメント（直販に興味も無く、直販に適していない顧客セグメント）に手を出す必要などまったく無かったのです。マイケル・デルは、この面積図を見て即座にその意味を理解し、間接販売を中止しました。

面積図を描いてフルポテンシャルを「見える化」すると、戦略的方向性がハッキリします。そして、フルポテンシャルの理解は、それまでの戦略的打ち手を大きく変えることにもつながるのです。

皆さんは、自分の企業／事業のフルポテンシャルを理解できているでしょうか？

また、それは十分大きいでしょうか？

面積図から発想を広げる①
成熟市場で新たな「軸」を探索する

先ほどのデルのケースは、まだPC市場が成長期にあった頃なので、フルポテンシャルは十分大きかったのですが、成熟市場の場合はどうでしょう。おそらく市場規模の拡大も止まり、業界構造は「固まって」しまっていてシェア獲得もあまり望めず、限りなくフル

図1-11　新しい軸の追加による問題解決

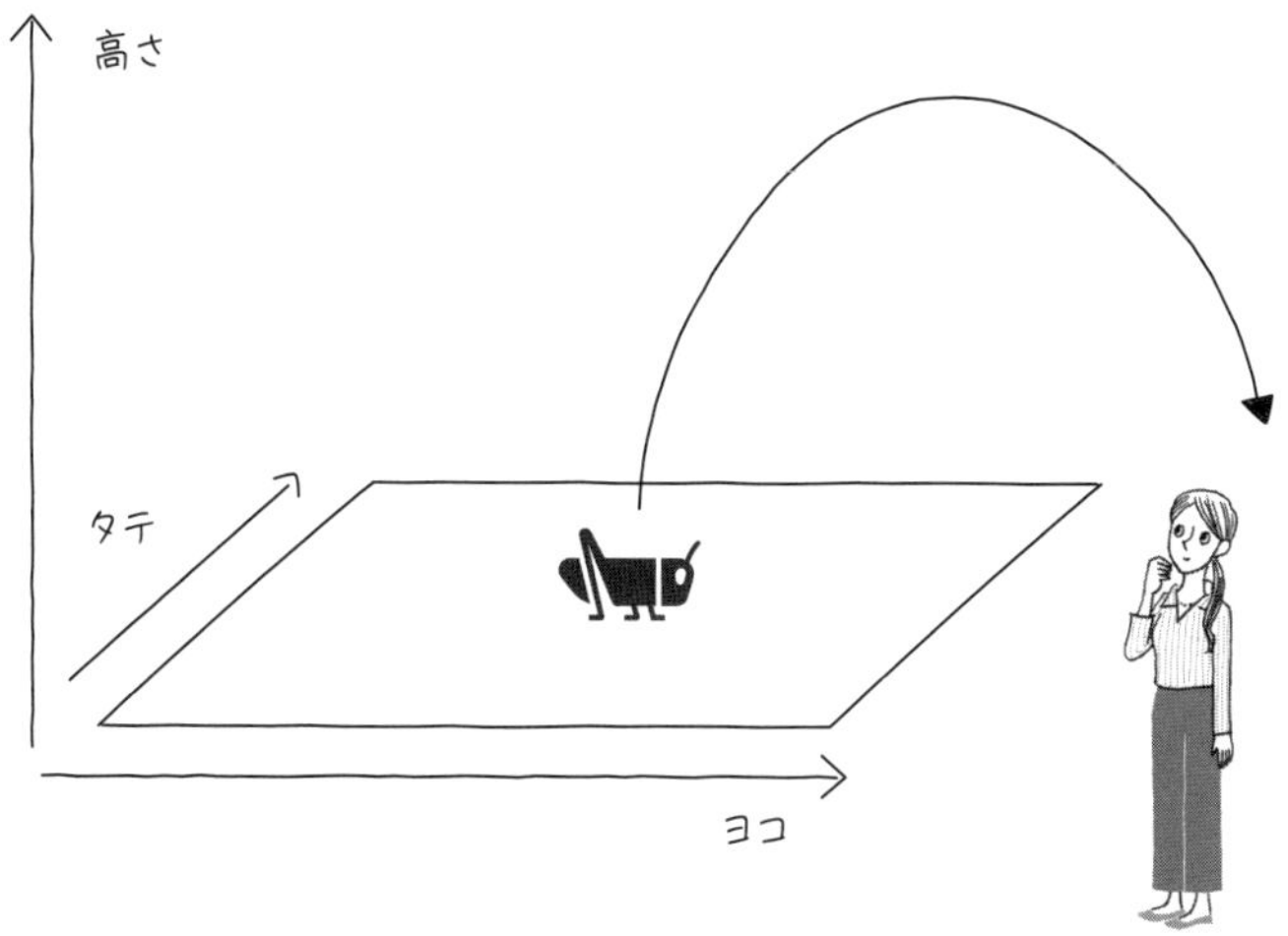

ポテンシャルの伸びシロが小さい状況にあることも多いはずです。

そんな時、**突破口を見つけるためには、見えている「軸」以外の軸を、「ひねくれた目」で絞り出そうとすることが一番**です。ちょうど、2次元（タテ・ヨコ）の世界に住むバッタが、囲いを出られない時に、3つ目の次元（高さ）という新たな軸で問題解決するようなものです（図1－11）。

そんな例は身近にもあります。たとえば、交差点での混雑や事故解消のために高架を作るのは、平面に「高さ」という新しい〈空間軸〉を追加することであり、バッタの例と同じです。また、信号機は、信号で時間差をもうけるという〈時間軸〉の追加による混雑や事故の解決策です。

図1-12　異なる軸で考える①

では、成熟市場におけるフルポテンシャルの枠を超えるための新たな「軸」の探索をしてみましょう。イメージしやすくするため、ペットボトルのお茶を例にとって考えてみます。

ペットボトルのお茶のフルポテンシャルが小さいとすると（あくまで仮定です）、図1-12の顧客を増やすことが無理だということです（理系の人へ：これまで2次元で表現していたフルポテンシャルの図を1次元へと次元削減した感じです）。

では、新たな成長余地を探るための新しい軸にはどんなものがあるでしょうか。**「ひねくれた目」で見るとは、ものごとを見る起点をずらすことに他なりません。**お茶は企業と顧客の間でやり取りされているので、それぞれを起点に考えてみましょう。

まず顧客起点で考えると、お茶を飲む前後という方向性が見えてきます。朝起きて、会社に行ってお茶を飲む際、ひょっとしたら一緒にクッキーを食べるかもしれません。あるいは、午後にはお茶の代わりにコーヒーを飲むかもしれません。こう考えると、何かを飲んだり食べたりするシーンを拡張しようという「範囲の経済」を追求する道筋が浮かんできます。ペットボトルのお茶だけでなく、朝ごはん用のゼリー飲料、コーヒー、お茶菓子など、「胃袋シェア」の拡大という方向性です。

さらに顧客起点で考えると、顧客の数が増えないのだから、いかに長く・多く、繰り返しお茶を飲んでもらえるか、という考えも浮かんできます。これは、顧客の数を増やすという軸（空間軸）に対して、顧客の価値を時間軸に沿って高める発想だと言えます。これは、ロイヤリティ・マネジメントであり、「顧客の生涯価値」を上げるという打ち手につながります（図1-13）。

次に企業起点で考えてみましょう。お茶を作って売るという活動をしているわけですから、活動を軸に考えてみることもできます。そこで企業の活動範囲を広げていくというのはどうでしょうか。自社の川上や川下での付加価値の取り込み、いわゆる垂直統合の方向性です。たとえば、お茶の原料まで栽培し、高級茶葉のお茶、健康に良いお茶をつくる。

図1-13　異なる軸で考える②

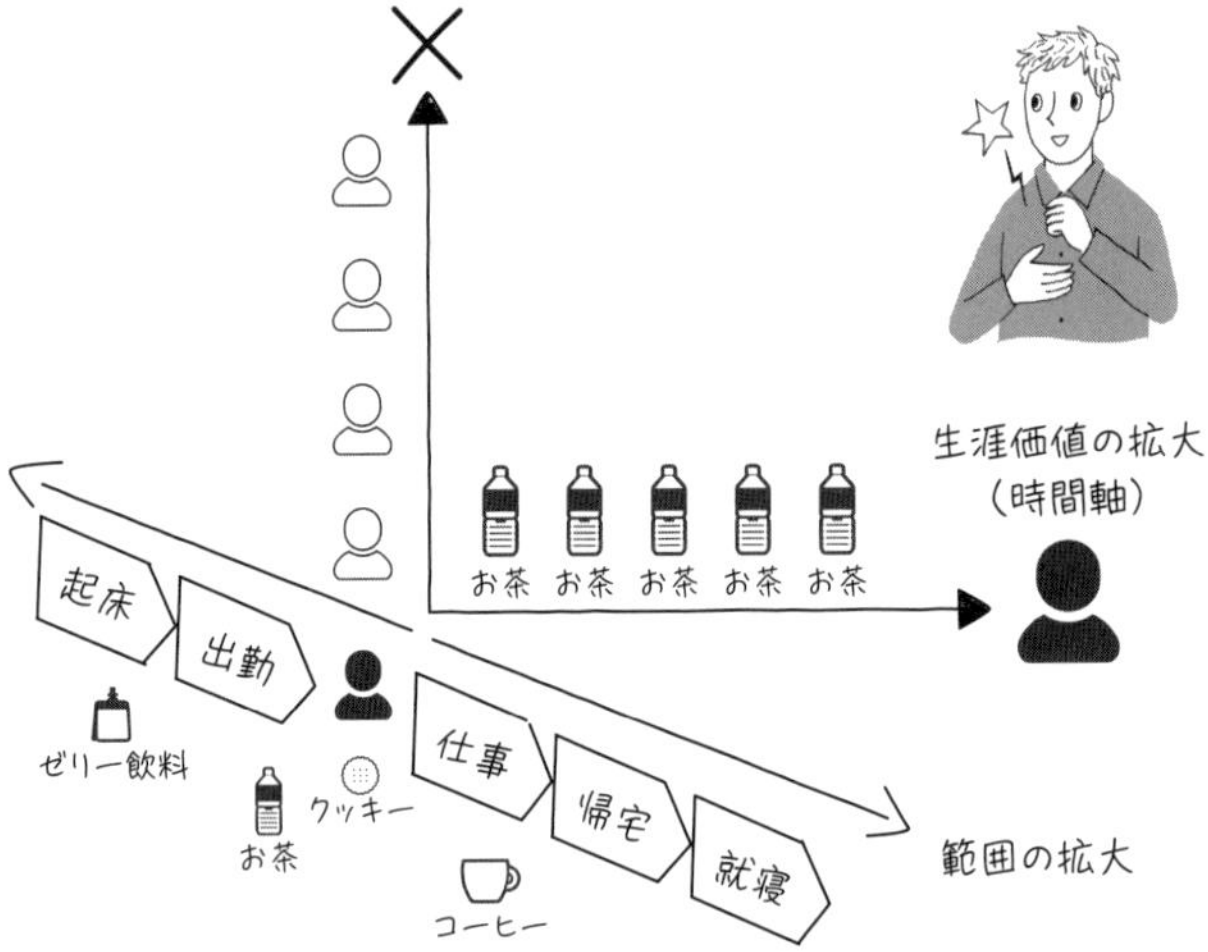

図1-14　異なる軸で考える③

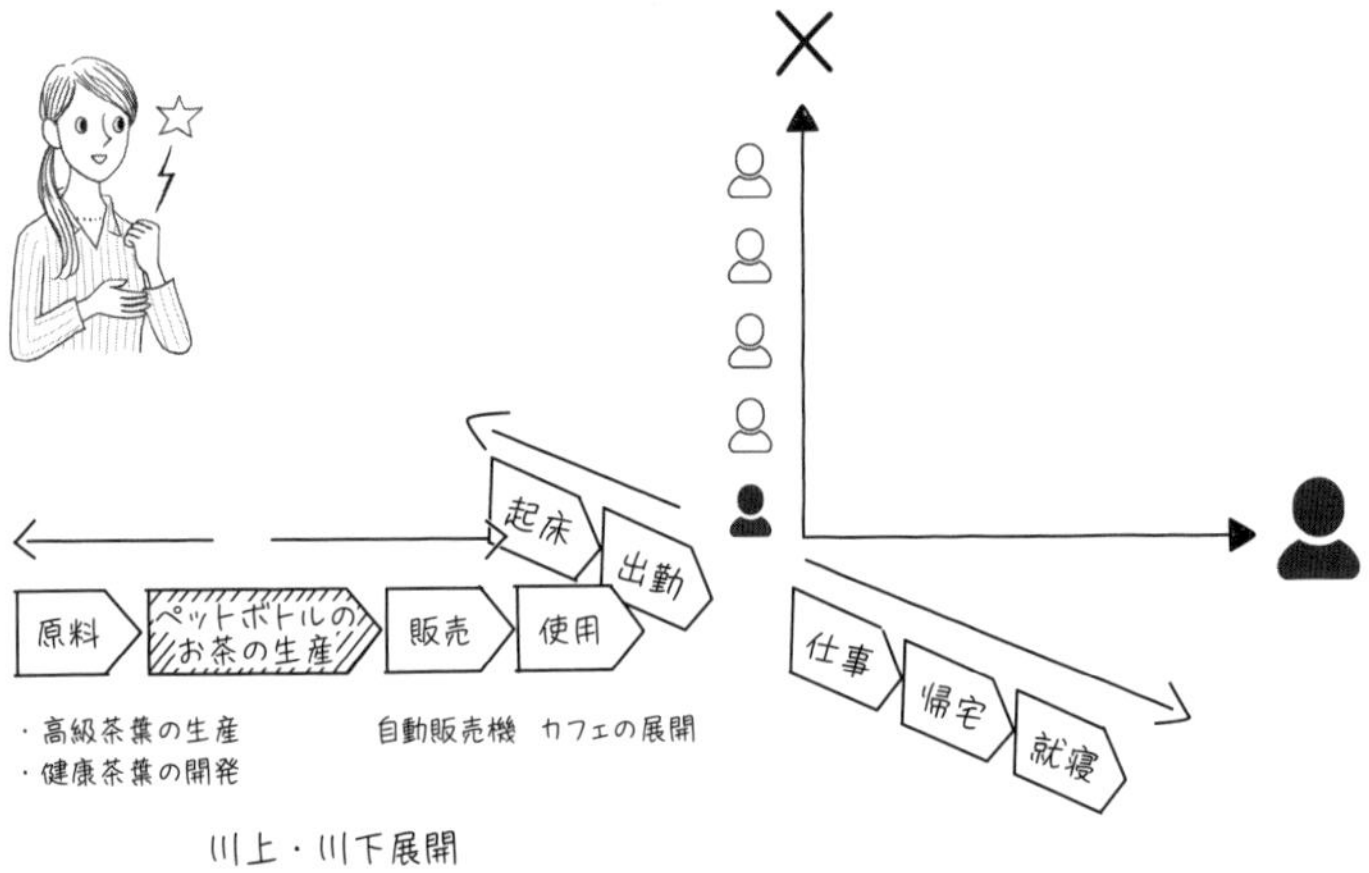

あるいは、自動販売機やカフェの展開を行ない販売機能を取り込んでいくなど、様々なアイデアが生まれてきます（既に多くは実現済みですね）（図1－14）。

このように、新たな「軸」を追加する試みは、新たな機会の探索につながります。同じ土俵（平面）で戦っていては先が見えないので、ものの見方・発想を90度横から、上から、下から、強制的に変えるイメージを持って見るのです（前述の「上下左右裏表」と同じです！）。そうすることで経営における問題解決の糸口が見えてくる確率は高まるはずです。

面積図から発想を広げる②
プロフィット・プールを追いかける

これまでフルポテンシャルを「売上高」で捉えてきました。ただ、より重要なのは利益だという声も聞こえてきそうですね。そこで、フルポテンシャルを利益で表すことを考えてみましょう。

そのためにまず、利益を分解することを考えてみます（図1－15）。分解の例としては、次のようなものが考えられます。

図1-15　利益の分解①

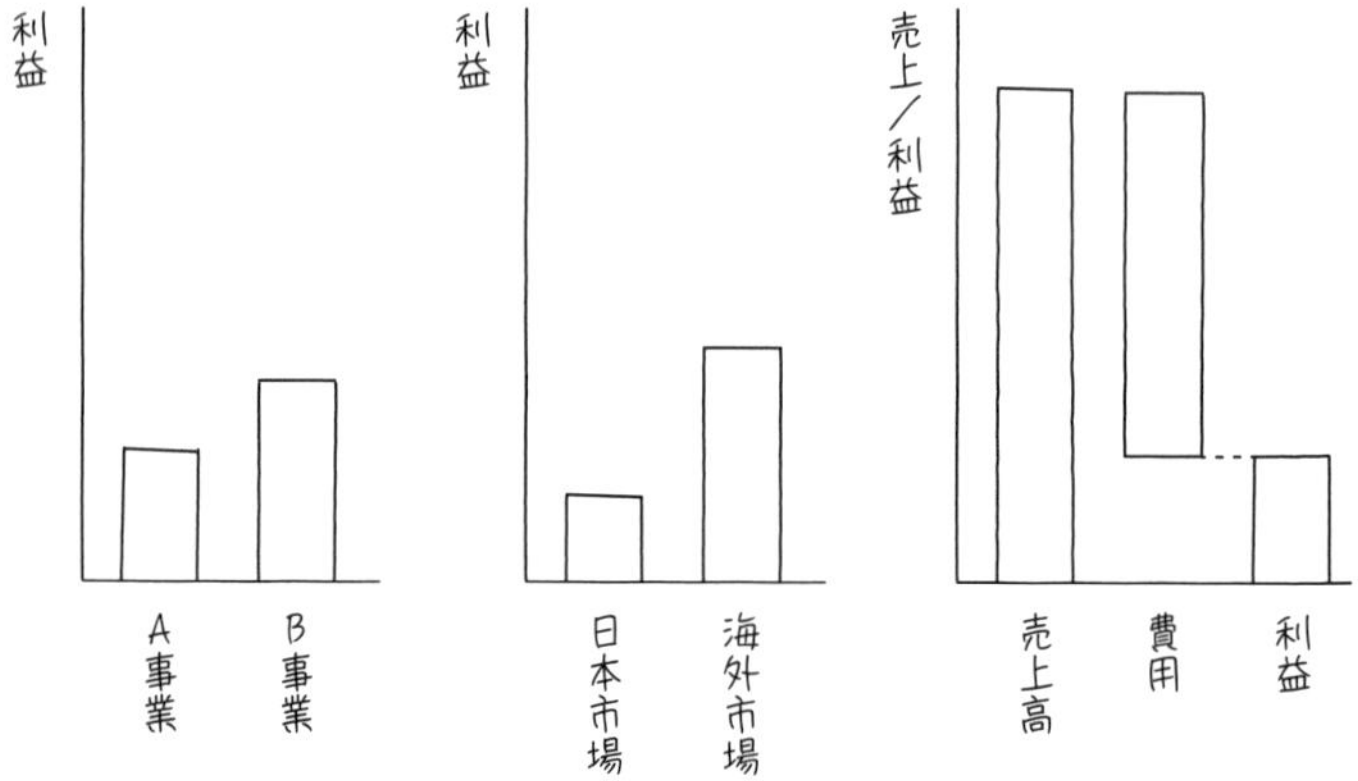

利益＝A事業における利益＋B事業における利益

利益＝日本市場での利益＋海外市場での利益

利益＝売上規模－費用規模

ところで、これらはすべて「足し算」「引き算」の発想ですね。

厳密には、図1-15のヨコ軸は単なる順番にしか過ぎず意味がありません。図1-15は1次元で表すことも可能な、図としては「もったいない」状況にあります（図1-16）。一見、タテ・ヨコの2次元に見えるので要注意ですね。

でも実際に、**足し算・引き算の発想が強い人は、掛け算の発想を見落としがちで、2次**

図1-16　利益の分解②

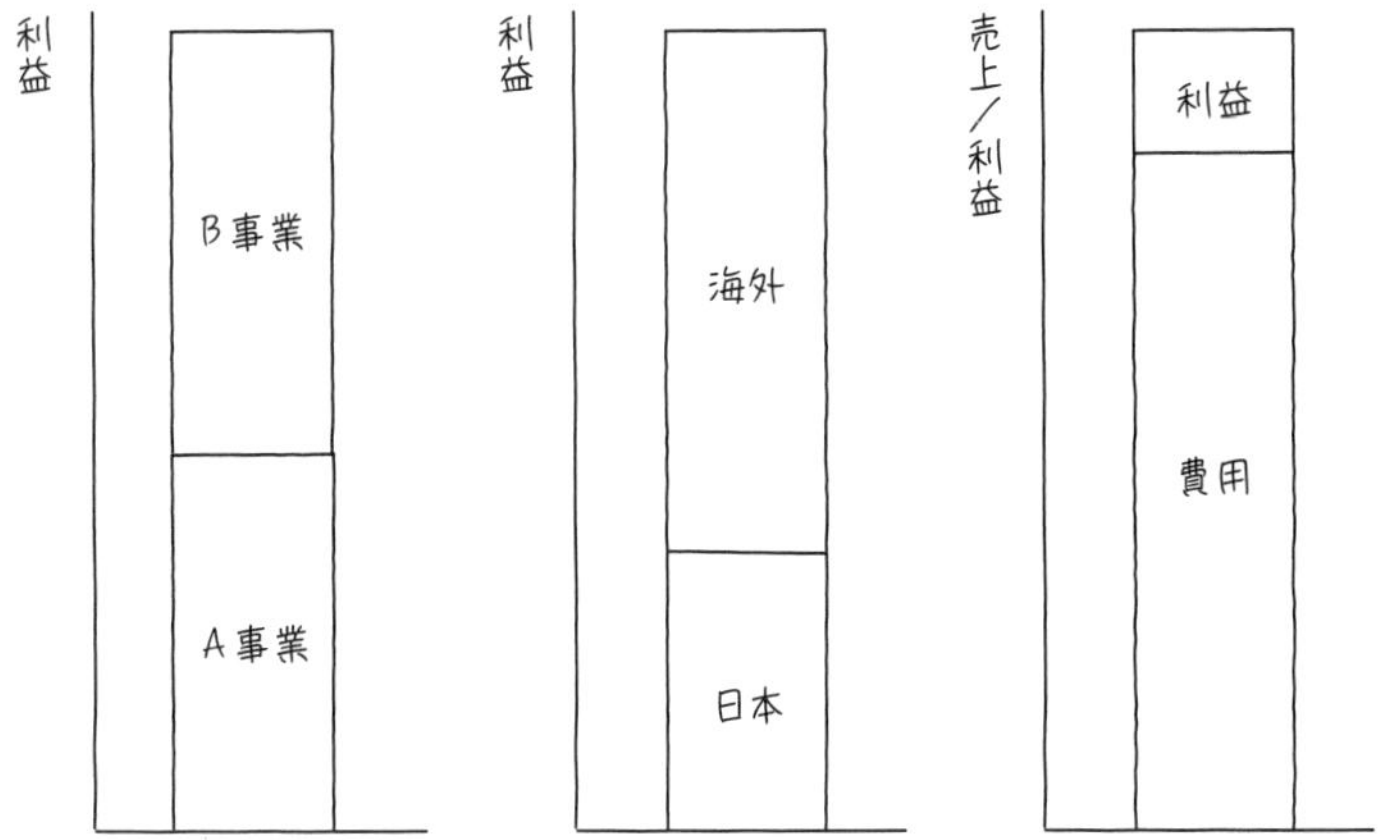

元（平面）を有効に使いにくい状況に陥ることがよくあるので要注意です。図を使うと2次元までは苦も無く考えられるのに、実質的に1次元で考えてしまうと、大切な要素を見逃す可能性を高めてしまいます。非常に「もったいない」ことです。

ということで、ここでは掛け算の発想で考えてみます。利益の分解としてまず思いつくのは、次の式ではないでしょうか。

利益＝売上高×利益率

基本的に掛け算は異なる要素の組み合わせになります。特に「量」と「率」は普遍的に有効です。

たとえば、売上高×利益率を先ほどのA事

図1-17　企業の利益の「形」

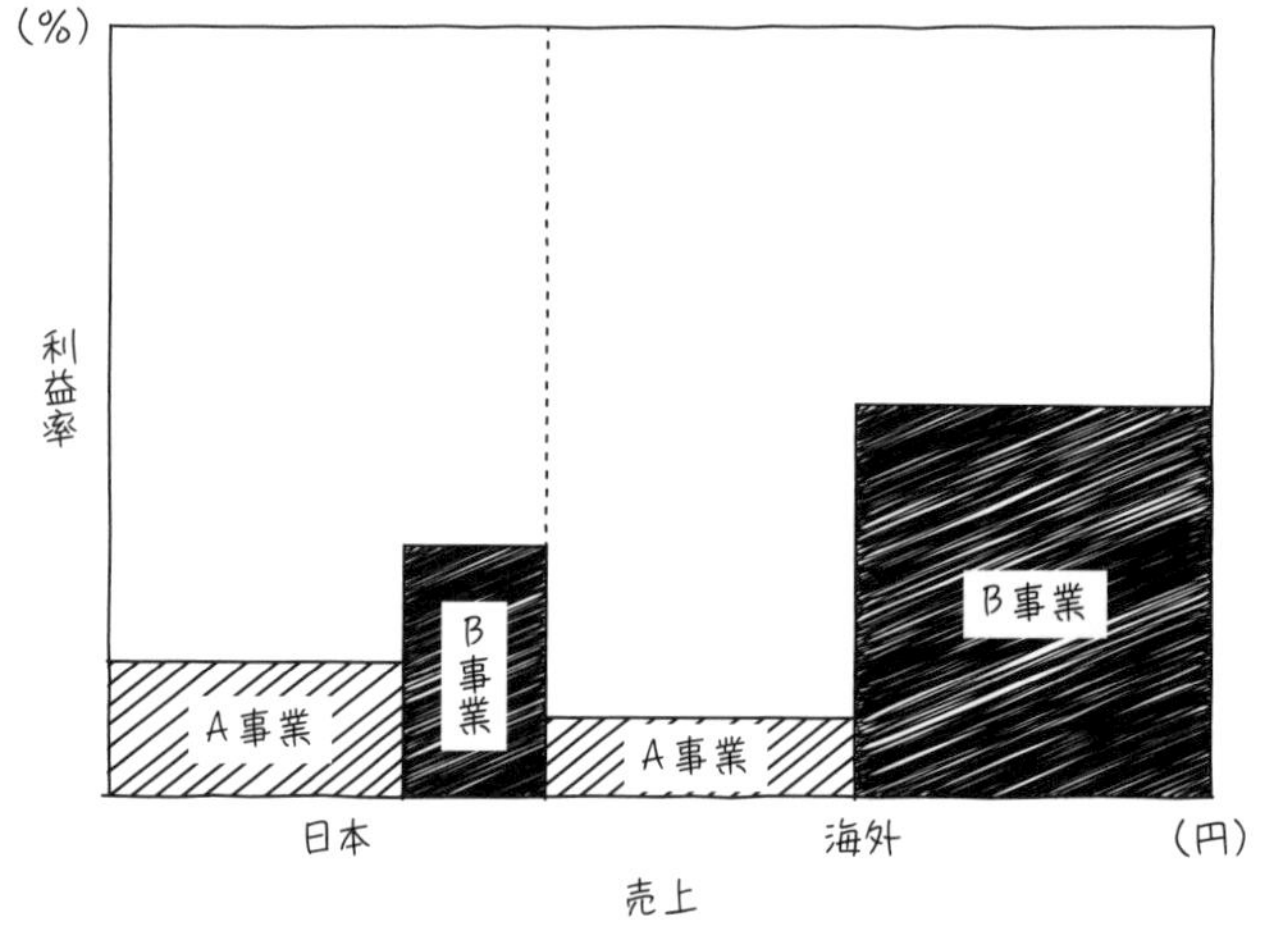

図1-18　プロフィット・プール

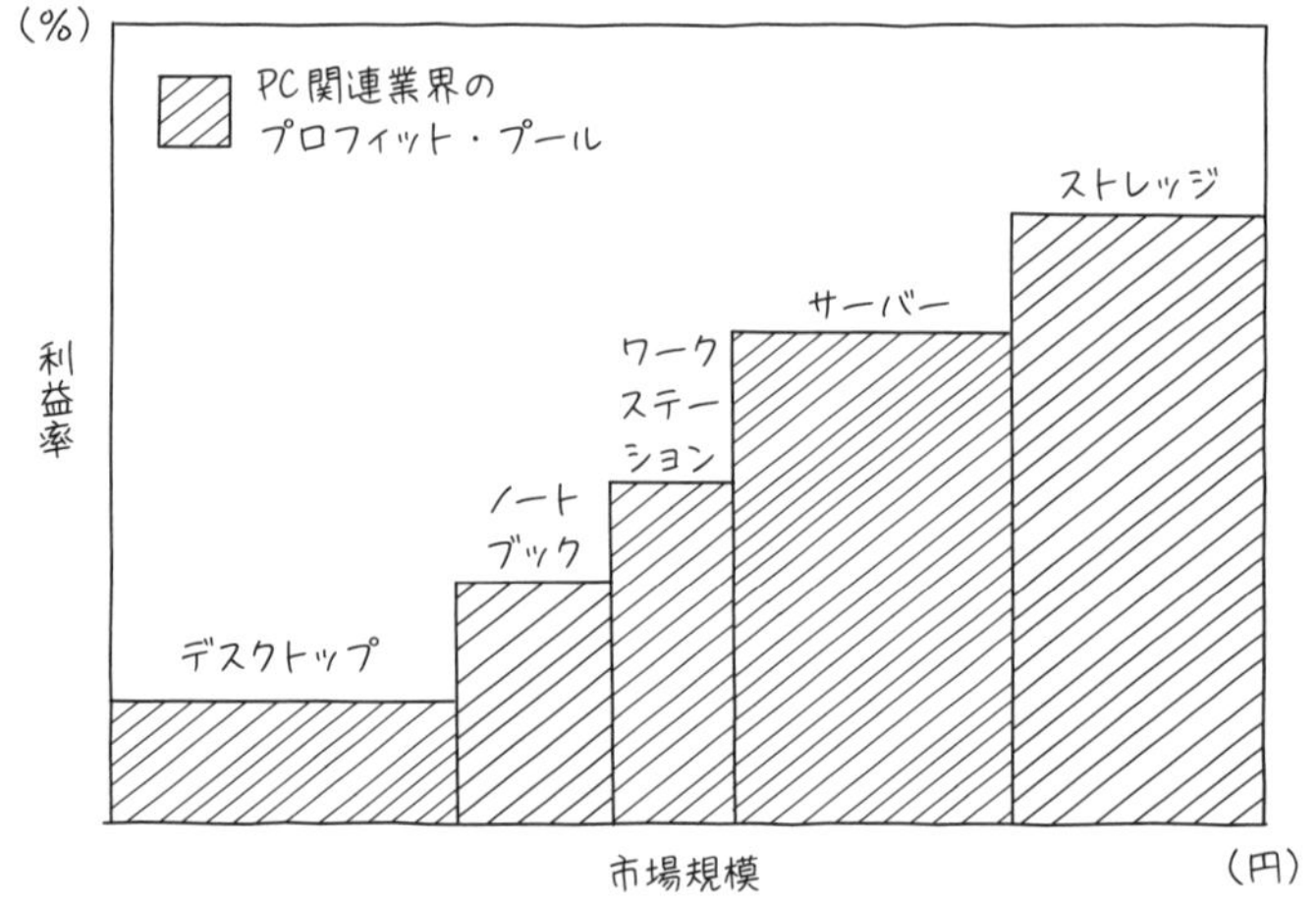

業とB事業の状況理解に当てはめてみると、より豊かに事業の状況を理解できる面積図になります（図1-17）。皆さんもこのような図を描いて、自社の事業分析をし、事業拡大のヒントを探ってみてはいかがでしょうか。

ちなみに、図1-17は、1つの企業の中の話でしたが、同じような考え方を業界全体に拡張することも可能です。そんな面積図には既に名前がついていて、「プロフィット・プール」と呼ばれています。つまり**プロフィット・プールは、業界全体の利益のフルポテンシャルを表す面積図**です。

図1-18はPC業界のプロフィット・プールです。デスクトップPCの組み立てからスタートしたデルが、デスクトップ事業が成熟し始めた時、次にどんな事業機会へと進むべきかを直感的に理解させてくれました。実際デルは、デスクトップからノートブックへ、そして、サーバー／ワークステーションへと事業を拡大していきました。

利益（プロフィット）が無いところでは事業は成立しません。企業は利益を追いかけるべきです。利益のフルポテンシャルであるプロフィット・プールは、成熟市場においても、新たな戦略的方向性に対するヒントを与えてくれます。

3

競争優位の構築は「ループ図」で考える

3つの壁で「違い」を作る

競争優位の根本は、他と違うことです。

もし提供する価値が同じなら、顧客は最後には価格で判断します。そうすると、最終的に勝つのはコスト競争力のある企業、たとえば業界1位の大企業になってしまいます。そうならないように、異なる提供価値を生み出し、その違いが無くならないよう防御する「壁」をつくることが、競争優位を構築するためには大事になります。

その壁は大きく3つあります。「参入障壁」「移動障壁」「隔離メカニズム」です。これらが、違いが無くなるのを防いでくれます。

参入障壁

新規参入者が業界に参入するのを躊躇させる壁です。「初期投資が大きい」「スイッチングコストが高い」「流通チャネルが既におさえられている」などが挙げられます。

移動障壁

同じ業界内にある「戦略グループ」の1つに属する企業が、他の戦略グループに侵入しようとする時に直面する壁です。

たとえば、ポルシェやフェラーリといった高級車メーカーからなる戦略グループの企業は、設計ノウハウや生産技術などの違いによって、小型車を大量生産するメーカーからなる戦略グループには入っていけません。

逆に、小型車を大量生産するメーカーからなる戦略グループの企業は、ブランド構築等などで苦労して、なかなか高級車メーカーの戦略グループには入っていけません。

隔離メカニズム

他の企業が、特定の企業と同じことをしようとする際に直面する壁です。たとえば、企業の歴史や品質の違いから、多くの鞄メーカーは、ルイ・ヴィトンと同じブランド力を持

図1-19　「ポジション」と「リソース」をつなぐ「壁」

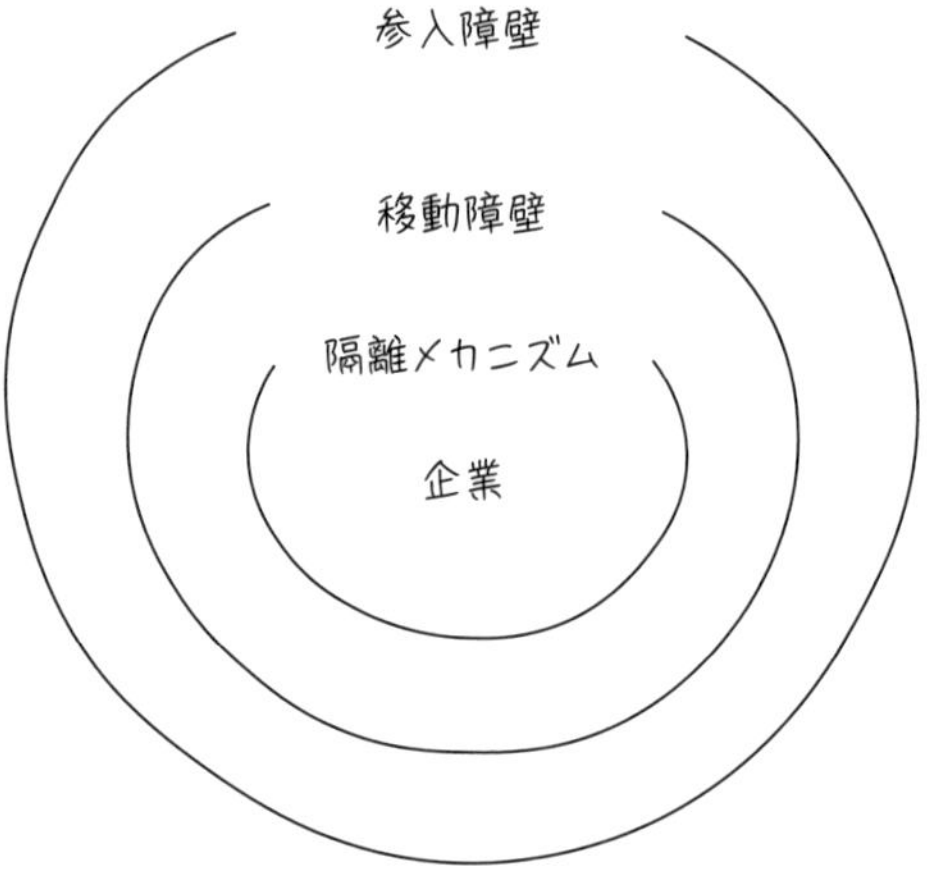

つことは難しいでしょう。

　これらは、ちょうど外堀・内堀を持つお城のイメージです。何重にも張り巡らされたお堀がしっかりしているほど、そのお城は難攻不落になるのと類似的です（図1-19）。

　経営戦略論には、大雑把に言って「ポジショニング・ビュー」と「リソース・ベースド・ビュー」という2つの規範的戦略学派があります。ポジショニング・ビューは、「どこで戦うか」を重視し、リソース・ベースト・ビューは、「何を武器に戦うか」を重視するのですが、この「壁」という発想は、その両者をつなぐ概念になります。

　参入障壁と移動障壁は、戦う場所に関連するポジショニング・ビューに由来し、隔離メカニズムは武器、つまり企業の持つ特異な資源・能力に関連するリソース・ベースド・ビューに由来しています。

戦略には、戦う場所であれ、武器であれ、他と違うことを維持するための「壁」が必須であり、その点では、ポジションもリソースも共通認識に立っています。

真似されにくさはループから生まれる

ところで、どうすればその壁を高くすることができるのでしょうか。基本的な発想は、同じことをしにくくする、つまり、真似しにくくすることです。

では、真似しにくさを図で考えてみましょう。

たとえば、新しい製品など、他には無いもの・他には無い価値を生み出したとします。もちろん、その新しさのレベル感によるでしょうが、いずれは真似されてしまいます。

そこで、新しい製品とは別にもう1つ、それを売る強力な営業部隊を足したとします。そうすると、より真似しにくくなります。なぜなら、その両方を真似る必要が出てくるからです。

図1−20　真似することの難しさのレベル感

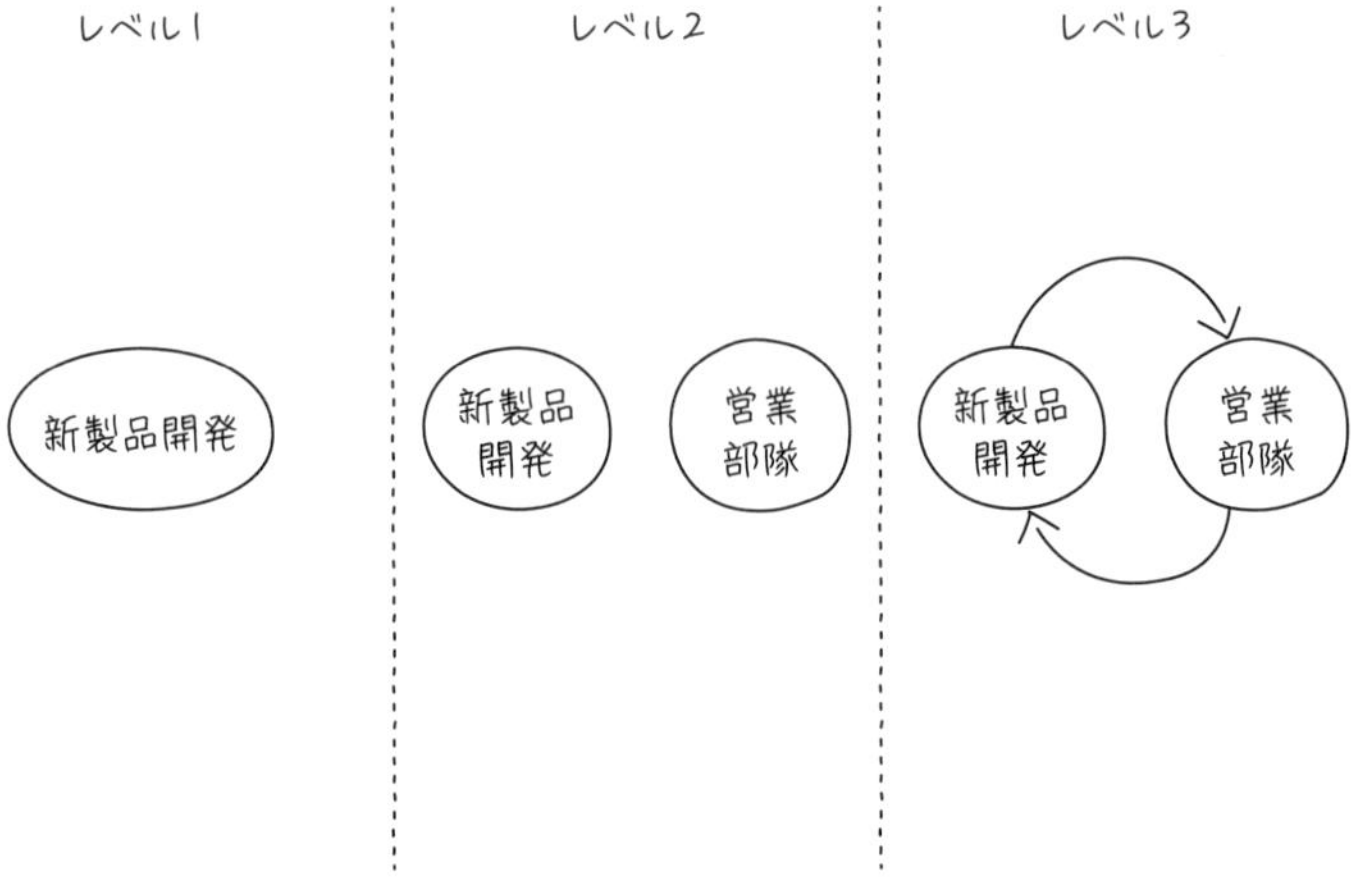

次に、その営業部隊が製品のことをよく理解していて顧客にきっちり説明でき、さらに顧客ニーズを探ってきて次の製品開発に活かす仕組みがあるとすると、ますます真似するのは難しくなるはずです。

そこで新製品開発や営業活動といった、活動の塊を○や□で表現し、連携の強さといった関係性を「線」で表してみましょう。何かを○や□で、関係性を「線」で表すとわかりやすく構造を把握することができます。

最初の段階は、新製品開発の○1つによる強みです。次の段階は、新製品開発の○と営業部隊の○2つに基づく強みになります。最後は、○2つと、それらを結ぶ線によって成り立つ強みになります（図1−20）。

競争相手が、あなたの企業を真似ようとす

図1-21　バリューチェーン内の連携

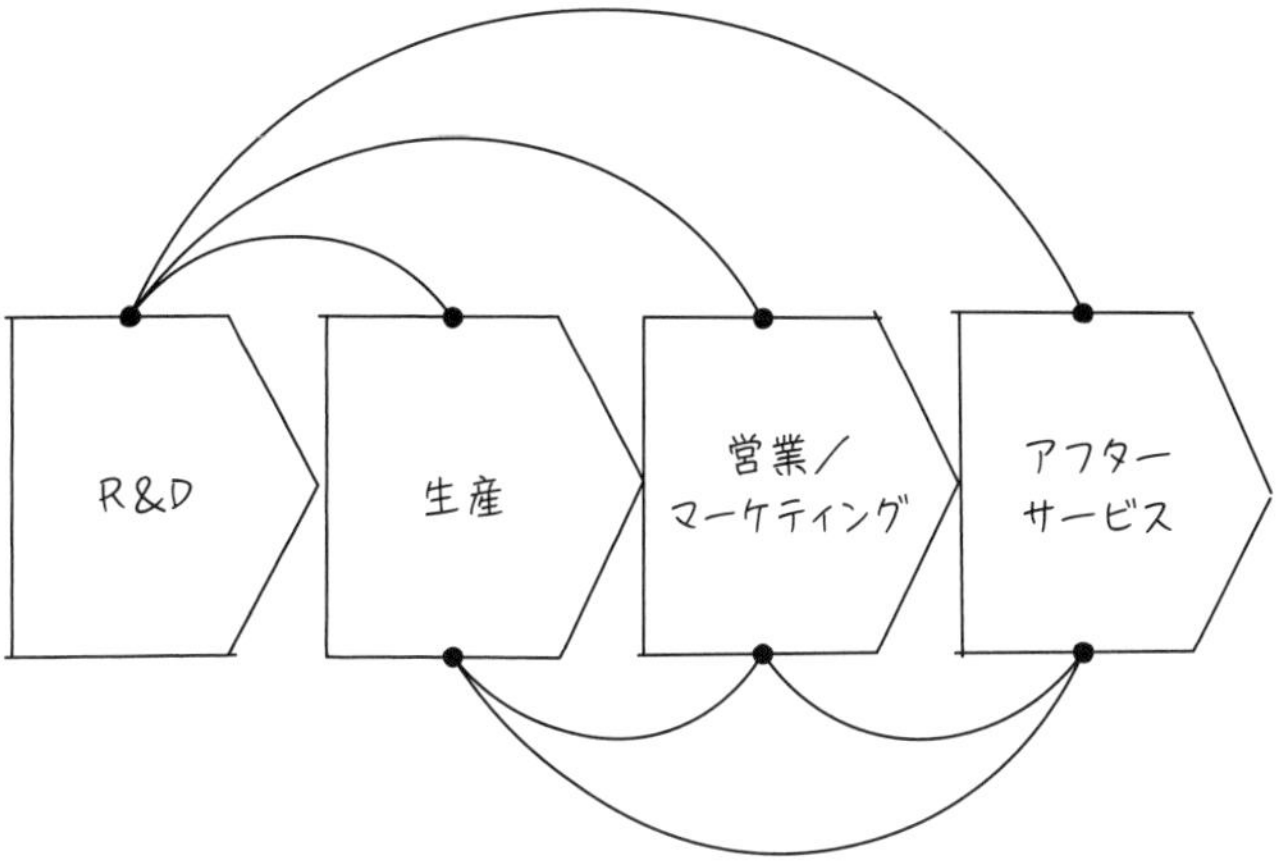

ると、最初の段階では○1つを真似しなければなりません。でも最後の段階では○2つと線2本を真似ることが必要になります。当然、図1-20の左側の図より、右側の図の方が真似しにくいということになります。

つまり、**○の数が多く、かつ、線の数も多いほうが真似されにくい**構造だということです。特に、「線」の真似は難易度が増します。なぜなら「線」は関係性であり、関係性は目に見えず暗黙的だからです。暗黙的なものはなかなか外には出てきませんし、真似しにくいものです。

最近では、突然まったくの異業種から破壊的イノベーションと共に自分の陣地に入ってくるケースも散見されます。真似ではなく代替です。こういうケースでは、防壁がいとも簡単に崩されて業界がひっくり返ることもありますが、自社の競争優位を守るためには、まずはしっかりとした○と線からなるループを作ることを考えるべきです。

そのためには、頭の中だけで考えるより、実際に図を描いてみるのが一番ですね。

ちなみに、このような発想を、ヒト・モノ・カネをインプットして、価値をアウトプットする企業のバリューチェーンとして捉えてみましょう（○が矢バネの形に変わっていますが）。そうすると、真似しにくさ（模倣困難性）は、バリューチェーンの各活動がしっかりと連携していることから生まれることが直感的に理解できます（図1−21）。

事例

テスラ

EV（電気自動車）のテスラ[*3]を例に、彼らの競争優位について考えてみましょう。

テスラは、EVの普及に向けて巨大な自動車組立工場を建設し、基幹部品である電池工場も世界中に建設しています。そうすることで規模の経済や経験曲線効果でコストをどんどん下げているのです。

そしてコストダウンにより、高級車から大衆車へとEVの裾野を広げていきました。また同時に、これまで店舗で売るのが当たり前だった車をオンラインで販売することで、さらにコストを下げ、リーチを広げ、普及を後押ししています。さらには、どんどん進化する自動運転などのソフトウェアはEV購入後もオンラインでアップグレード可能な仕組みになっていて、自動運転プログラムのサブスクリプションも可能になりました。

他方、EVのボトルネックは充電設備です。それに対してテスラは、家庭用の充電器を販売・設置すると共に、街中での充電設備を整備しつつあります。充電設備設置の際にはEVユーザーの声も聞き、ニーズの多いところに設置する努力も行なっているそうです。これらの取り組みがすべてではないでしょうが、バリューチェーンをベースに図にすると、図1－22のようになります。

テスラは、EVという新しい価値を消費者に届け、顧客基盤や充電インフラを急拡大し、先行者メリットを生み出すだけでなく、しっかりとした模倣困難性を構築しようとしているのです。

図1－22のようなループをしっかりと創って回すということは、仕組みとして価値を創出することと同義です。この仕組みこそが模倣困難性の源であり、ビジネスモデルと呼ば

＊3　テスラ：電気自動車やソーラーパネル、バッテリーなどを製造する米国企業。イーロン・マスクがCEOを務める。

図1-22　テスラのループ

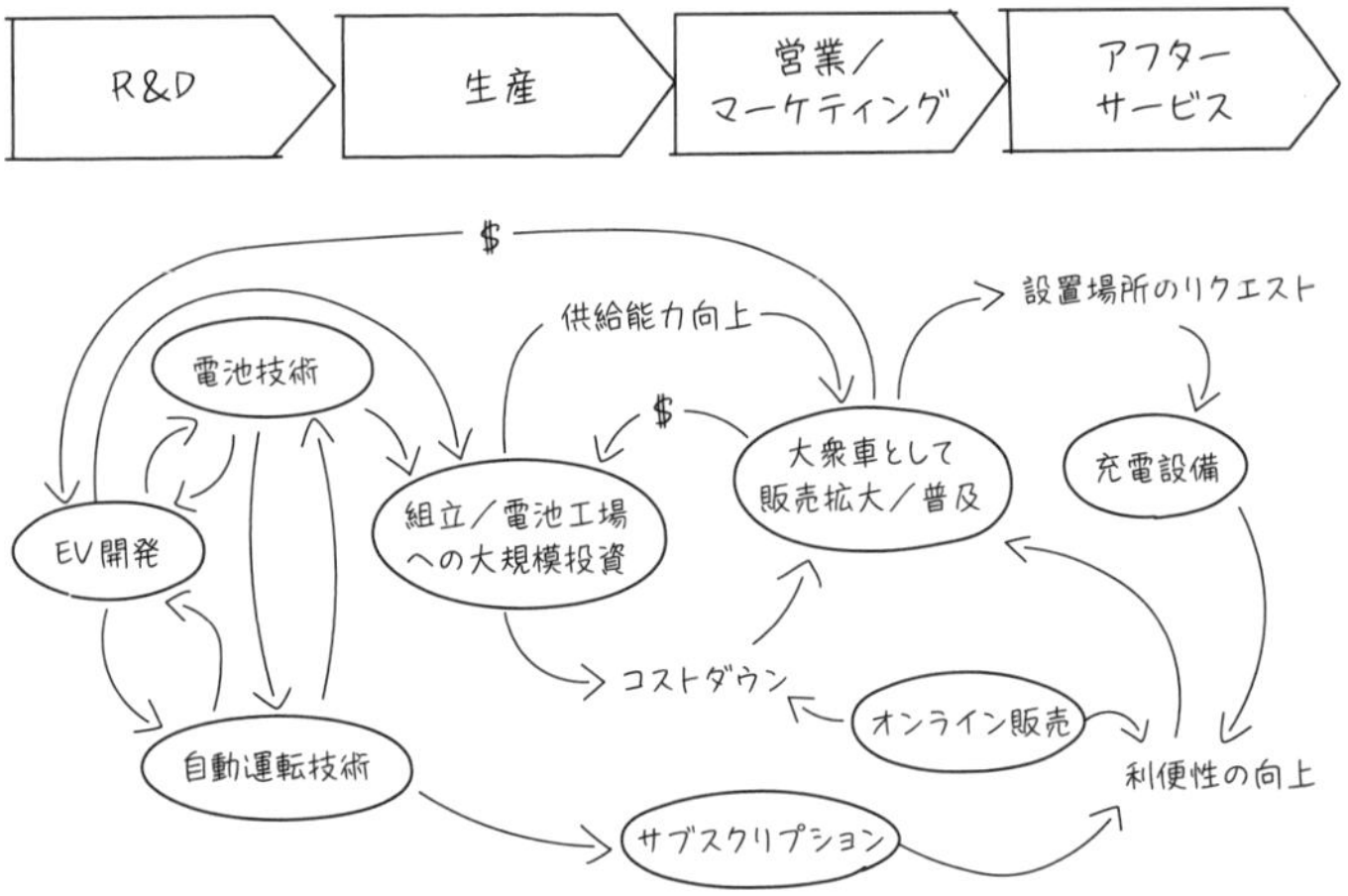

れるものです。

そして仕組みの中で特に着目すべきは「正のループ」です。**「正のループ」とは、複数の矢印を辿ると輪として閉じており、どんどん好循環を生み出す輪**のことです。図1-22には「正のループ」が至るところに埋め込まれています。

正のループは、企業に収穫逓増や価値の拡大再生産をもたらします。一旦これが回り始めると競争相手が後から真似るのはどんどん難しくなります。

そして、このようなループの骨格ができ上がると、さらなる発展も期待できます。

たとえば、電池の生産能力を活かし、定置型の蓄電池を販売してもいいし（既にやっていますが）、いずれは電気を自給自足する家そのものを作ってもいいかもしれません。近未来において、イーロン・マスク（テスラCEO）が同じくCEOを務めるスペースXのロケットが火星に到達して、そこに街ができたら、EVも電気ハウスも活かすことができます。そうやってつながる範囲が広がっていくと、提供する価値は拡大し、ますます他社が真似ることが難しくなっていきます。

この特徴こそがビジネスモデルの本質です。つまり、**ビジネスモデルには、整合性のある正のループが複数組み込まれていることが大切**になります。

皆さんの企業でも、模倣困難な競争優位を構築するために、ぜひこのようなループ図を描いてみてください（結構、難しいはずです）。そして、その中には「正のループ」が幾つあるかを確認してみてください。正のループが多いほど、それは強いビジネスモデルだと言うことができるでしょう。

CHAPTER

2

図で考える全社戦略

経営においては、事業戦略よりもより大きな視点、つまり全社戦略についても考える必要があります。事業のポートフォリオはどうするべきか。事業間でシナジーを生むためにはどうするべきか。中長期的に会社をどのようにしたいのか。そうした全社戦略を考える際にも、図で考えるアプローチは有効です。

1 中長期の全社戦略は「タテ・ヨコ」の因果関係で考える

先が読めないからこそ、先を読む努力をする

まず最初に、中長期における全社戦略の立て方から話を始めましょう。

ところで皆さんはこの「中長期で考える」ということについて、どう思いますか？

「VUCA（変動性・不確実性・複雑性・曖昧性）な世の中だから、あまり遠い将来を考えても見通せるわけがない」

「だから、そんな先を考えても仕方がない」

そんな声を、いろんなところで耳にします。

「それよりもアジャイル[*1]（Agile）な経営（迅速で機敏な経営）が大事だ」

この考えには確かに一理あります。でも本当にそうでしょうか。

先が読みにくい時代だからと言って、将来を思い描くことを軽んじて、本当に大丈夫でしょうか。

CHAPTER1の図1-1を思い出してみてください。そもそも対処すべき問題は、「ありたい姿」と「現状」のギャップで定義されます。将来の「ありたい姿」がないと、現状の延長線上でしか経営を考えることができず、取り組むべき問題は不明瞭なままになってしまいます。

また、「ありたい姿」を描く際に、その時の世の中の様子を理解する努力もせずに適当に設定したとしたらどうでしょう。それはもはや経営ではなく、ギャンブル（投機）です。行き当たりバッタリになってしまいます。これは課題発生型の問題対処法とも呼べます

＊1　アジャイル：もともとはソフトウェア開発の概念の1つ。速く、継続的に顧客へ価値を提供する仕組み。

図2-1　課題発生型の問題対処法

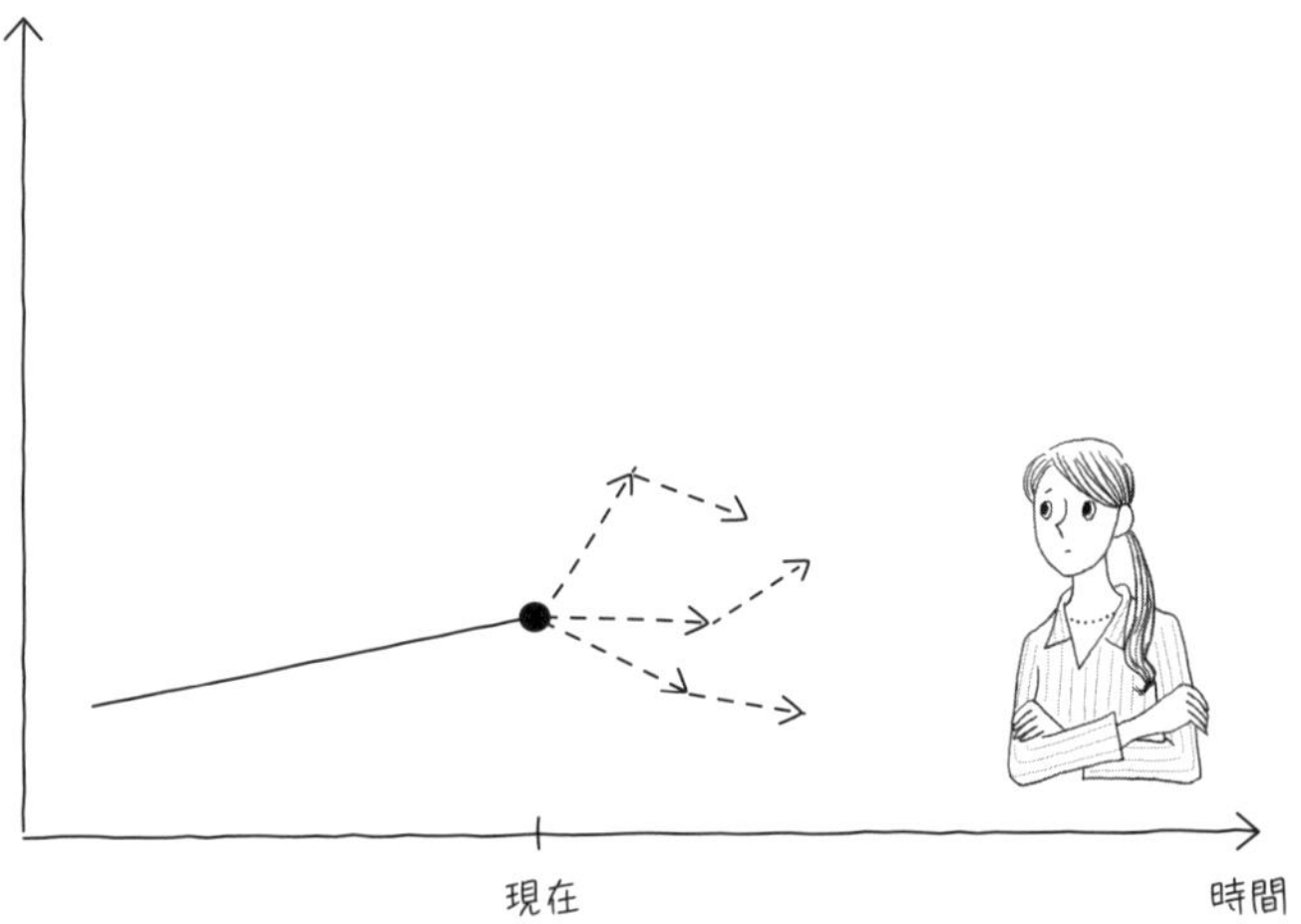

（図2-1）。

逆説的ではありますが、**先の見通せない世の中だからこそ、見通す努力をする。技術の進化が早く、日々状況が変わっているからこそ、その先を見据える努力をする。**

経営においては、これが重要ではないでしょうか。

誰も知らない「月」を予測したNASAの科学者

経営学者のリチャード・P・ルメルトは、その著書『良い戦略、悪い戦略』（日本経済新聞出版社）の中で、興味深い事例を紹介しています。それは、月面着陸計画に先がけて計画された、人類初の無人月面探査機「サーベイヤー」を開発した時の話です。

サーベイヤーの設計者にとって最も悩ましかったのが、月の表面が実際どうなっているかを誰も知らないことでした。それゆえ、なかなか探査機の設計が進みません。

そこでNASAのジェット推進研究所の研究主任であり、月面の研究で知られるフィリス・ブワルダは、アメリカ南西部の砂漠にそっくりな月面模型を作成しました。「地球上で平たい場所はだいたいこんな感じだから、月でも、山から離れたところなら、砂漠のような状況である可能性が高いはず」と、まだ見ぬ月面の姿を設計者に示したのです。

彼女は決してすべてを見通していたわけではありません。ただ、彼女は「月面はこうだと条件設定しない限り、技術者は何もできない」と見抜いたのです。つまり、探査機の先に待つものを想定しないと、月面着陸計画そのものも危うくなってしまうと彼女は考えました。実際その後、漸《ようや》く設計作業が進み始めます。

この例のように、目指す先にある未来の様子を「読まなければ」、「ありたい姿」をハッキリと描き、「構えをつくること」はできません。まさに「ムーンショット[*2]」です。目先のことの積み上げだけでは、決して月には行けません。

＊2　ムーンショット：前人未踏で困難だが、非常に大きなインパクトをもたらす壮大な計画や挑戦。月面着陸計画「アポロ計画」など。

フューチャー・プルでギャップを創る

図2-1の点線の矢印の向きを決めるためには、どうしても「ありたい姿」の設定が必要です。

「ありたい姿」を設定することで、「そこに至るために何が足りないのか」というギャップを理解することができます。そして、ギャップの正しい把握は、本当にやるべきことを明らかにしてくれます。図で表すと、図2-2のようになるわけです。

このように、「ありたい姿」（フューチャー）を設定し「ありたい姿」から逆向きに線を延ばす（プル）ことを「フューチャー・プル」と呼びます。**フューチャー・プルとは、「課題発生型」つまり行き当たりばったりの問題対処法ではなく、「ありたい姿牽引型」で問題を設定してからその対処に取り組むこと**に他ならないのです。

持っている知識・知恵を総動員して先を読む努力をする。その理解に基づいて、「ありたい姿」を描く。その重要性はVUCAな世界でも変わらないはずです。

あなたの組織の全社戦略は今、「ありたい姿牽引型」になっているでしょうか。行き当たりばったりの「課題発生型」になっていないでしょうか？

図2-2　フューチャー・プルでギャップを創る①

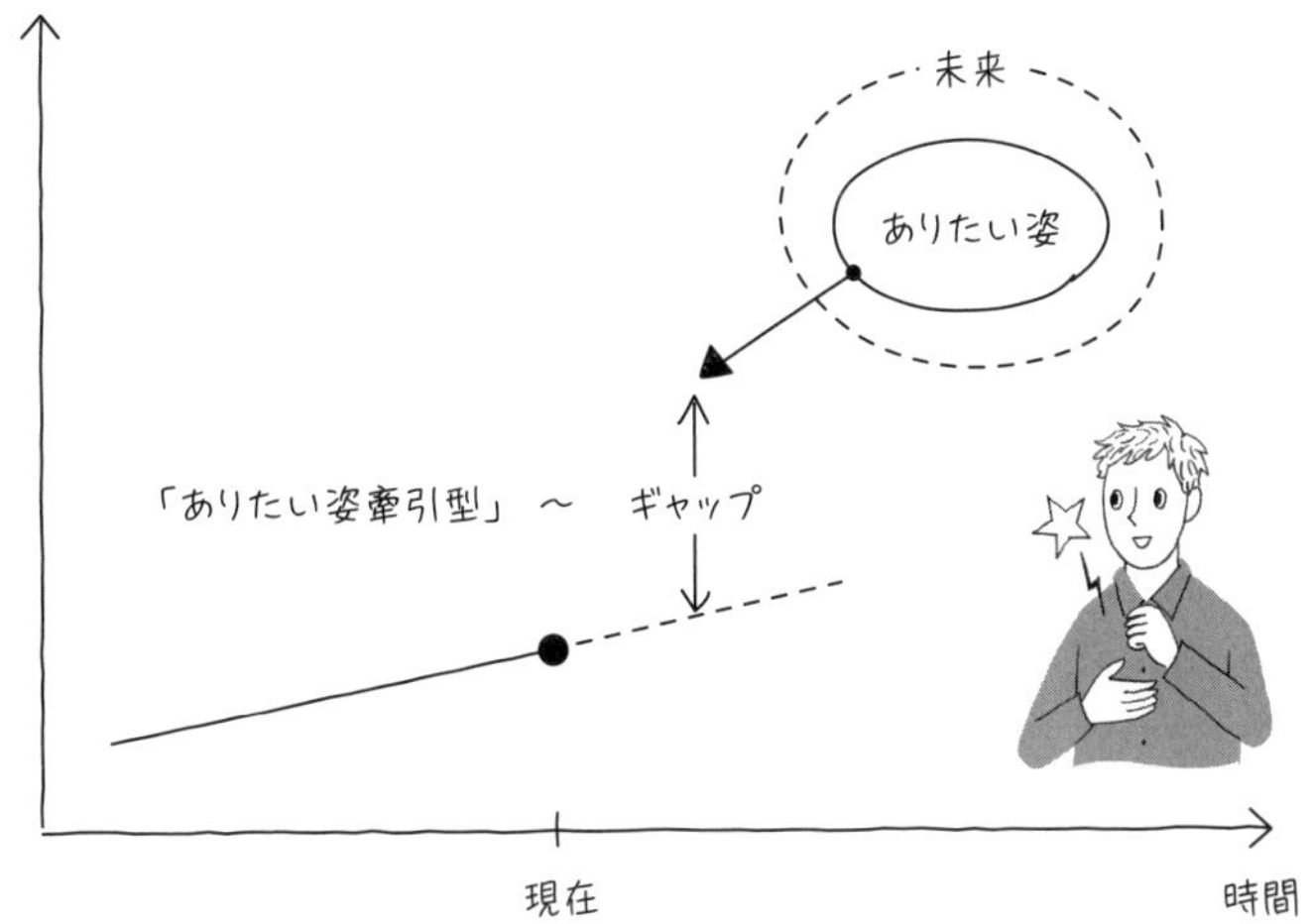

強制的にタテ軸を考える

ここからは、図を使って全社戦略を考えるヒントを詳しく見ていくことにしましょう。図2-2を睨んでいると、ふとある事が気になります。それは「タテ軸をどう定義すればよいか」です。実は、**フューチャー・プルのメリットは、強制的に軸の定義を考えさせられ、何が大事なギャップなのかを「逆引き」で問われる**点にあります。

タテ軸の候補としてまず思いつくのは、企業のありたい姿ですから、売上高、営業利益、事業規模といった事業のレベル感を示す指標ではないでしょうか（図2-3）。あるい

図2-3　フューチャー・プルでギャップを創る②

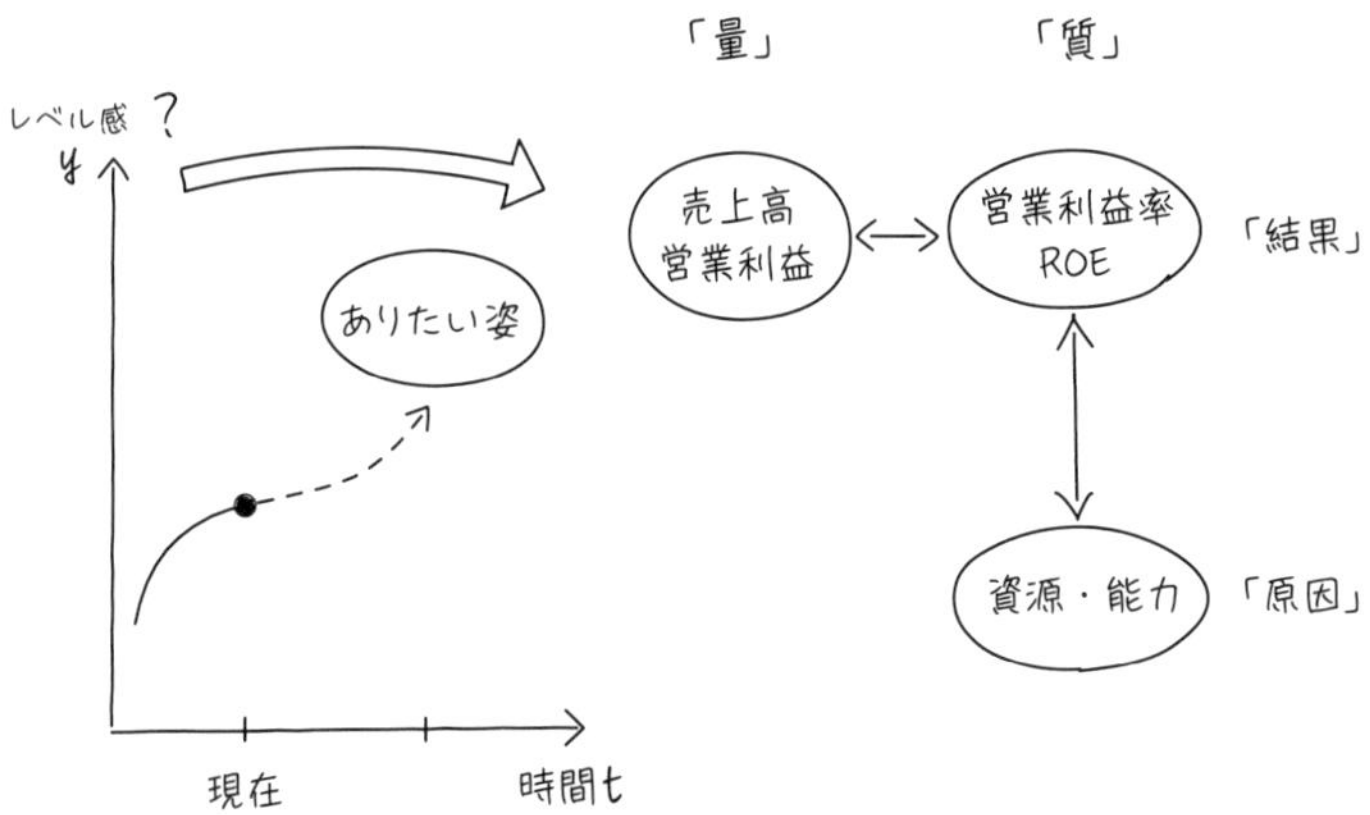

は「量」的なものではなく「質」に着目すると、営業利益率、ROEなどの「率」の定義も思いつきます。これらは企業にとって重要なKPI（Key Performance Indicator）であることは確かです。

ただ、これらの数値はすべて「結果」にしか過ぎません。結果の反対の「原因」に目をやると、結果を生み出すための資源・能力といった定義もあることに気付きます。たとえば、営業人員や研究開発費、あるいは営業力、研究開発力などです。このように、「量」↓「質」、「結果」↓「原因」と、**相対する視点を接続していくと発想が広がります**。

もちろん、万人に共通な唯一の答えなどありません。なぜなら各企業の置かれている状況はそれぞれに個別特殊的だからです。でも幅広く思考を広げれば広げた分、適切な軸を選べる確率は確実に上がります。

簡単ではありませんが、皆さんの会社にとって適切だと思う「タテ・ヨコ」の軸を考え、シンプルな概念図を描いてみてください。いろいろなことを考えなければならないことに気付くはずです。

そして気付いたことを全社戦略に反映させていくことで、行き当たりばったりではない、高い精度で設計された、意思のある全社戦略へと昇華させることができるのです。

中期計画の正しい時間設定——3年から5年へ

前節では「タテ軸をどう定義するか?」について議論しました。次は「ヨコ軸」についてです。

今度は図2-2のヨコ軸をあらためてグッと睨んでください。明らかにすべきことがもう1つあることに気付きますね。わかりますか?

答えはヨコ軸の「目盛」をどう設定するかです。端的に言うと「中期経営計画の期間をどう設定するのか」ということです。どれくらいの時間間隔で中期経営計画を立てるかというポイントは、経営にとってとても重要です。

いま私は、日本企業の中期経営計画の研究をしているのですが、そこからわかったことが1つあります。それは、企業の約70%が計画期間を「3年」に設定している、という事実です。なぜ3年なのでしょうか。疑問に思いませんか。

実は、私はこの期間設定に異論を唱えています。まず着目するのは「ギャップが埋まっていくパターン」です。先ほどの図2-2では、過去から現在までの軌跡を直線で描きました。しかし、売上でも利益でも、順調に右肩上がりで成長するところは稀です。だいたいアップダウンします。つまり線の形はジグザグ。ジグザグということは、当然上がり下がりする「周期」が存在するということになります。

先ほど、タテ軸には、結果（売上高・営業利益）や、その原因である営業力や研究開発力などが考えられると述べましたが、もし結果である売上や利益がジグザグするのなら、それらの原因である資源・能力もジグザグしているはずです。

確かに、新しい能力の開発には時間がかかるし、じっと力を蓄え、投資をしている時期は、あまり売上も伸びないし利益も出ない。でもそれが花咲くと、売上や利益がいっきに伸びる。こんなダイナミズムがありそうです。跳ぶために一旦しゃがむ。そういうものでしょう。このように、**変化の形のパターンに思いを馳せるということは、因果のダイナミズムを考えること**につながります。

企業成長の根幹は、外部環境と自社の資源・能力を整合させながら、自らが変わっていく変化パターンそのものです。こう考えると、計画の時間軸には、やはりそのパターンの「周期」を意識すべきではないでしょうか。つまり、結果と原因の変動に合った時間軸を設定するほうが理にかなっているはずです。

実は10年ほど前、博士論文を書くための研究の中で、日本の製造業の売上高や営業利益率の変動周期を調べたことがありました。

その結果は、売上高＝4・7年、営業利益率＝4・1年でした。特に業績を伸ばした上位企業においては、売上高＝5・3年、営業利益率＝4・4年と、平均より少し大きな値でした。

また、最近、R&D（研究開発）に関する研究をしていたのですが、企業の研究開発投資のアップダウンの周期も調べてみると4・1年でした。おそらく、競争優位を創るために、本当の意味で資源・能力を鍛え上げるにはそれくらいの時間がかかるということなのでしょう。

これらの結果を踏まえると、中期経営計画の時間軸（ヨコ軸）を3年と置くのは「帯に短し」です。計画の期間は、自らが変わって結果につなげるための十分な時間があってしかるべきです。時間軸を、本来あるべきパターンより短く規定してしまうことは、付け焼

図2-4　中期経営計画は5カ年で立てる

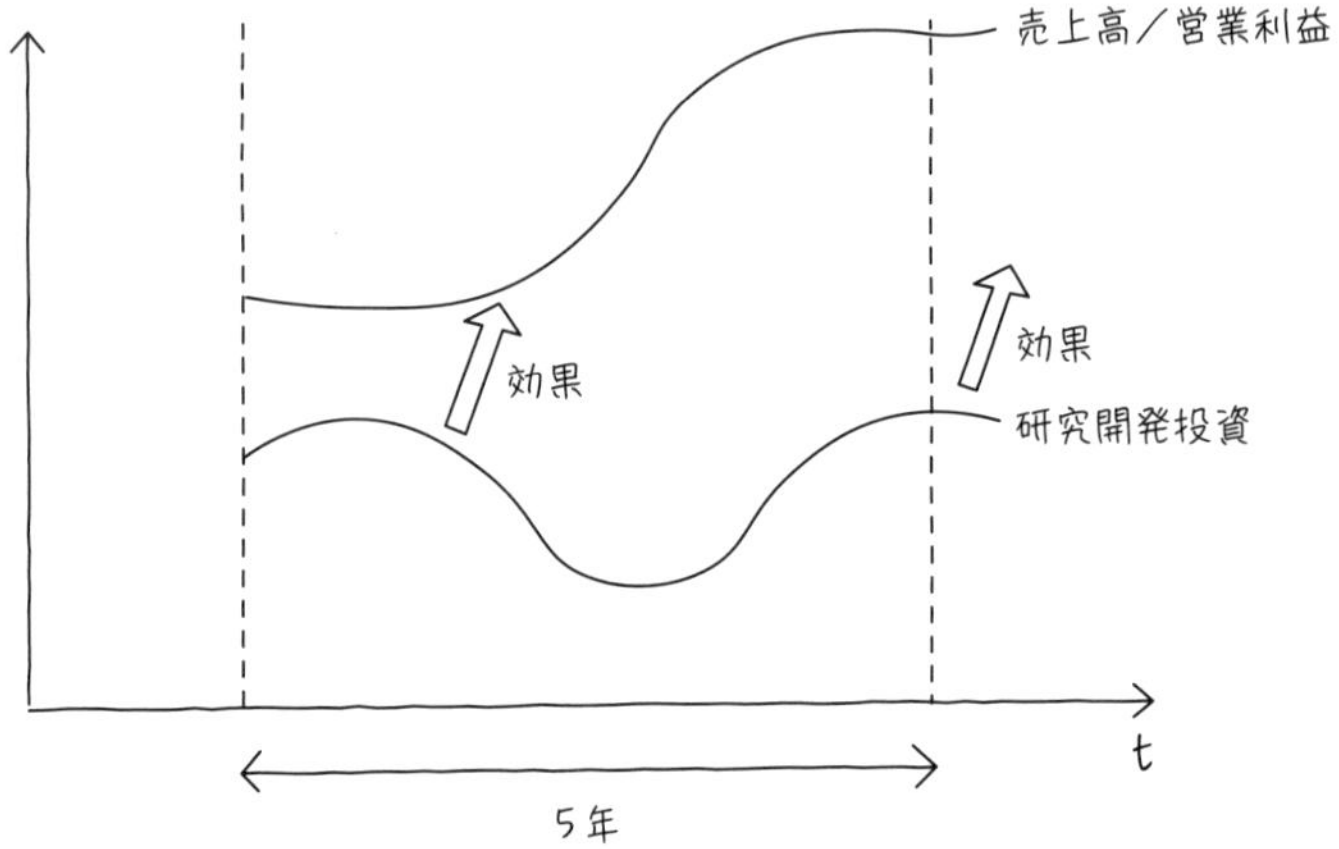

刃の対応を促すことにもなりかねません。いかにも3年は中途半端です。

アジャイルは大事ですが、それと同時に、少なくとも周期を1つ分、あるいは2つ分含むような5カ年計画、10カ年計画を立てることがお勧めです（図2－4）。

真のV字回復が難しい理由

こうやって考えると、業績低迷にあえぐ企業が短期間でV字回復したものの、その先、業績が冴えないケースが多いことも理解できます。電機メーカーなどでよく聞く話ですが、「止血は終わったが、その先の成長が描けない」という話です。

虎の子の事業を売却して、B／S（貸借対照表）はきれいになった。でも次が見えない。減損をして身軽になった。けど、その先が見えない……。

財務をリストラすること自体は間違ってはいません。ただ、それは必要条件だったとしても、十分条件ではないということです。根幹にある資源・能力の再構築に手が着けられていないから、先が見えないのです。しかし、これには時間が掛かります。少なくとも5年程度は。

先ほどの図2-4の図のジグザグ発展の論理をより詳細に調べてみると、次のことがわかります。

・売上や営業利益を伸ばすためには、まず事業の「質」（利益率）を変えなければならない。
・事業の「質」を変えるためには、組織の動き方（ルーチン）を変えなければならない。
・ルーチンが変わるためには、それを支える自社の資源・能力が変わらなければならない。

こうやって発想を広げた上で一連の対応策を考えなければ、短期的で対症療法的な偽り

図2-5　位相のズレ＝因果関係

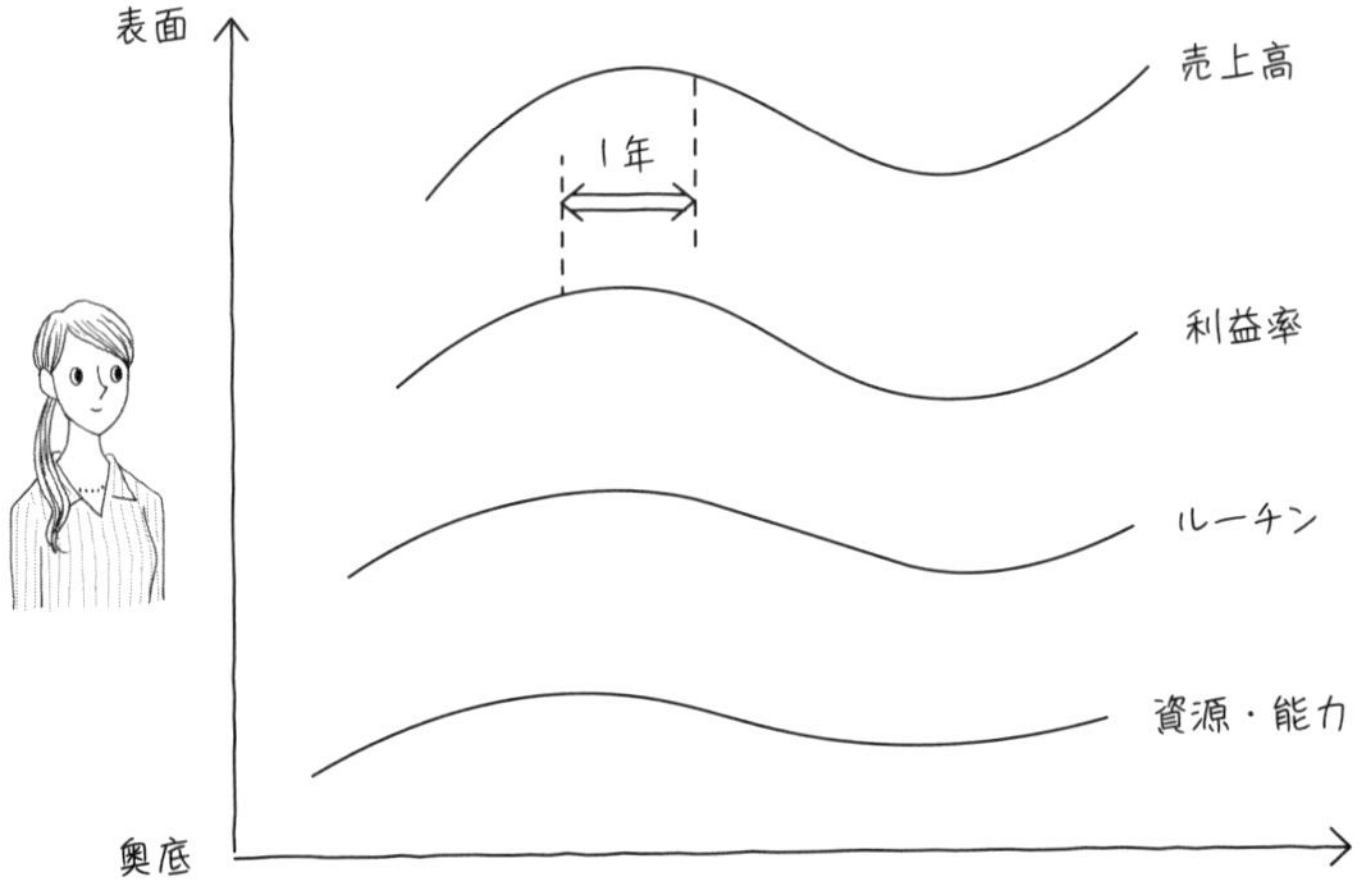

の業績回復に留まってしまいます。この変革の流れを図にしたものが図2-5です。それぞれの波の形の位相がズレていることが鍵です。**「位相」、つまり時間的前後・ズレは、因果関係を示唆します。**

ちなみに私の研究によると、業績を伸ばした企業では、利益率（質）の変化が、売上高（量）の変化に対して、1年ほど先行していました。つまり利益率の変化のほうが先に起こっていたのです。

考えて見ればその通りですよね。ちゃんとした価値提供ができるから、顧客が高い価格を払ってくれる。それゆえ、そこから売上が増大していく。「質」から「量」への因果です。

しかしながらついつい売上を重視しがちな経営者は、規模の拡大にこだわり、価格を下げてでも無理矢理売上を作りにいってしまいます。結果、利益率は下がり、やがて価値は棄損し、値段を下げても売れなくなってしまい、売上も減ってしまう。つまり、結果である売上を上げようとするから、売上が下がってしまう。そんな本末転倒の悪循環のダイナミズムが生まれてしまいます。

大事なのは利益率。利益率はビジネス健全性の先行指標。全社戦略についてタテ軸・ヨコ軸で考えながら、そのことを今一度思い出してほしいと思います。

2

事業ポートフォリオは「PPM（田の字）」で考える

有名なBCGのPPM

ここで皆さんに質問です。事業戦略もそうですが、全社戦略においても、そもそも、なぜ「戦略」なるものが必要なのでしょうか。

基本的に**戦略が必要な根本的な理由は、資源が限られていること**にあります。限られた資源だからこそ、効果効率的に使わなければ目的を達成することはできない。特に、全社戦略の根本的な考え方は、まさにこの「資源配分をどうするか」にあります。それゆえ、全社戦略では事業ポートフォリオという考え方が重要になるのです。

そして事業ポートフォリオの図というと、真っ先に登場するのが、ボストン コンサルティング グループ（BCG）が開発したPPM（Product Portfolio Management）です。タテ軸

図2-6　BCGのPPM

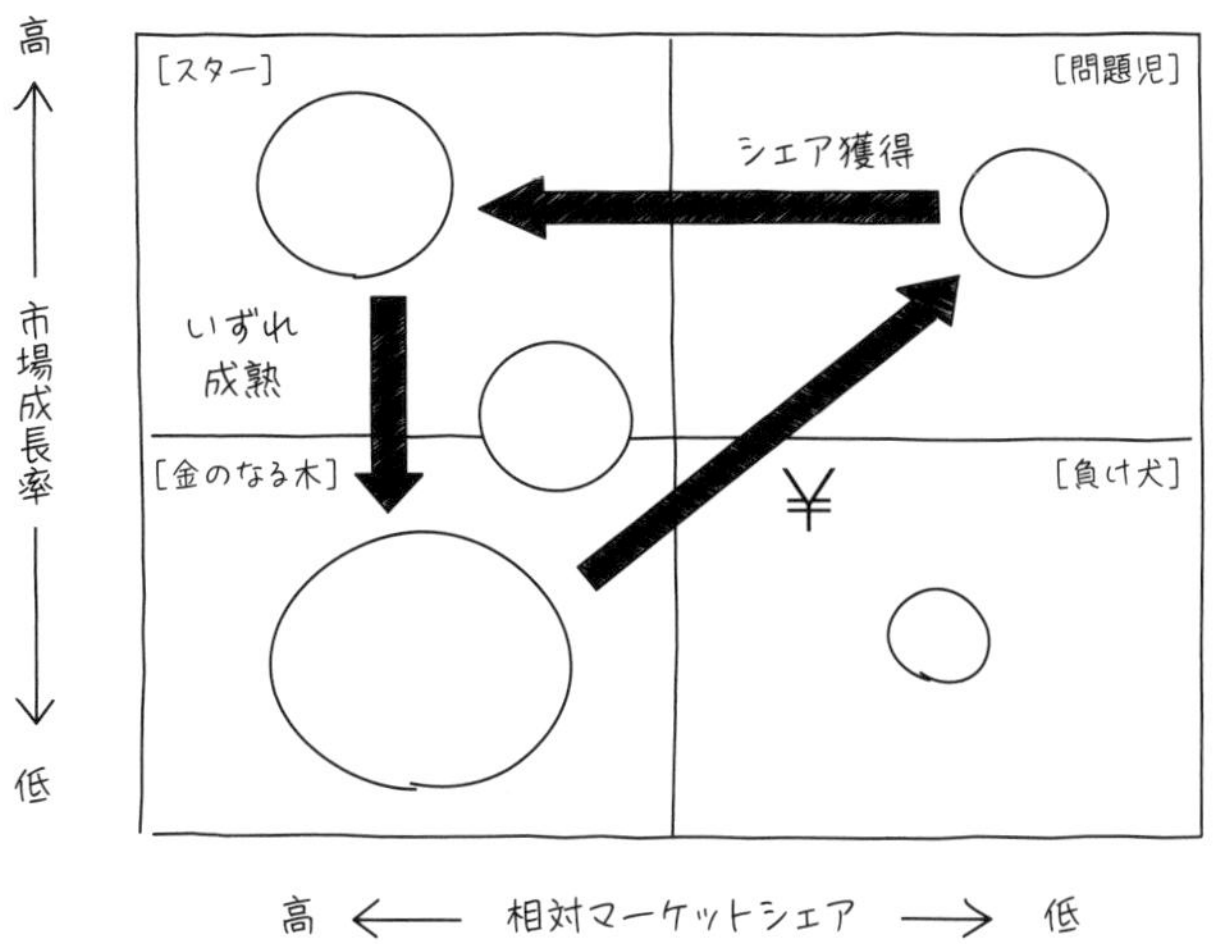

に市場成長率、ヨコ軸に相対マーケットシェアを取ったことから、Growth-Share Matrixとも呼ばれたりします（図2-6）。

PPMの基本的な考え方は、「負け犬」にある事業は撤退も含めた選択肢を検討する一方で、「金のなる木」で稼いだキャッシュを次の柱となる事業「問題児」に投入し、それを「スター」に押し上げていく。そうするとやがてそのスターが金のなる木になるという、循環の戦略論にありました。

このようにPPMは、「田の字」を基本としたとても豊かな図で、企業の事業ポートフォリオ再構築に対するヒントを与えてくれます。

ちなみに30年以上前に、私が理系の世界からビジネスの世界に転身したきっかけも、べイン・アンド・カンパニーのサマーインターンで、このＰＰＭというユニークな図に触れ、感銘を受けたことが大きな一因でした。

ＰＰＭの問題点

ただ、このＰＰＭも既に開発されてから50年程度が経ちました。

たしかに、事業を、タテ軸「相手（市場）の魅力度」、ヨコ軸「自社の強み」で評価し、経営の意思決定の質を向上させようとする発想において、ＰＰＭの価値は色褪《あ》せません。

少しタテ軸・ヨコ軸の補足をすると、もともとのタテ軸の定義である市場成長率の大きさが市場の魅力度の代理指標になっていて、相対マーケットシェアの高さが、コスト優位という企業の強さを意味していました（シェアが高い→いっぱい生産している→経験値が高まり安く作れる）。

しかしながらＰＰＭについては、様々な批判も出ています。

たとえば、ヨコ軸の相対マーケットシェアについては、高度成長を前提にしたコスト競争力が自社の強みの代理指標になっているので、時代にそぐわない。タテ軸の市場成長率も、ほとんどの市場が縮小している日本にはフィットしない。そのまま適用すると、ほとんどの事業が「負け犬」の事業になってしまいます（非成長市場での2位以下の事業は全部右下の「負け犬です」）。他にも「シナジーが明示的に表現されていない」『金のなる木』の事業がキャッシュを生んでいるとは限らない」などなど、挙げるとキリがありません。そしてPPMがこれほど有名な割に、多くの企業はいまだ事業ポートフォリオ変革がなかなか進まず苦労しています。

では現代においてPPMは、事業ポートフォリオを考える上で、役に立たなくなったのでしょうか。いいえ、そんなことはありません。

PPMの「田の字」の考え方を活かし、実際に事業ポートフォリオ変革を進めるためにはどうすればいいのか、考えてみましょう。まずは、**PPMのような「田の字」のタテ・ヨコ図は、それを批判的に眺め、隠れた前提を健全に疑ってみる**ことが大事です。

ではここから4つほど、その視点を紹介したいと思います。

3

【健全なＰＰＭの使い方①】

既存の事業の枠組みを取り払って考える

「事業」そのものを再定義する

事業ポートフォリオを考える際にＰＰＭを正しく使う方法の１つ目は、**〇（事業）、つまり対象そのものをじっと睨んで「それは何なのか？」と疑ってみる**ことです。「この事業をこのまま維持できるのか」「この事業をどうするのか」、そしてついには、「そもそもこの事業はいったい何の事業なのか」……、といった具合です。

そうやって疑っていくと、**ＰＰＭに現れてくる〇（現在の事業の括り）は、過去からの事業の見方にしか過ぎない**ということに気付きます。当然、今と過去では事業環境が違います。そうだとすると、過去の事業の括りを変えないで、それを前提としたまま、事業ポートフォリオの転換を考えていいものか、という疑問にぶち当たります。ヘタをすると間違った土台の上で、間違った打ち手を導き出すことになってしまいかねません。

たとえば、長い歴史的な経緯から、大学に、「自転車研究室」「自動車研究室」「航空機研究室」があったとします。この枠組みの中で、どの研究室を潰して、どこに資源配分するかと考えると、おそらく「自転車研究室」を潰そうという話になるでしょう。しかしながら、そこで始まって培われた機械工学の大事な基礎が消えてしまうかもしれません。あるいは逆に、最も古く伝統的な「自転車研究室」が一番力を持っていて、大した技術的基礎はもう無いにもかかわらず、なかなか取り壊せないという可能性も考えられます。

そんな場合は「電気」「メカ」「エンジン」「製品設計」というように研究室を再構成し、その上で資源配分のあり方を考えたほうが、大学の研究力強化は進むはずです。

大体において「金のなる木」になっている事業は、最も歴史があり、大きく、その企業のエリート事業部である場合が多いものです。そこからキャッシュやヒトなどのリソースを引き剥がして、他事業にまわそうとすること自体に無理があります。伝統的エリート事業に、「君たちはどんどん稼いでくれ、稼いだ分は他の人に使わせる」といった論理を納得させるのは難しいでしょう。そうならないように、機械的なルールを当てはめ、無理矢理にキャッシュやリソースを引き剥がしてもいずれコンフリクトが生じてしまいます。

図2-7　事業の枠組み・括り・単位を変える

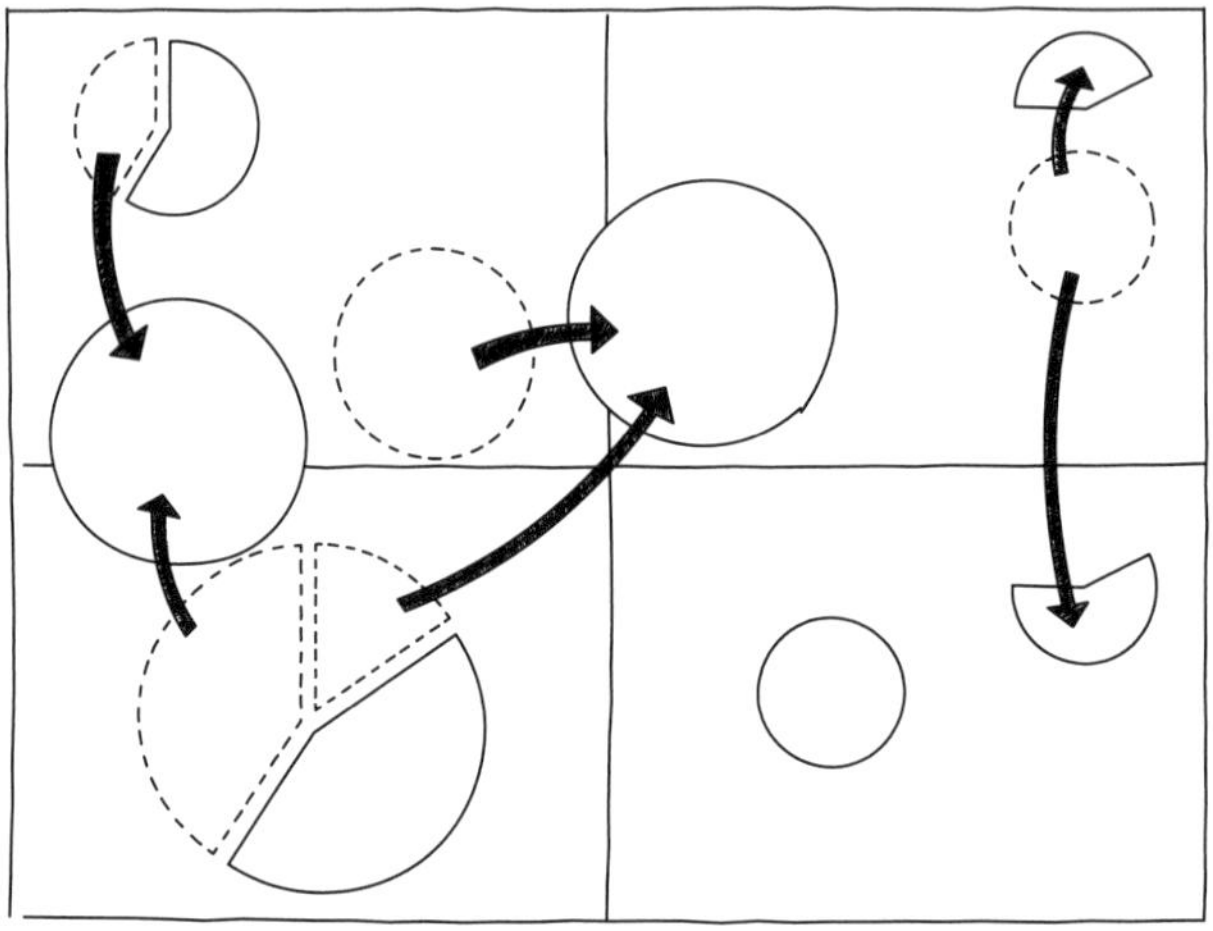

一方、歴史あるエリート事業が赤字事業だったりすると、もっと厄介です。エリート伝統事業であるがゆえ、変に企業組織内での政治力があって、儲けが無いのに止められない、常にそのエリート事業から社長が選ばれ、結果、会社そのものが変われない。そんな弊害も生まれかねません。

つまり、事業ポートフォリオ変革において大事なことは、変革の前に、変革のための地ならしとして、既存の枠組み・括り・単位を変えるほうが大事だということです（図2-7）。

時代にあわせて事業の「括り」を変える

そもそもポートフォリオマネジメントの出発点はIBMが導入したSBU（Strategic Business Unit／戦略ビジネスユニット）です。IBMがSBUを導入した際、既存の組織ヒエラルキーは無視して、事業部でも、部でも、課でも、必要に応じてSBUにしたそうです。

あるいは国鉄改革[*3]の事例では、労働組合や既得権益者が非常に強くて一番のボトルネックになるため、国鉄一体のまま体質変換を行なうのではなく、まずは分割することに主眼を置いたそうです。

『日経ビジネス』（2022年3月28日号）の特集に、旭化成の事業ポートフォリオの変遷を表す図が掲載されていました（図2-8）。その図を見ると、事業の柱を着実に変えていった歴史を読み取ることができます。そして最も興味深いのは、事業自体の「括り」がどんどん変化していることです。

＊3　国鉄改革：ＪＲの前身である日本国有鉄道が１９８７年に分割・民営化された行政改革。

図2-8　旭化成の事業ポートフォリオの変遷

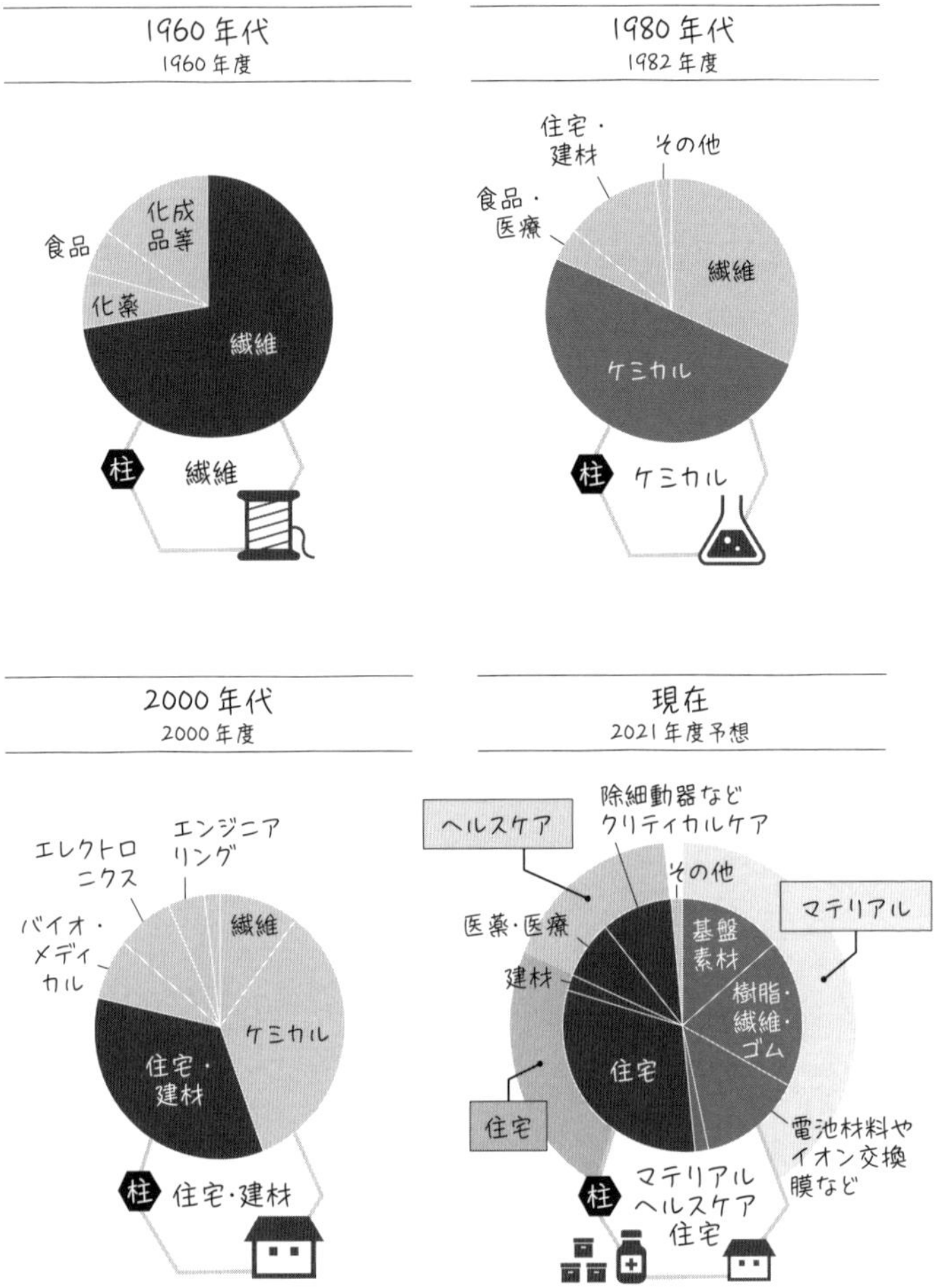

出所：『日経ビジネス』2022年3月28日号

1960年代の主力であった「繊維」という事業の括りは2021年にはもはや存在せず、「樹脂・繊維・ゴム」という事業の一部へと再編されました。また、1980年代に主力だった「ケミカル」は、2021年にはまったく異なる事業の括りの中に再編されています。

新たな変革に向けては、過去の事業の枠組みは関係ないということです。

それゆえ、PPMの図を見る時には、◯（事業の括り）は単なる結果と捉え、本来どのように事業を捉えるべきかを疑ってみてください。

4

【健全なＰＰＭの使い方②】

シナジーを生むためにはＰＰＭの「階層」を考える

シナジーが無いなら企業の「枠」に意味はない

ＰＰＭの根本的な課題は、ＰＰＭの図に表されているものが「結果」であり、「原因」ではないというところにあります。もちろん、現時点での結果を出発点として戦略を考えることは重要です。また、資源配分のための指針を探る上でも有用です。しかし、それだけでは決して成長に向けた「論理」を明確にすることはできません。

成長の原動力は、企業の保有する資源・能力にあります。つまり、資源・能力をどのように活用していくかを考えなければ、ダイナミックな企業の発展は期待できません。ＰＰＭは、完全にその資源・能力の視点を見落としているのです。

そもそも事業ポートフォリオを考える必要性が生じるのは、質の異なる複数の事業が、1つの企業の枠組みのもとに集まっているからです。そして、もし各事業の持つ資源・能力の間、あるいは、本社の持つ資源・能力との間に相乗効果が無いのであれば、一緒にまとまっている意味はありません。

さらに、お互いの関係性が非効率を生み出すようなら、企業の枠組みを取っ払ってバラバラにして、それぞれの事業が株主の投資ポートフォリオとして運営されるほうがはるかにましです。いわゆる「コングロマリット・ディスカウント」[*4]状態です。

つまりPPMを見る2つ目のポイントは、「○（事業）、つまり対象物の間の『**余白**』に何かないか？」と疑ってみることです。この場合、○（事業）と○（事業）の間を睨み、シナジーを考え、成長の論理を創っていく、ということです。

＊4　コングロマリット・ディスカウント：多角化した事業を持つ企業の株価が、それぞれの事業を単独で行なう企業の株価よりも安く評価されること。事業間のシナジーや経営効率に問題があるとされる。

図2-9　PPMの階層を掘る①

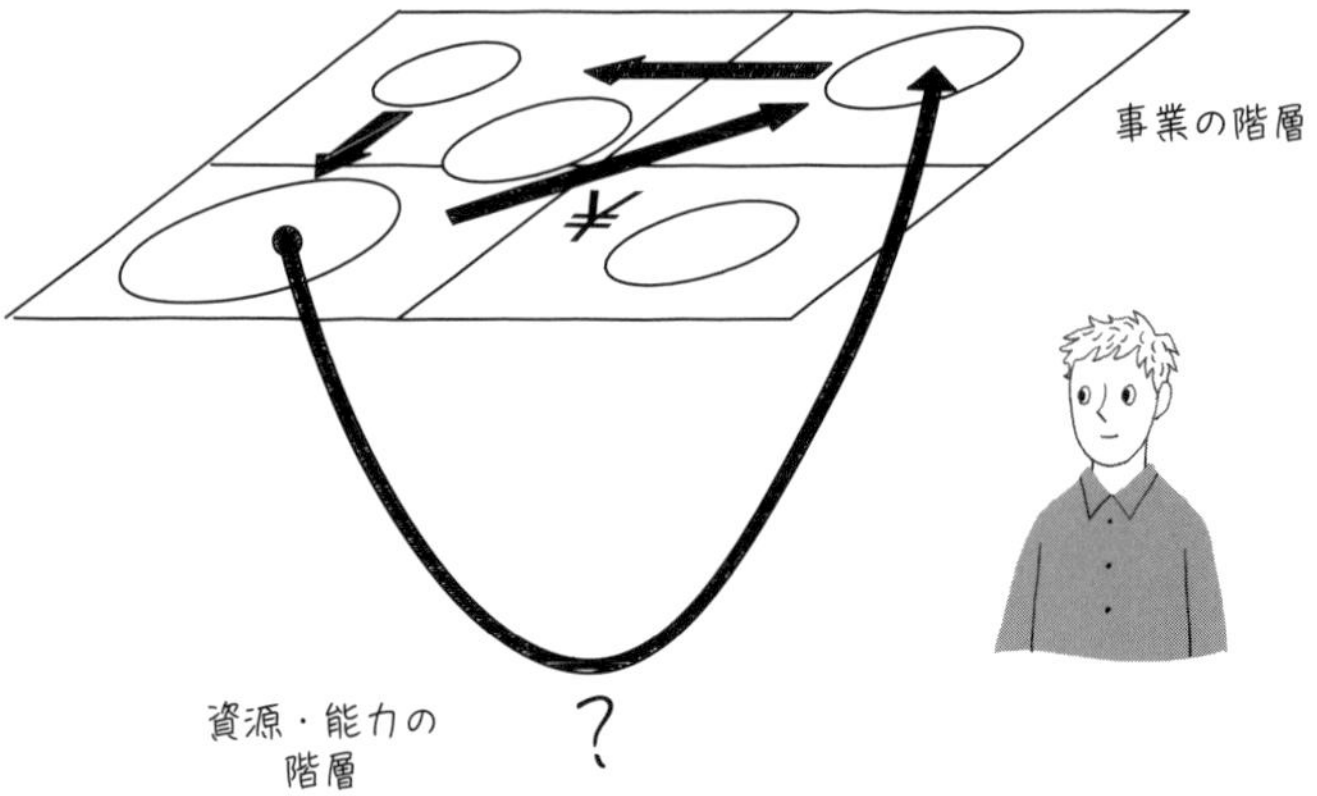

原因の階層に着目する

図を描いて、そこに現れた「余白」を睨み、その間をつなぐ試みは、それまで気付かなかった視点の想起につながり、隠れた階層構造を明らかにすることができます。

どういうことかと言うと、事業間のシナジーを考えると言った場合、それはもはや事業のレベルで話が閉じないということです。「事業と事業の間には事業がある」という日本語は奇妙です。

PPMの場合、事業と事業の間の余白を考え、新たな視点を持ち込むということは、結果である事業の階層（レイヤー）とは異なる、資源・能力という原因の階層を考えざるを得ないということ

図2-10　PPMの階層を掘る②

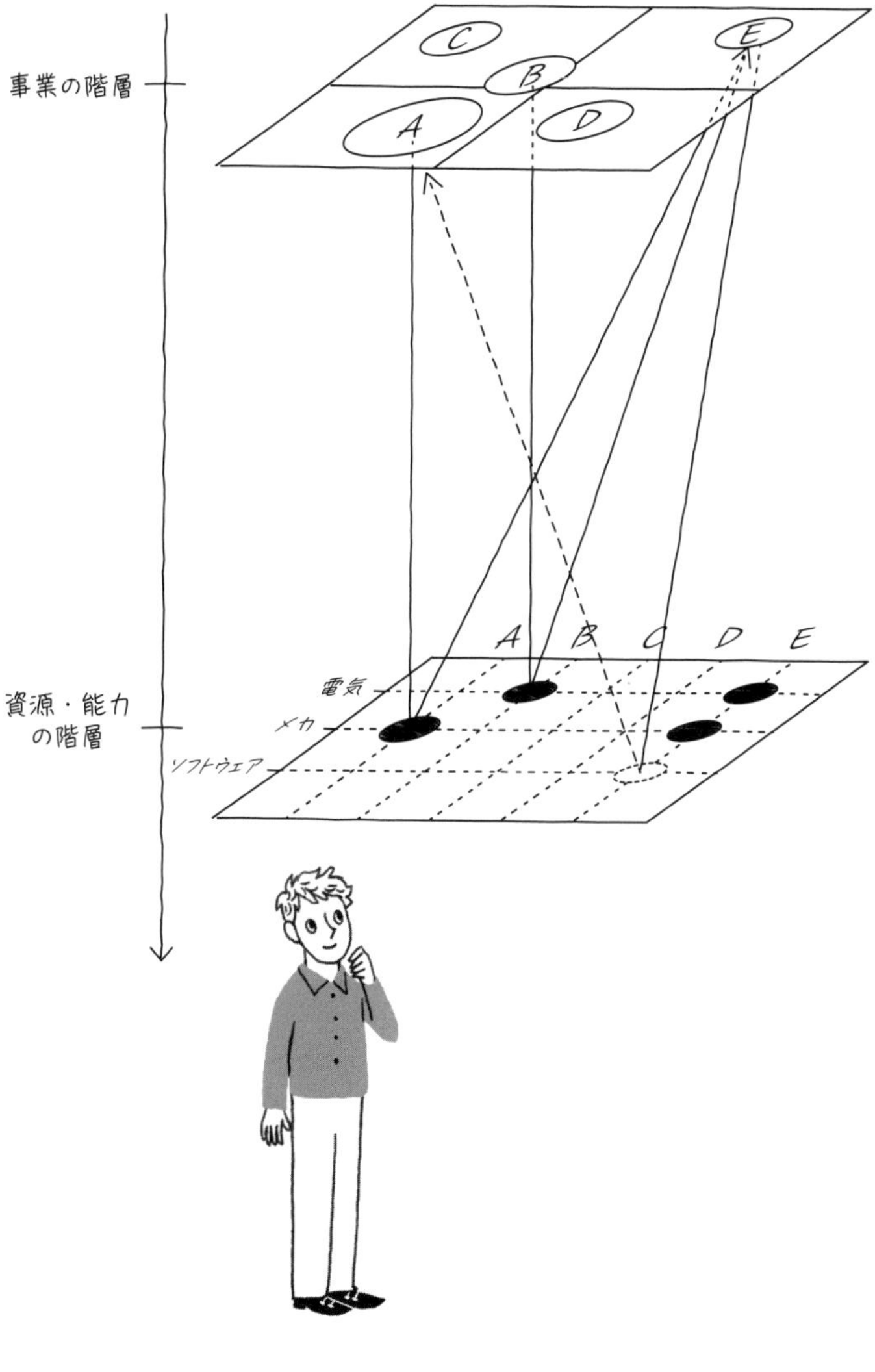

図2−11　PPMの階層を掘る③

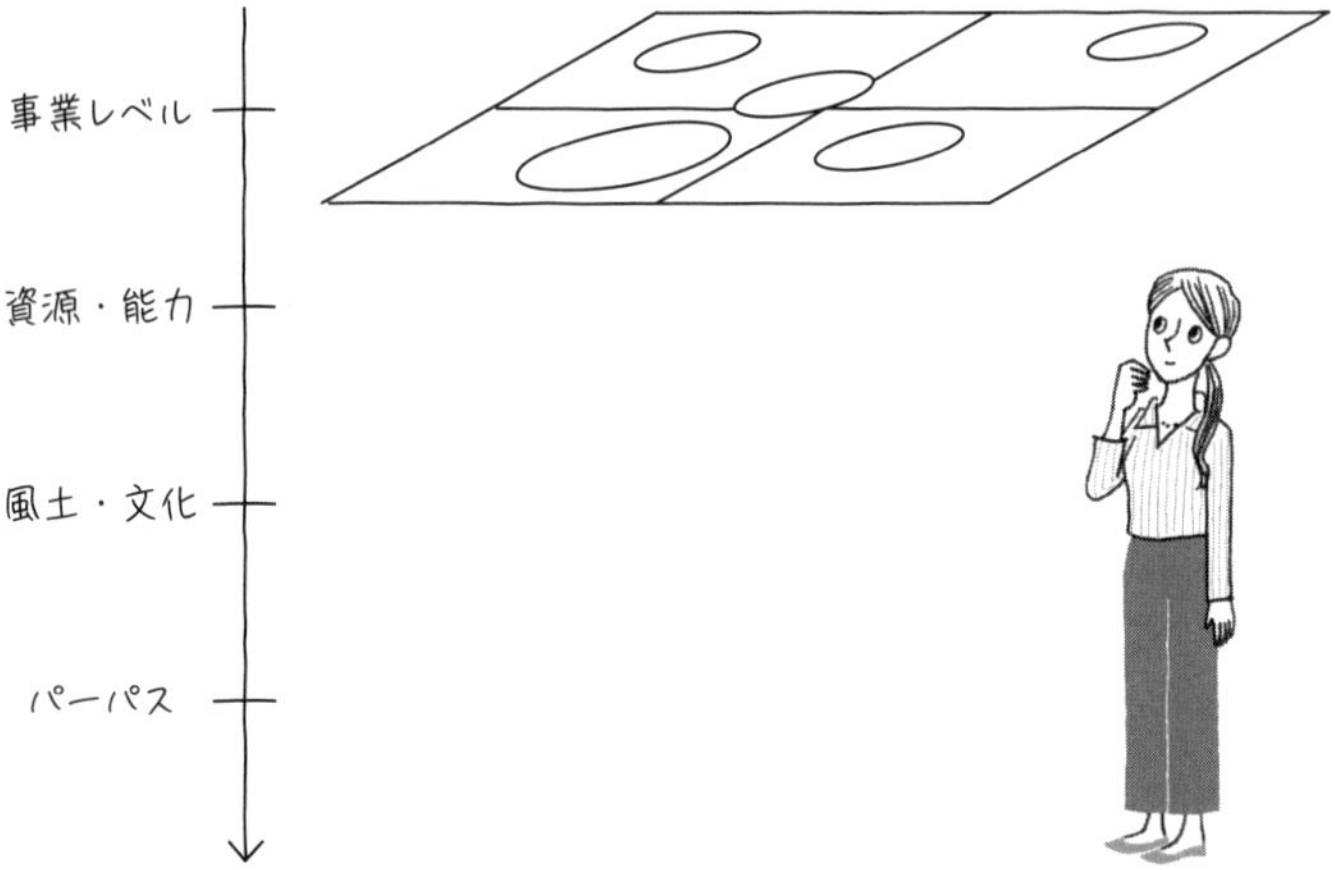

に他なりません（図2−9）。

2次元（タテ・ヨコ）の世界に住むバッタが、囲いを出られない時に、3つ目の次元（高さ）という新たな軸で問題解決した例を思い出してください。同じように、PPMの階層と垂直な軸に沿った別の階層を考えるからこそ、事業ポートフォリオ変革の論理が組み立てられるようになるのです（図2−10）。

この階層の考えは、新たな軸に沿って深めていくこともできます。

資源・能力は、企業組織の風土や文化によって支えられています。そういった風土や文化は、そもそも、最近流行りの「パーパス」やミッション、ビジョンによって特徴付けできるかもしれません（図2−11）。

事業ポートフォリオマネジメントは、単に機械

的に、キャッシュを事業間で配分するメカニズムと考えるべきではなく、深いレベルでのシナジー創出こそ本来の役割だと考えるべきです。

さて、皆さんの会社の事業ポートフォリオの奥の階層には、どんな世界が広がっているのでしょうか。

5

【健全なPPMの使い方③】
リストラ・縮小均衡で終わらないために「時間軸」を加えて考える

ダイナミックの裏には時間がある

図から学ぶためには、**「図に明示されていない軸は何か」という視点で眺めてみる**ことも有効です。先ほど、長年にわたって事業の新陳代謝を行なってきた旭化成の事例を紹介しました。とてもダイナミックです。では階層の軸とは別に、この図の背後に隠れた軸は何でしょうか。

今一度、124ページの図2-8を眺めてみてください。

そうです。図2-8を左から右へ、上から下へと貫く見えない軸は「時間」です。先ほど「ダイナミック」と言いましたが、ダイナミックという言葉の裏には必ず時間が存在しています。

先ほど、「止血は終わったが、その先の成長が描けない」ことの問題は、将来に向けた一連の対応策が無いことだと述べましたが、その根本的な理由は、時間軸の発想が無いこと、あるいは希薄なところにあります。

止血は大事ですが、何か１つのアクションだけで事業変革を評価することは適切ではありません。止めたら作る。作ったら止める。こういった時間軸に沿ったシナリオを持つことこそ大切です。

単発ではなく連続で考える

つまりＰＰＭを見る３つ目の視点は、**事業のポートフォリオの変革は、「単発」ではなく「連続」の意思決定の中で評価されるべき**だということです。事業の変革をある時点での断面で捉えず、時間軸に沿った連続なものとして捉えるべきだということです。

階層の軸では、事業間のシナジーを資源・能力に求めました。そこでは、長い時間軸におけるストーリーは明確には存在しませんでした。一方、この３つ目の視点は、時間軸に沿った時間シナジー、つまりダイナミック・シナジーという発想です。

これは、今ある空間的（事業間）シナジーを考えるより、はるかに難易度が増大します。

図2-12　時間軸を加えたPPM

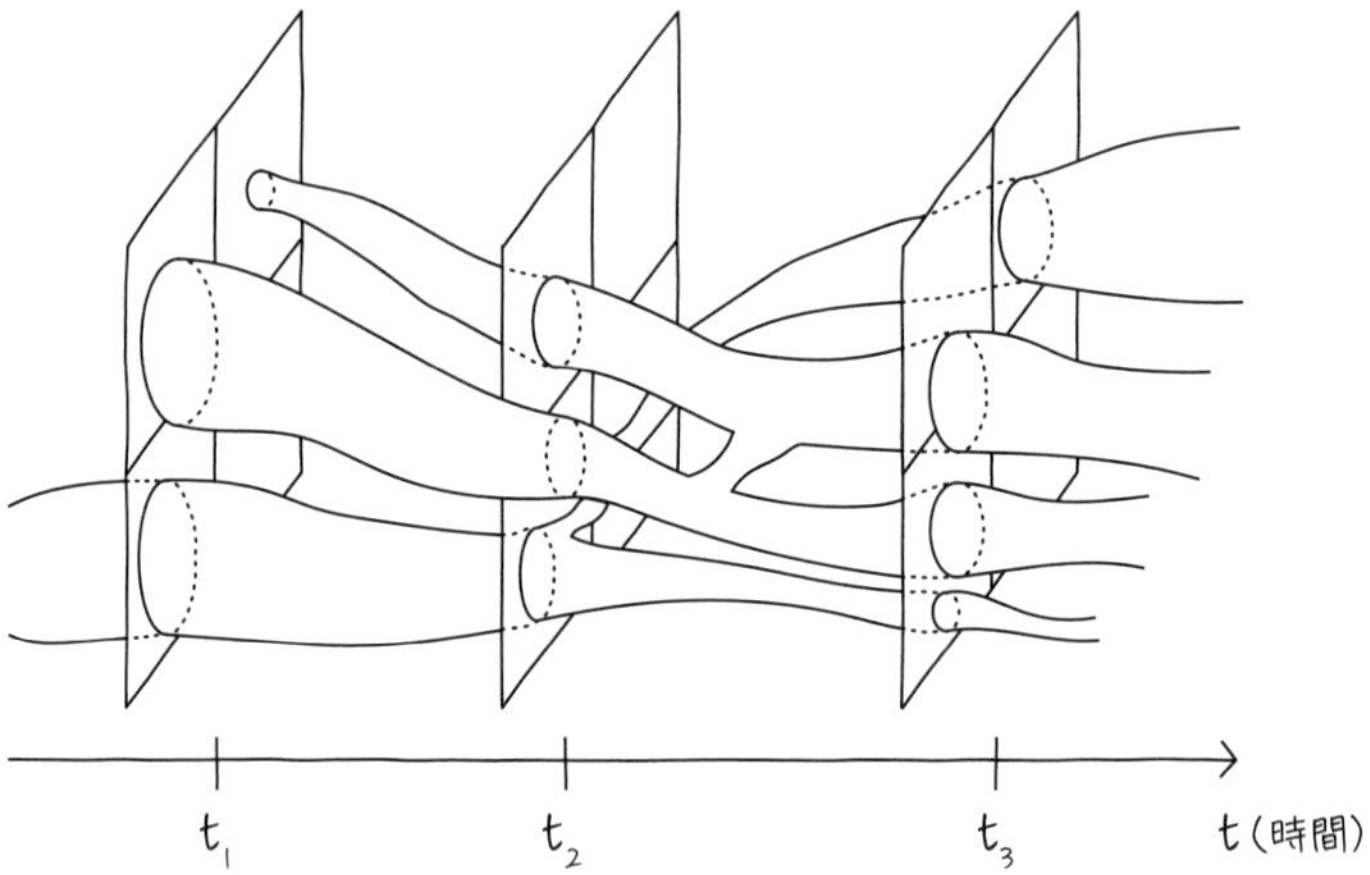

なぜなら、現在はハッキリと意識できるけれど、未来は捉えどころがないからです。この捉えどころのない未来と、目の前にある現在との間のシナジーを生み出していくというチャレンジこそ、経営の醍醐味です。

抽象的な図ではありますが、優れたデザイナーである戦略家であれば、図2-12のようなダイナミックなシナリオのイメージを頭の中に描きたいものです。

6

【健全なPPMの使い方④】外部と連携して事業変革を行なうなら「視野を拡大」して考える

PPMの枠組みを拡張する

PPMの正しい見方の4つ目は**「図に描いた対象の周辺へと意識を向ける」**です。

PPMや「田の字」に限らず、図を描く際には、周囲に余白を残して描くことを私は勧めています。なぜなら、最初から考えるべき全体像をイメージすることはなかなか難しいからです。「描いた図の周囲に何があるのか」と考えることで、何か大事な要素に気付く。こういったプロセスも重要です。

では、PPMの「田の字」の周囲を考えてみましょう。おそらく真っ先に気付くのは、当たり前ですが、「PPMは自社しか扱っていない」ということです。でも、自社の中だけで、事業の切り貼り、空間シナジー、時間シナジーを考えるだけで、本当にいいのでしょうか。

そう考えると、漏れている視点は、外部のビジネスパートナー、たとえばサプライヤーや流通チャネル、あるいはベンチャー企業などとの協調という視点があることに気付きます。

狭い視野で事業を考えることの末路

たとえば、自社内だけで完結するシナジーを考えようとすると、コングロマリット・ディスカウントに陥りかねません。よくあるパターンは、自社の高い部品を使わざるを得なくなり、完成品の競争力も低下し、完成品事業も部品事業も駄目になっていくパターンです。

逆に「いいもの（完成品・部品）」を持っていたはずなのに、自滅していくパターンもあり得ます。沼上幹氏の『経営戦略の思考法』（日本経済新聞出版社）に描かれた次のような論理は明快です。

「自社で競争力のある完成品が作られ成功をおさめます。他社と差別化できている完成品ですから、その製品の中には、自社開発のキラーコンポーネントと呼べる部品があることも多いはずです。つまり、完成品も部品もいいのです。

ただやがて他社も追い付いてくるので、その部品を高度化し、低コスト化する必要に迫られます。そこで、完成品を担当する事業部は、部品を担当する事業部に、より良いものをより安くと、プレッシャーをかけてきます。部品を担当する事業部は、その要望に対応するため、規模の経済を求め、つい他社への部品供給に走ることになってしまいます。結果、他社の完成品の競争力が増し、自社の完成品自体の優位性が崩れ、完成品の売上が低下してしまいます。

ただ、完成品事業部の方が社内力学の優位にあることが多く、結局、完成品の事業をあきらめ部品事業だけを伸ばそうという意思決定もできません。そうやって、自社の完成品の売上も減り、部品事業の規模も縮小し、コスト競争力が失われてしまいます。そうしてやがて、完成品事業も部品事業もダメになっていってしまうのです」

だから**事業ポートフォリオの変革を考える際には、あえて自社の事業ポートフォリオの外に目を向けることも重要な意味を持ちます。**①自社のものだからといって無理矢理シナジーを発揮しようとすると、ディス・シナジーになる。それゆえ外から優れたものを調達し連携する（図2－13）。

あるいは、沼上氏の論理に関連して言うと、②完成品事業と部品事業の主客を転倒し、部品事業を伸ばすために外との連携を探る。こんな発想も大事になります（図2－14）。

このような他社との協業の視点は、PPMだけを見えていると欠如してしまいかねません。オープン・イノベーションという言葉も流行っていますが、事業ポートフォリオを考える上では、企業の境界を越えた協業にも目を向けるべきでしょう。

PPMの振り返り

これまでPPMを眺める視点として、以下の4つの視点を紹介しました。

①○（事業）そのものの定義を疑い、事業の定義や括りを再考する
②○の間の余白を睨み、違う階層を考慮することで本当のシナジーを探索する
③PPMを今という断面で捉えず、連続した時間の中で捉えて発展ストーリーを模索する
④田の字の周辺へと視野を広げ、外との協業も含めて考える

図2-13　PPMを周辺に広げる①

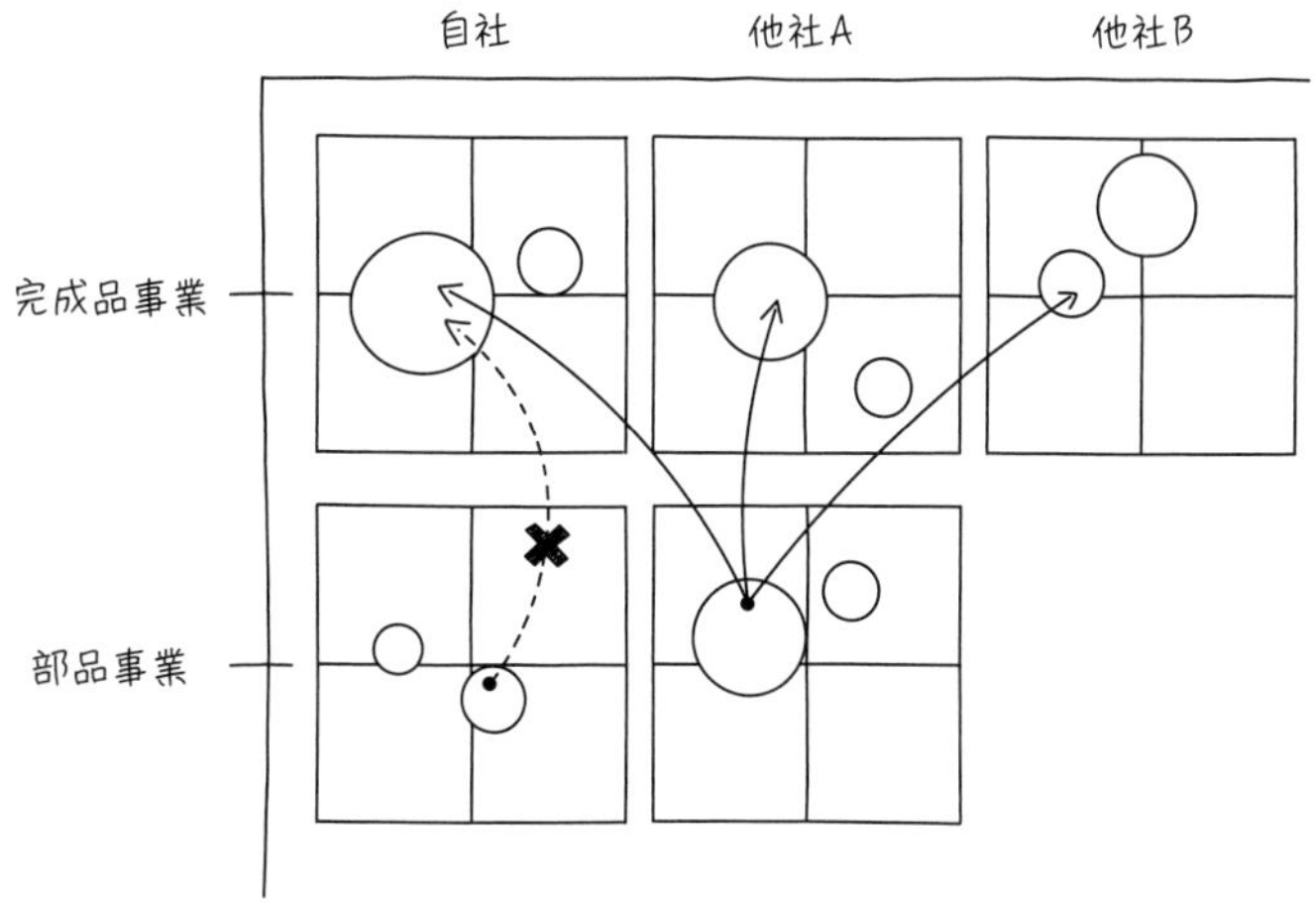

図2-14　PPMを周辺に広げる②

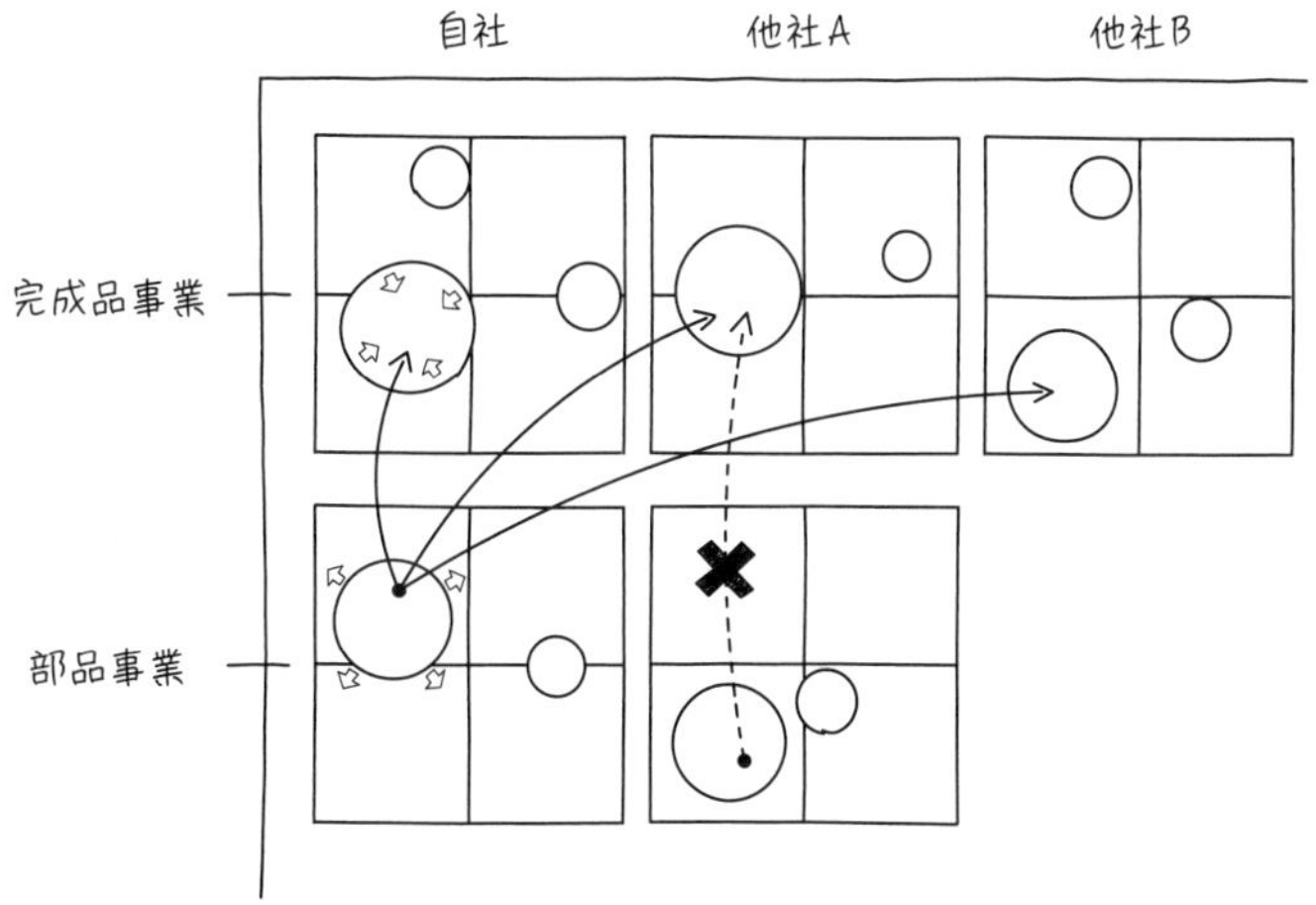

これらの視点を踏まえて変革シナリオの全体像を描くことで、事業ポートフォリオの変革を推し進めることが可能になるはずです。**事業ポートフォリオの変革だからこそ、逆に、事業レベルの視点で留まっているだけではダメ**なのです。

経営学の様々なフレームワークの概念図は、うまくものごとを整理するのに便利です。ただ、より大切なことは、フレームワークに使われるのではなく使いこなすこと。そのためにも、描いた図を批判的に眺め、思考を広げ、深めることが大切です。こういった態度を持つことで、図の本来の威力が発揮されるようになります。

ぜひ皆さんの会社のポートフォリオ変革の道筋を再考してみてください。

7 事業計画のフォローアップは「田の字」でモニタリングする

4象限で結果を整理する

ここからは全社戦略遂行において重要となる、計画のフォローアップについて考えていきます。フォローアップについても、図を描いて考えるアプローチは非常にパワフルに機能します。

まず、実際起こり得る状況としてはどんなパターンがあるでしょうか。もちろん、事前の計画があるわけですから、計画通りにものごとが進んでいく場合と、計画通りにものごとが進まない場合が考えられます。また、結果としては、目的が達成された場合と、されなかった場合があるはずです。田の字で描いてみると図2−15のようになります。

このように、**2つの論点があって、それぞれの論点が2つに枝分かれする際は、まさに**

図2-15　モニタリング①

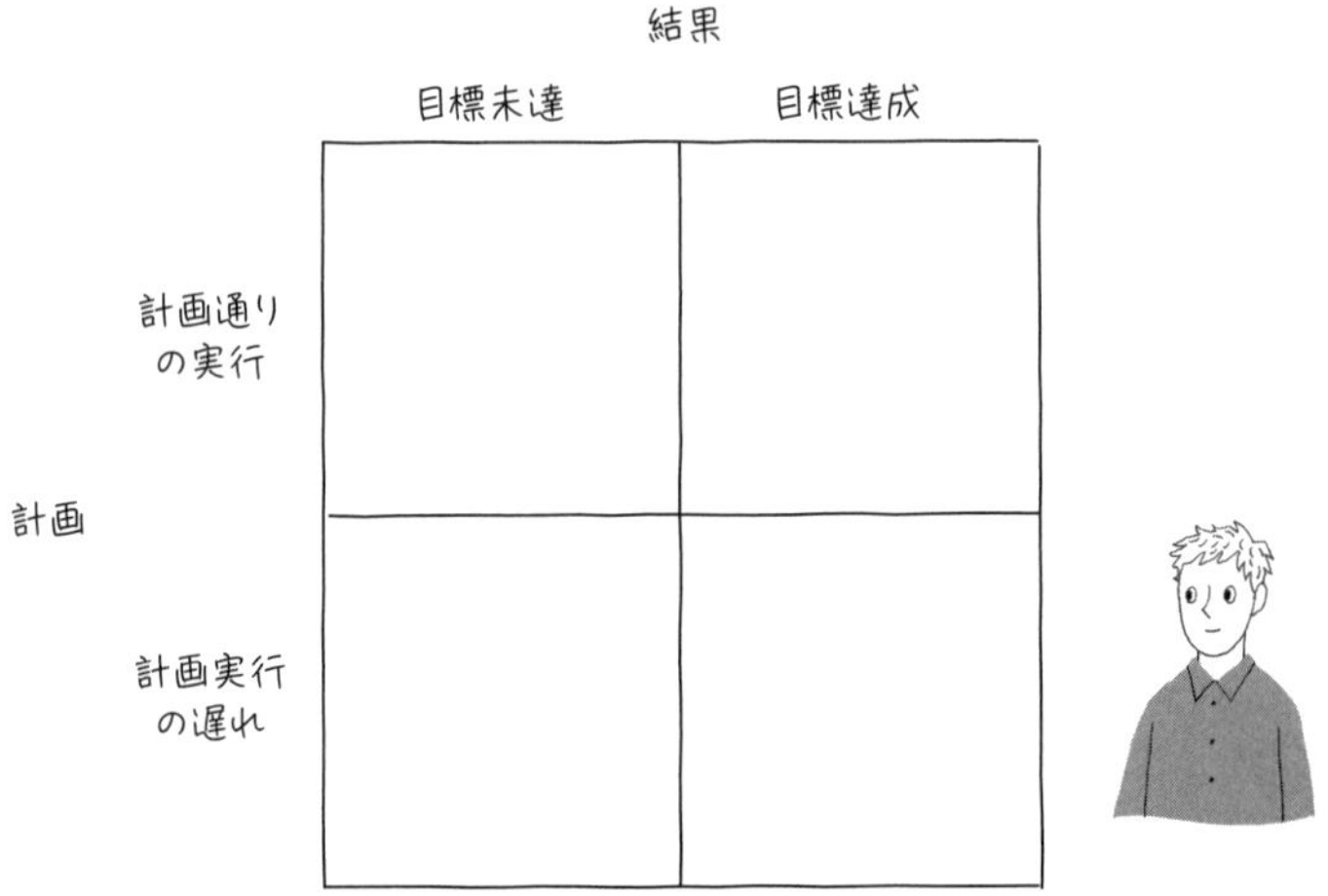

「田の字」がピッタリ、頭の整理が進みます。

では、それぞれのマス目はどんな状況で、何を考えるべきかについて検討してみましょう（図2-16）。

まず右上の第1象限は、計画通りにものごとが進み、目標が達成された象限です。これは読みが当たって、まさにその通りになったということなので、ある意味「ベストプラクティス」です。企業内で知見として蓄積し、ヨコ展開できる仕組みを考えていくべきでしょう。

左上の第2象限は、計画通りにものごとは進んだけど、なぜか目標は達成できなかったという状況です。これは「読みが甘かった」ことを意味します。想定しておくべき何かが抜け落ちていたということです。ここには計

図2-16　モニタリング②

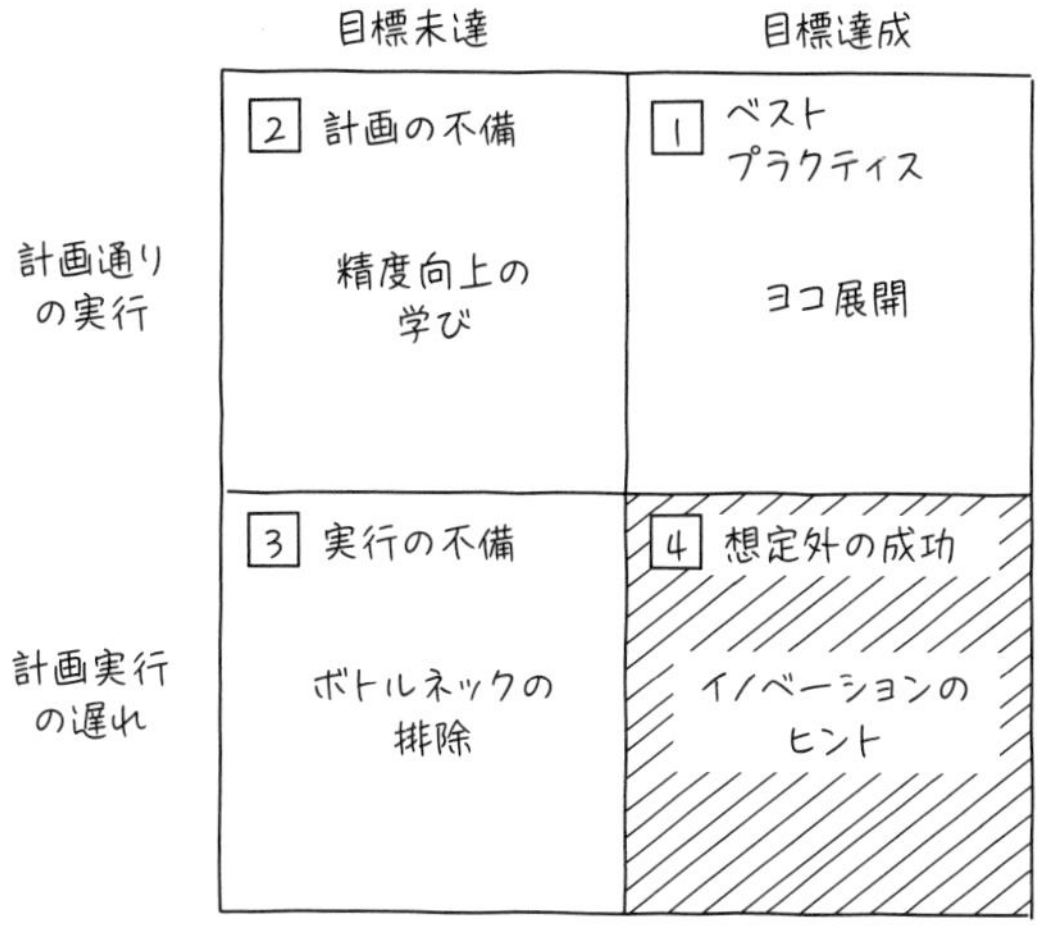

画の精度向上という学びが存在しています。

左下の第3象限は、計画通りにいかず、かつ、目標が達成できなかった象限です。これは逆に、計画は問題なかったかもしれないものの、計画通りに進められない実行上の課題があった可能性が考えられます。これは実行体制の見直しや、実行上のボトルネック解決のヒントが得られるはずです。

最後の右下の第4象限です。実は、ここが最も重要です。計画通りにものごとが進まなかったにもかかわらず、なぜか目標を達成してしまったケースです。事業環境とかの追い風があったかもしれませんが、想定外の新しい何かが目標達成に自分たちを導いてくれたのかもしれないからです。

想定外の成功の中には、新たなイノベー

ションのヒントが存在していることが多いものです。

想定外の人気を博したポケベル

たとえば少し古いですが、携帯電話以前に存在した「ポケベル」[*5]を覚えているでしょうか？

ポケベル端末に信号が送られると、それを受け取った人が公衆電話から送信者へ電話をかけるという仕組みです。もともとはビジネス用に開発された新しい事業でした。営業部員や、経営者、医療従事者に活用されていましたが、その利用者数は限られていました。

その後、１９８５年に通信自由化によって、10文字程度の数字がポケベルで送れるようになりました。そうすると爆発的にポケベルの売上が拡大します。想定していた企業向けの需要は広がらなかったものの、目標をはるかに超える売上を達成してしまったのです。

何が起こっていたのでしょうか。女子高生が飛びついたのです。「０８４０＝おはよう」といった語呂合わせを用いた女子高生間のコミュニケーションツールとして爆発的に広がっていったのです。仲間内での様々な略語も生まれ、複雑な会話も成り立つようになりました。「メル友」ならぬ「ベル友」ブームです。

このことは、通信事業者にとっては想定外の成功でした。でもこれは、その後の事業にも活きるはずです。このような略語、イメージを使ったコミュニケーション手段の重要性を理解すれば、その後の携帯、スマートフォンにおける「絵文字」の重要性に気づけたはずです。

このように、事業戦略のフォローアップにおいては、「田の字」を描いてモニタリングし、右下の第4象限に注目することこそ、計画を活かしていく上で最も重要なことなのです。

本当の学習のプロセスはダブルループ

第4象限は、当初想定したことの目論見が外れたことで、新しい何かを見出したわけです。これは、ものごとの捉え方そのものを疑うチャンスで、そこには大きな学びがあります。一番大事な象限だと言っていいでしょう。

ノーベル物理学賞を受賞したイタリアの物理学者エンリコ・フェルミは、次のように言

＊5　ポケベル：日本電信電話公社（現在のNTT）他が提供していたサービス。1980年代後半から普及。2019年に日本での一般向けサービスが終了。

います。

「実験には2つの結果がある。もし結果が仮説を確認したら、君は何かを計測したことになる。もし結果が仮説に反していたら、君は何かを発見したことになる」

もちろん仮説の検証にも意味はあります。しかし本当の学びは、何かを確認した時ではなく、何か想定外の状況に直面した時に起こります。そんな想定外の事実は、問題解決そのものより価値が大きいこともあります。なぜなら、そもそもの問題の捉え方の再考につながり、より正しい問題設定のあり方にヒントをくれるからです。これをダブルループ・ラーニングと呼びます（図2-17）。

ダブルループ・ラーニングで問題設定を違った見方で捉えられた時、学習が起こります。

第4象限からの示唆は、「気付くこと」「感知すること」の重要性です。モニタリングの効用は、単に進捗管理だけではありません。事業環境の変化の兆しを捉えたり、これまで気付かなかった知恵に気付くためにこそ、モニタリングがあるのです。

このように、計画と結果を「田の字」を描いて「見える化」すると、状況の分類、特徴

図2-17　ダブルループ・ラーニング

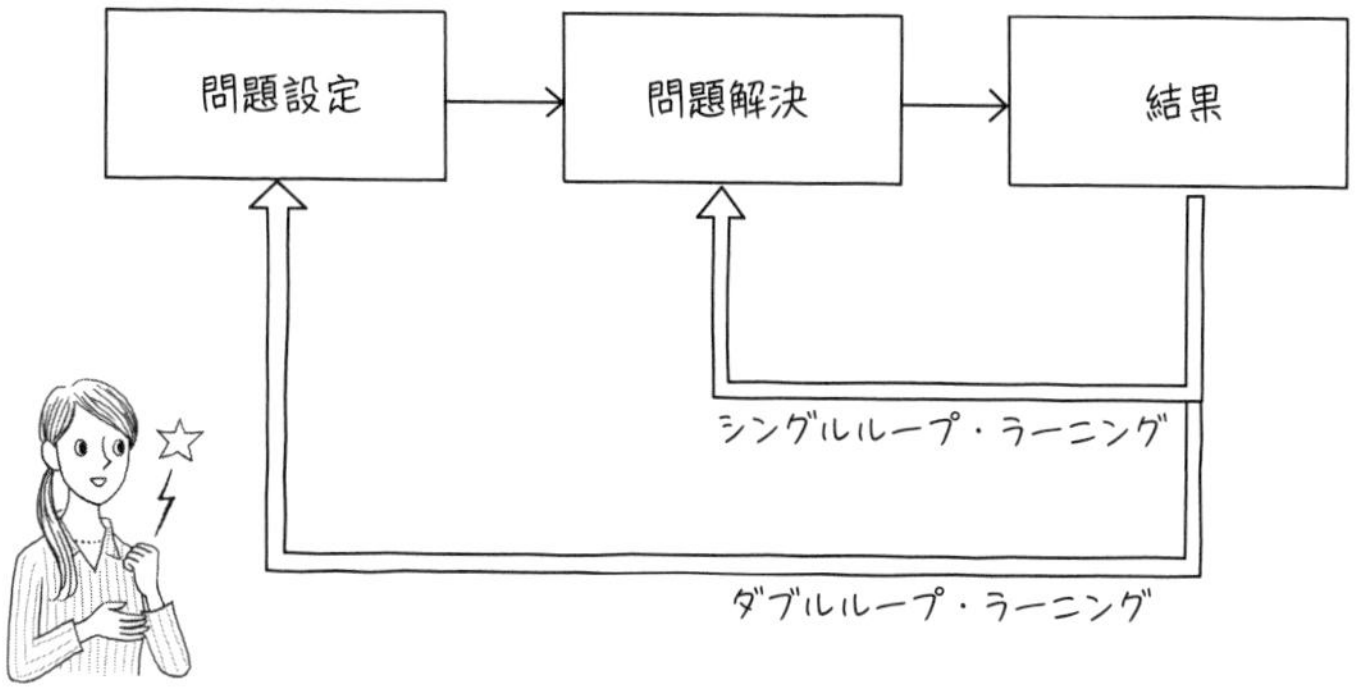

の把握、優先度の検討を進めることなどが可能になりましたね。これが「田の字」のパワーなのです。

COLUMN

企業衰退のプロセス

企業にとって「感知」のタイミングは早いほうが得策です。感知が早ければ、通常、変わるための体力もあり、取り得る打ち手の自由度も大きいからです。

企業の危機は、おおよそ次のような順番で進みます。まず企業は戦略的な苦境に陥ります。現在の戦略が環境や顧客ニーズと一致しなくなってくるのです。それでも値引きをして無理にでも売ろうとすると、やがて利益率が下がり始めます。値引きしても売れなくなり、売上も下がり始めます。最終的にはバランスシートが痛んで、債務超過に陥ってしまうのです。つまり、**企業の危機は、「戦略」**→**「利益率（P／L）」**→**「売上（P／L）」**→**「流動性（B／S）」の順番で訪れます**（図2-18）。ちなみに、利益率の低下が売上高の低下に先行していること、つまり利益率→売上高の論理については、既に位相のズレのところで説明した通りです。

できるだけ早く事業の異変に気付き、早め早めに対応すれば、流動性の危機に陥って、虎の子の事業を売却せざるを得なくなる前に、状況を好転させることができるはずです。

図2-18　先手先手の必要性

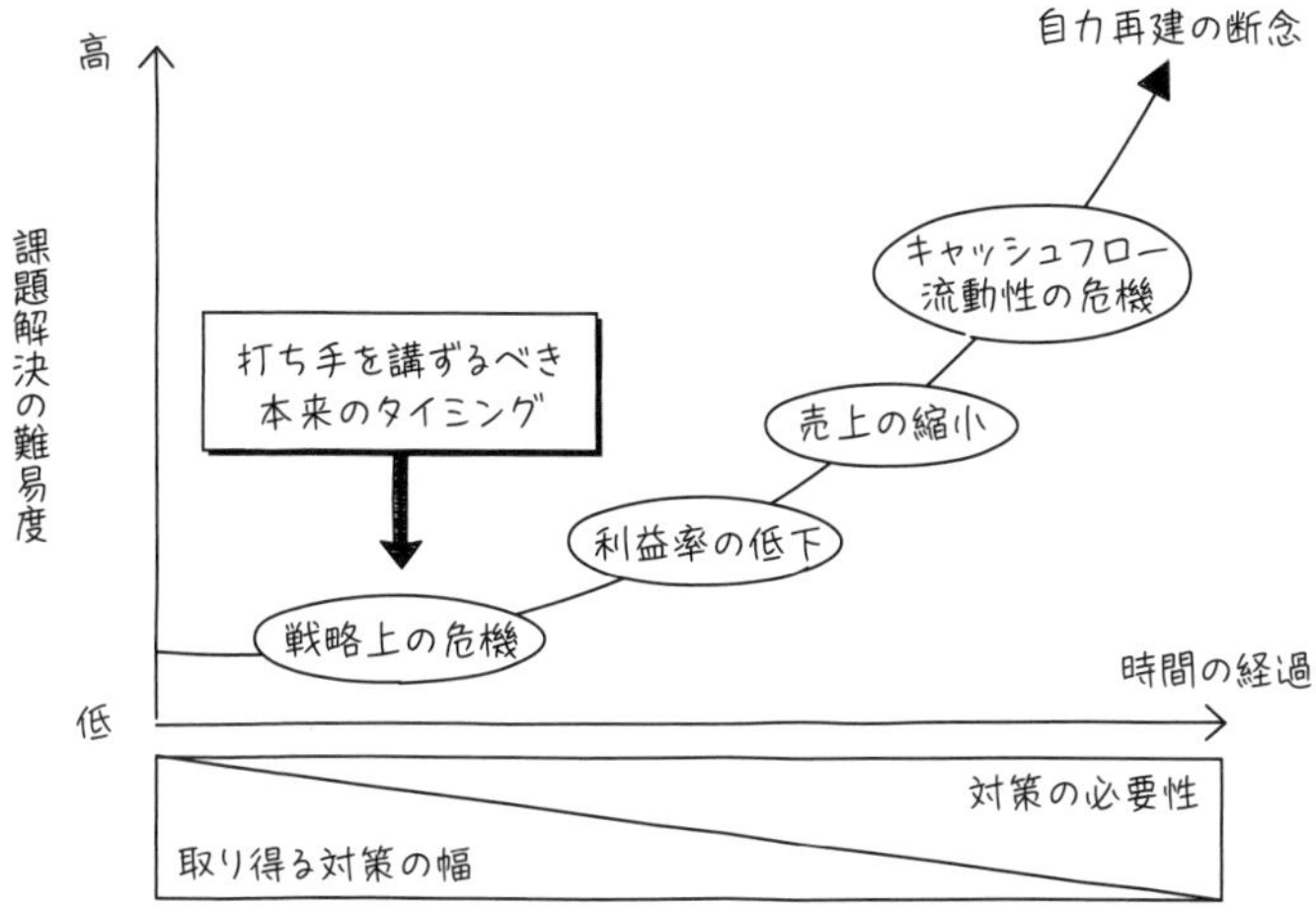

CHAPTER

3

図で考えるマーケティング

よりよい商品を作り、より安く、広く顧客に提供することは、どの企業にとっても永遠の課題です。こうした一連のマーケティングを考える際にも、図を描くことで、様々な刺激を得ることが可能です。どうやるのか、見ていくことにしましょう。

1

マーケティングの本質を「三角形／四角形」で理解する

戦争とマーケティングの違い

まずマーケティングについてより理解を深めるために、ここで一旦、経営戦略について振り返ってみます。

経営戦略論では、よく戦争のアナロジーが引き合いに出されます。たびたび登場するのが『孫子』の兵法やクラウゼヴィッツ[*1]の『戦争論』です。もちろん、ビジネスの世界には競合他社がいて日々しのぎを削っているので、これら古典からの学びは有益でしょう。

たとえば、孫子の「戦わずして勝つ」という考え方は、競争戦略の本質が非競争戦略であることを教えてくれます。確かに戦わなくても勝てる良い「構え」をつくってしまうことがベストです。

図3-1　自国と敵国だけの関係性

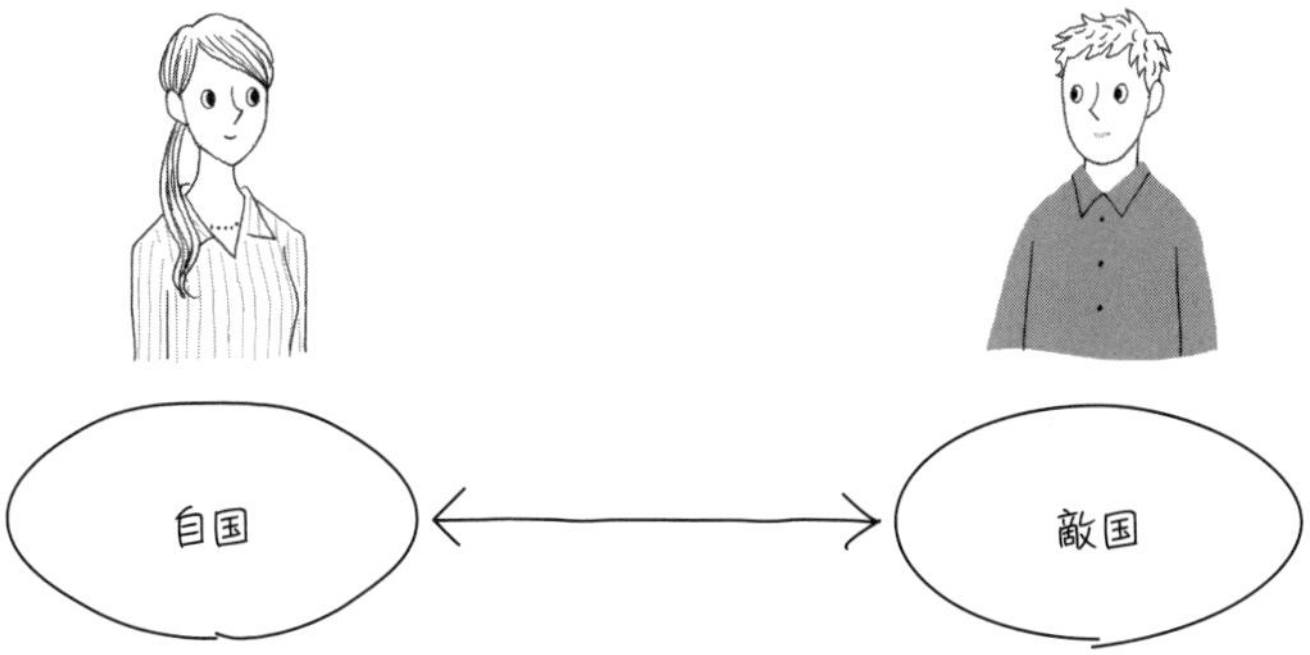

また、クラウゼヴィッツは戦争を、政治的目的の下位にある手段であると位置づけます。個々の戦場で勝っても、戦争で負けてしまっては意味がありません。戦争では、軍隊に勝つのではなく、敵国に勝つことが本来の目的です。

このように戦争では「自国 vs. 敵国」という構図があります。ビジネスで言うと、自社と競合他社です。図に表すと図3−1のようになります。つまりここで考えているのは、敵と自分が相対する関係性です。

しかし、この構図は戦争をする時には参考になるかもしれないのですが、マーケティングにはまったく適しません。では、マーケティングはど

＊1　クラウゼヴィッツ：カール・フィーリプ・ゴットリープ・フォン・クラウゼヴィッツ。プロイセンの軍人、軍事学者。戦争の本質や政治との関係を分析した『戦争論』が有名。

図3-2　マーケティングは三角形で考える①

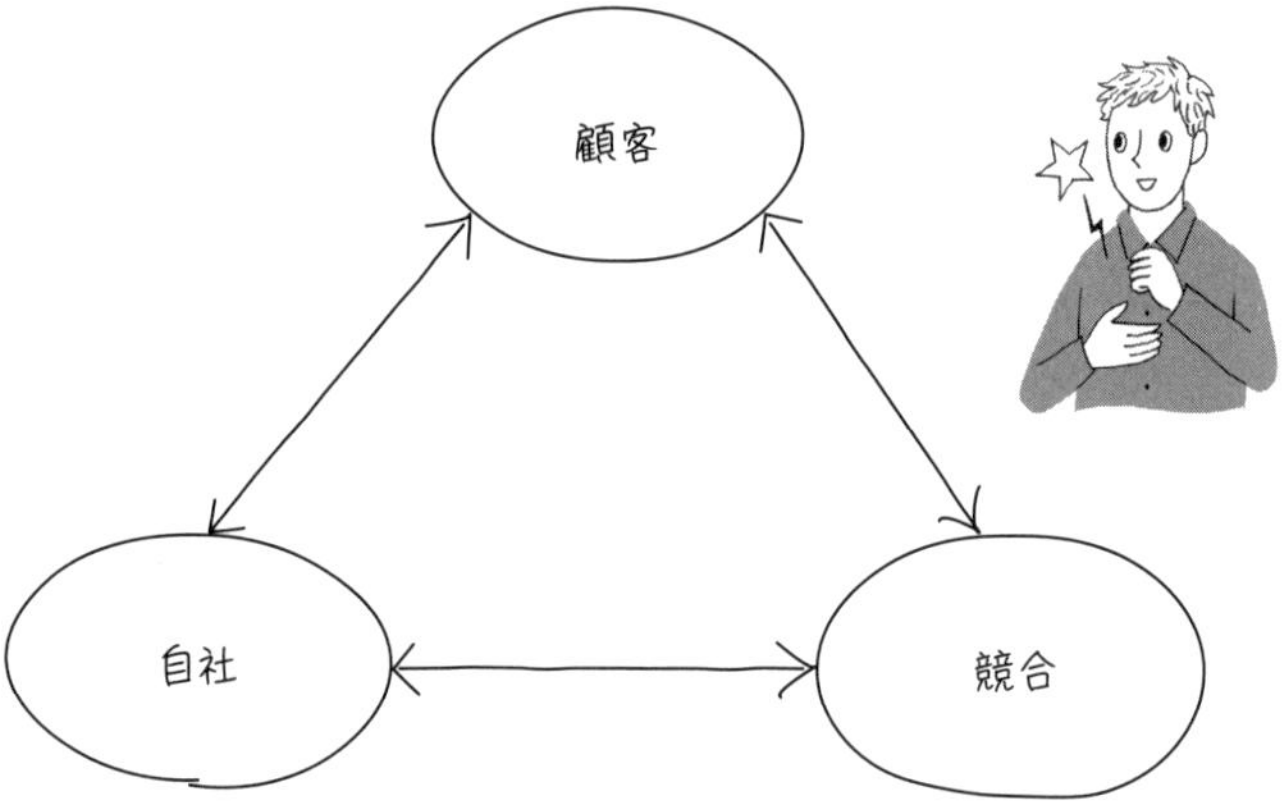

のような構図で考えるべきなのでしょうか。

その答えは「**マーケティングは三角形で考えるべき**」です。ちょうど図3-2のような形です（見慣れた3Cですね！）。これは図3-1の戦争における相対する直線の構図とは根本的に異なります。「相対」ではなく「三角形」。もちろん、考えるべきことも変わってきます。

このように対象物と対象物の関係性をシンプルに○と線で表現すると、構造の違いが明確になります。

「自社」「他社」より見るべきは「顧客」

マーケティングの本来の目的は、顧客に対する価値創造の仕組みを創ることです。

図3-3　マーケティングは三角形で考える②

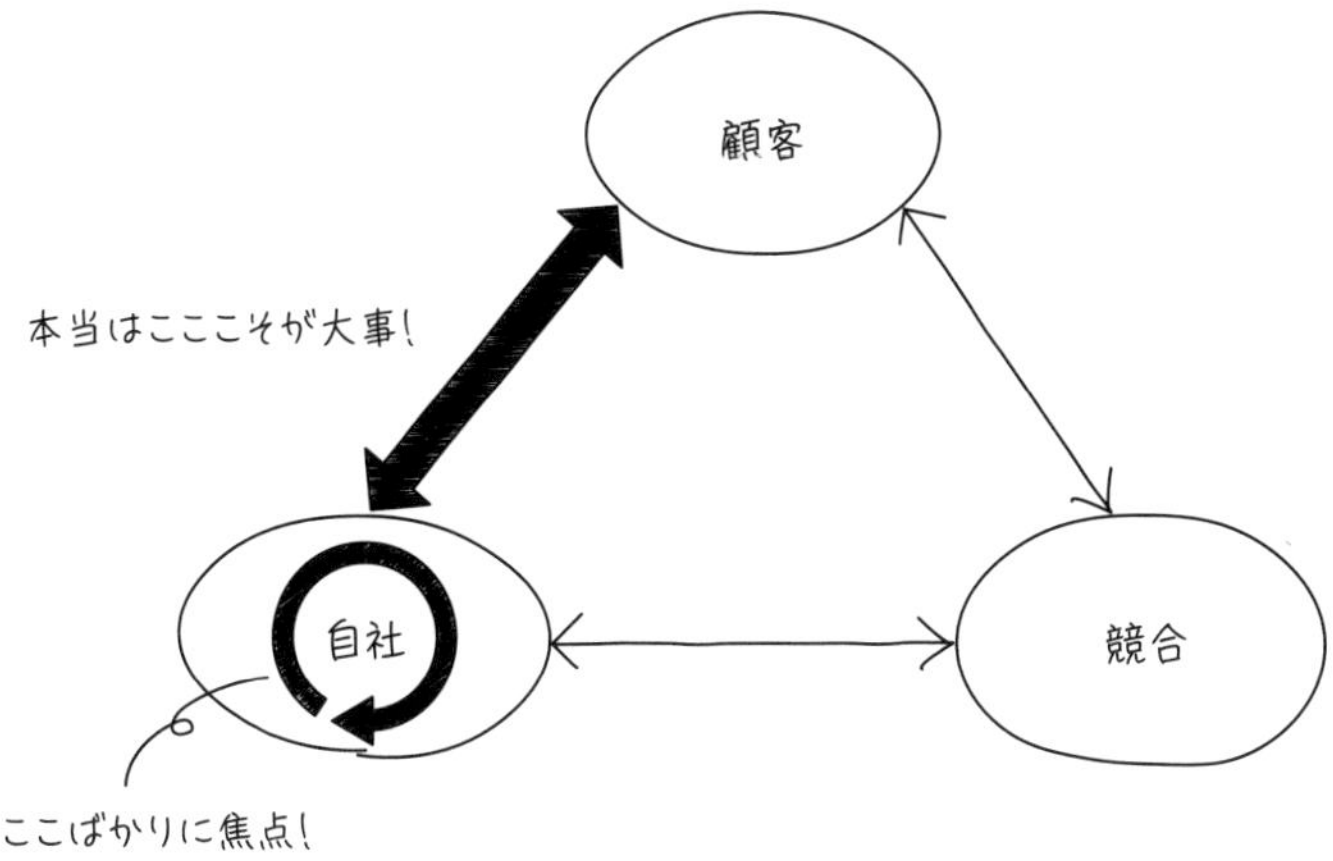

最も焦点が当たるべき○は顧客です。しかしながら、社内では、顧客についての議論が不在のまま「他社がこうしたからウチもこうしよう」といった議論が多く散見されます。私の実感では、多くの会社の社内会議では顧客に関する議論はおそらく5％にも満たないのが実情だと思います。ほとんどが自社の抱える課題、社内の手続き、それらに関する愚痴と文句ばかり。

残念ながら、貴重な経営資源のほとんどが自社の中の問題に振り向けられているのが大きな問題です（図3-3）。こうなると、競合他社と代わり映えのない同じような打ち手を繰り出すだけで同質化が進み、結果、コモディティー化へまっしぐら。誰も儲からなくなってしまいます。そうではなく、顧客と自社の関係性を考え

図3–4　原因と結果を間違えない

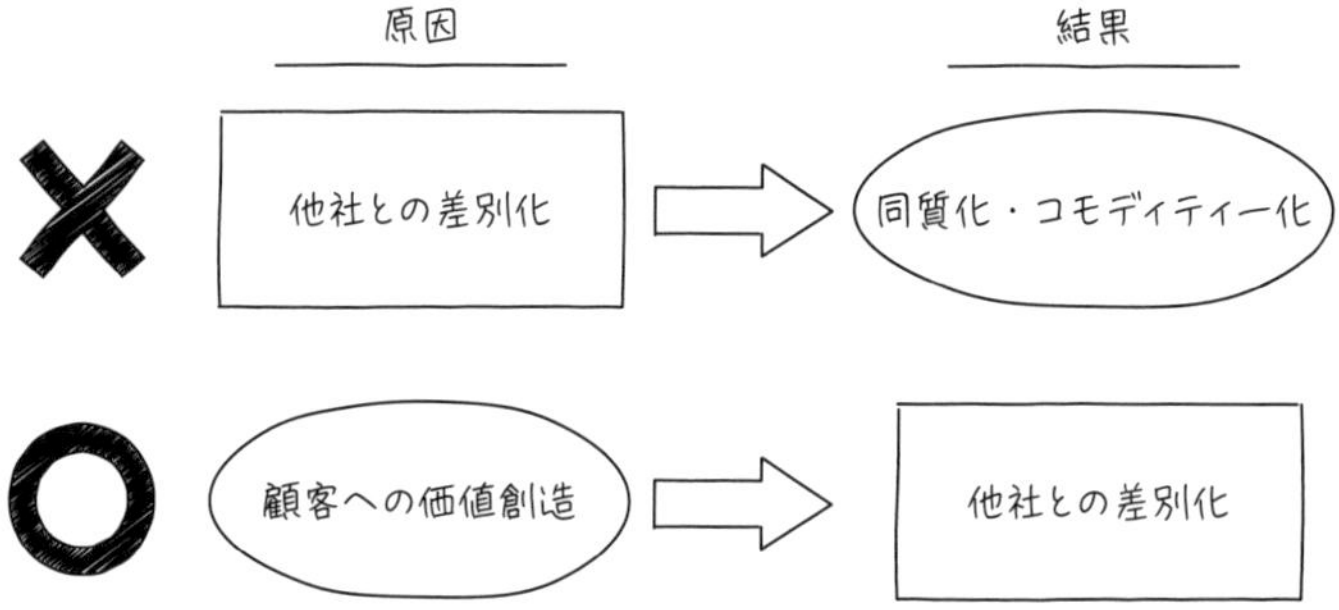

ることこそ大事なのです。

顧客の○に焦点を当て、「顧客に対してこんな価値を出したから他社に対しても差別化してしまった」という論理が大事です。「他社との差別化を目指して何かを生み出した」ではありません。

微妙な違いに聞こえますが、そこには大きな違いが存在します。原因と結果の向きが180度異なっている、つまり矢印の向きが違うのです（図3–4）。矢印の向きには細心の注意を払うべきです。そうしないと、原因と結果を間違ってしまうことになりかねません。

顧客の変化、ニーズの変化に柔軟に適応し続けていくことが、他社に対する差別化の持続性を高めます。

図3-5　マーケティングは三角形で考える③

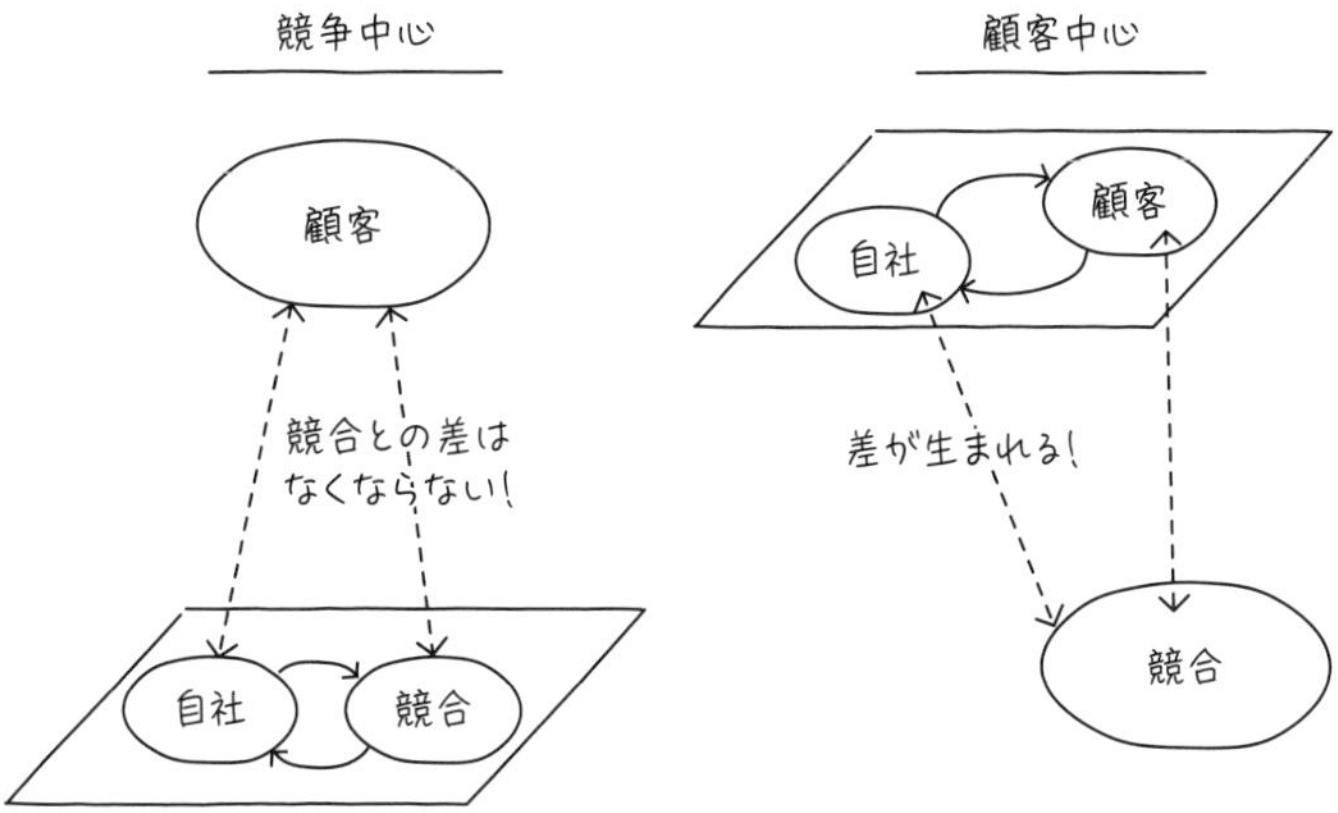

この基本的な発想を、さきほどの三角形（3C）を使って3次元的なイメージで表すと、その違いがよりハッキリとします（図3-5）。**マーケティングとは、顧客との密着度を組織全体で高めること**に他ならないのです。

経営学者のピーター・ドラッカーは、「企業の活動の中で本当に意味があるのはイノベーションとマーケティングだ」と言い切っています。同じく経営学者のフィリップ・コトラーは「マーケティングがちゃんとできるとセリング（営業）は不要になる」とも言っています。

自社と顧客との密な関係の中で、価値が生まれてくることこそが、マーケティングでは何よりも重要なのです。

「味方」を含めて「四角形」で考える

では立ち戻って、もともとの三角形で議論を進めます。
図を描くと、自分の思考を客観視できるので、ものごとを批判的に眺めることができ、考えていることのヌケ・モレに気付く可能性が上がります。何かヌケ・モレが無いかと発想を広げてみるとどうでしょう。

たとえば、戦争では敵と自軍以外に「味方」がいます。その「味方」の動きが勝敗を決することもよくあります。関ヶ原の戦いでは、西軍の「味方」であったはずの小早川秀秋が、東軍の「味方」になったことが勝敗に大きな影響を与えました。先ほどマーケティングは三角形だと言ったばかりですが、ひょっとしたら「味方」も含めた四角形で考えるべきかもしれません（図3-6）。

皆さん、アスクルという事務用品を中心とする通販会社をご存じでしょうか。
25年ほど前に、もともと文房具メーカーのプラス株式会社の通販事業部としてスタートした事業なのですが、その発展の道筋はユニークでした。

この通販事業部は、当初から顧客への価値創造をとても大切にしていました。あろうこ

図3-6　マーケティングは四角形で考える？

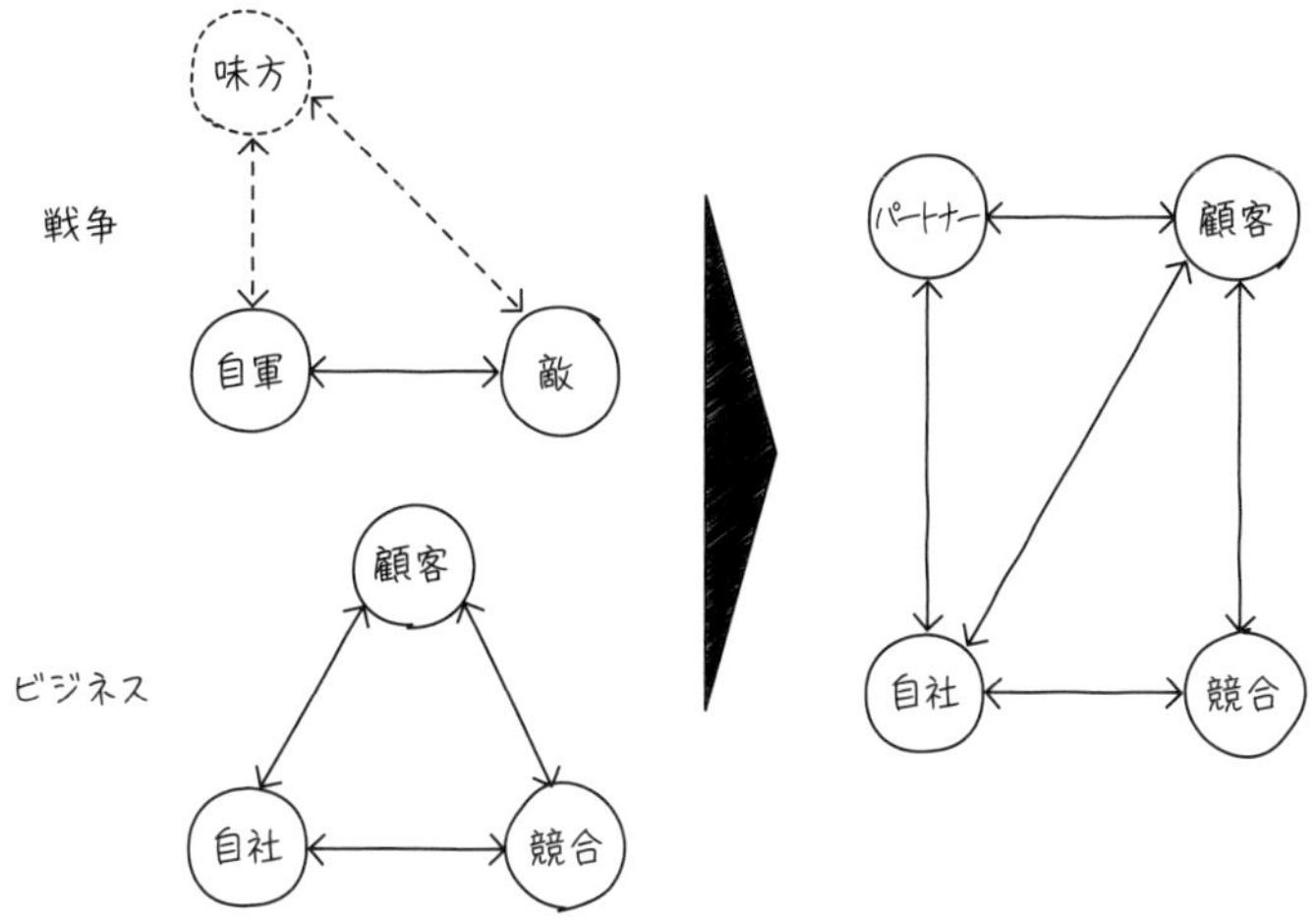

とか、他社製品も欲しいという顧客の声に応えて、プラスの製品に留まらず他社製品まで扱い始めたのです（それを許したプラスの度量がすごい！）。顧客ニーズを満たすために競合他社まで「味方」にしてしまったのです。

また当初（インターネットが登場する前）は、カタログを配布し、中堅中小企業に文房具を販売していたのですが、支払いの仕組みが十分に整っていませんでした。そこでプラスは、大手スーパーにおされて業績が苦しかった街の文房具店を「味方」にしました。カタログの配布や集金業務をお願いしたのです。文房具店にとっては追加的な収入になり、アスクル自身は、支払いの仕組みを補完してもらうことができました。

よくよく考えると、顧客に文房具を販売す

る文房具店は、同じく文房具を顧客に販売するアスクルの競争相手です。アスクルは、ここでも競争相手を「味方」にしてしまったのです。これはまさに、新たなビジネスパートナーと一緒に、顧客への価値創造に向けたエコシステムを創ったと表現できます。

他の〇（パートナー）をうまく活用した例は他にもたくさんあります。空室シェアサイトのAirbnbやライドシェアのUberなどもそうです。

これらの企業は、空室の貸主や車を所有する運転手というパートナーがいてはじめて成り立ちます。色んな〇と手を組むという発想が、新しいイノベーションを生み出すことにつながることも多いのです。

マーケティングの本質は〇の間の関係性のマネジメントなのです。

2

マーケティング戦略の整合性は4PとSTPの「タテ・ヨコ」で考える

4Pは結果、STPが原因

マーケティングと聞いて、真っ先に想起するフレームワークは「4P」でしょう。4Pとは、Product（製品）、Price（価格）、Place（流通）、Promotion（販促）の4つのPを指します。

この4つのPは、顧客の◯と自社の◯間で、モノやサービス、お金のやり取りをする際の必要かつ十分な要素です。これ以外の要素は他になく、この4Pによって顧客と自社の関係性が定義されます。

ただ、気をつけなければならないことは、この4Pは結果にしか過ぎないということです。この4Pの枠組みだけを眺めていても、なかなか良いアイデアは湧いてきません。良

図3-7　タテ・ヨコで全体像を描く

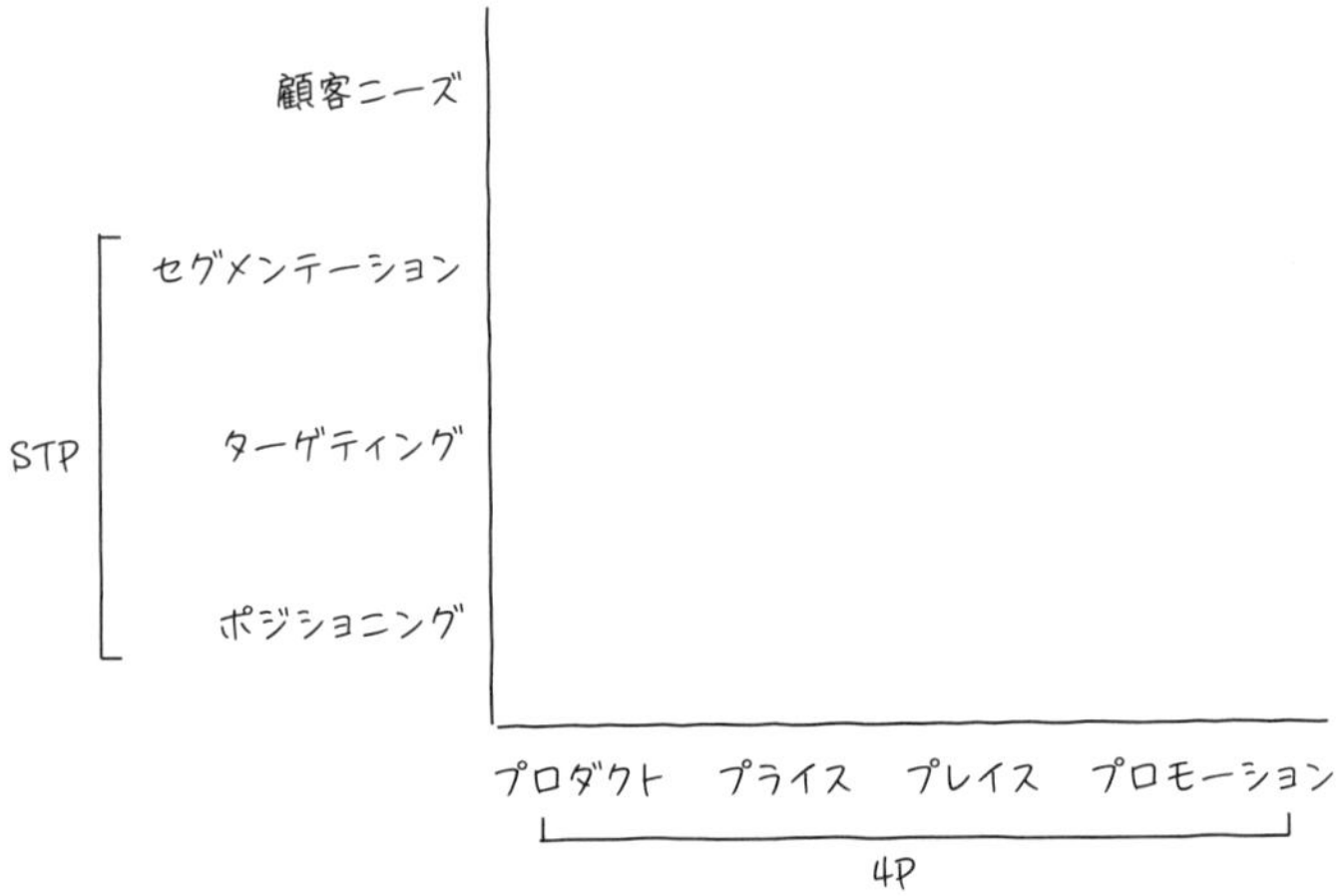

いアイデアを導き出すためには、結果から発想するのではなく、原因から考えるべきです。もちろん、ここで言う大元の原因、つまり、出発点は**顧客ニーズ**です。

新製品やサービスのアイデアを形作っていくためには、全体像（ビッグ・ピクチャー）を紙1枚におさめて、そこに思いつくことを書き出し、グルーピングし、つなげていくことをお勧めします。試行錯誤もせずに、ストレートに良いアイデアに辿り着くことなどありません。紙に書き出した自分のアイデアとの対話の時間が必要です。

そこでマーケティングには、4Pの他に、あまり浸透はしていませんが、とても大事なSTPという枠組みがあります。STPは、Segmentation（セグメンテーション）、Targeting

（ターゲティング）、Positioning（ポジショニング）の英単語の頭文字をとった略語です。このSTPは4Pという結果に至るプロセスに当たります。

ここからは、顧客ニーズとSTP、4Pを組み合わせて、1枚の紙の上に全体像を描いてみましょう（図3-7）。こんな風に経営のフレームワークは、視点としてどんどん活用すればいいのです。

では、この全体像を使って、事例を取り上げて考えてみます。

私の定年退職後のプランを考える

わたくし事で恐縮ですが、私は、定年退職後には子供と関わる仕事をしたいとずっと思っています。子供と触れ合うのが好きなのです。

これまで、どんな仕事がいいのか、ずっと考えを巡らせてきました。ただ、とても身勝手なのですが、触れ合いたいけど大きな責任は持ちたくない。そんな都合の良い仕事を探していたのです。

保育園の園長先生？　いやいや責任が重い……。

保育園の警備員？　いやいや今さら体力仕事は難しい。

遊園地のアトラクションの切符切り？　だんだん無くなってきているし、これも体力的な問題がある。

いろいろと考えを巡らせた結果、今々の有力候補は「自宅で、近所の中学1～2年生を対象とした補習用の個別指導」です。中学1～2年、補習というのがミソです。

おそらく中1から中2の数学・理科ならまだ教えられそうだし、体力もいらない。補習と題しつつ、力を入れて教えるのは、将来のこと、計画の立て方、そして、なんといっても図で考える思考法。そして、考えることの楽しさ。

私が勉強の楽しさを知ったのも中1の頃でした。数学の先生に、高校にならないと出てこない「虚数」というものの存在を教えられ、数学の奥深さを垣間見たのが勉強と向き合う1つのきっかけになりました。個別指導では、そんな興味のきっかけ作りや、勉強の仕方を教えてあげたいと思っています。

そして「定年退職後に何をしようか……」と、図3‐8のようなイメージの図を描きながら至った結論が、中1～中2の補習の先生なのです。

図3‐8を見てなんとなく、◯と線でつないだタテと、4Pのヨコの間に整合性がありそうだと感じてもらえるでしょうか。これがかなり大事なポイントです。**マーケティング戦略を考えるということは、顧客ニーズからSTP、STPから4P、4Pの間すべて**

図3-8　私の定年退職後のプラン

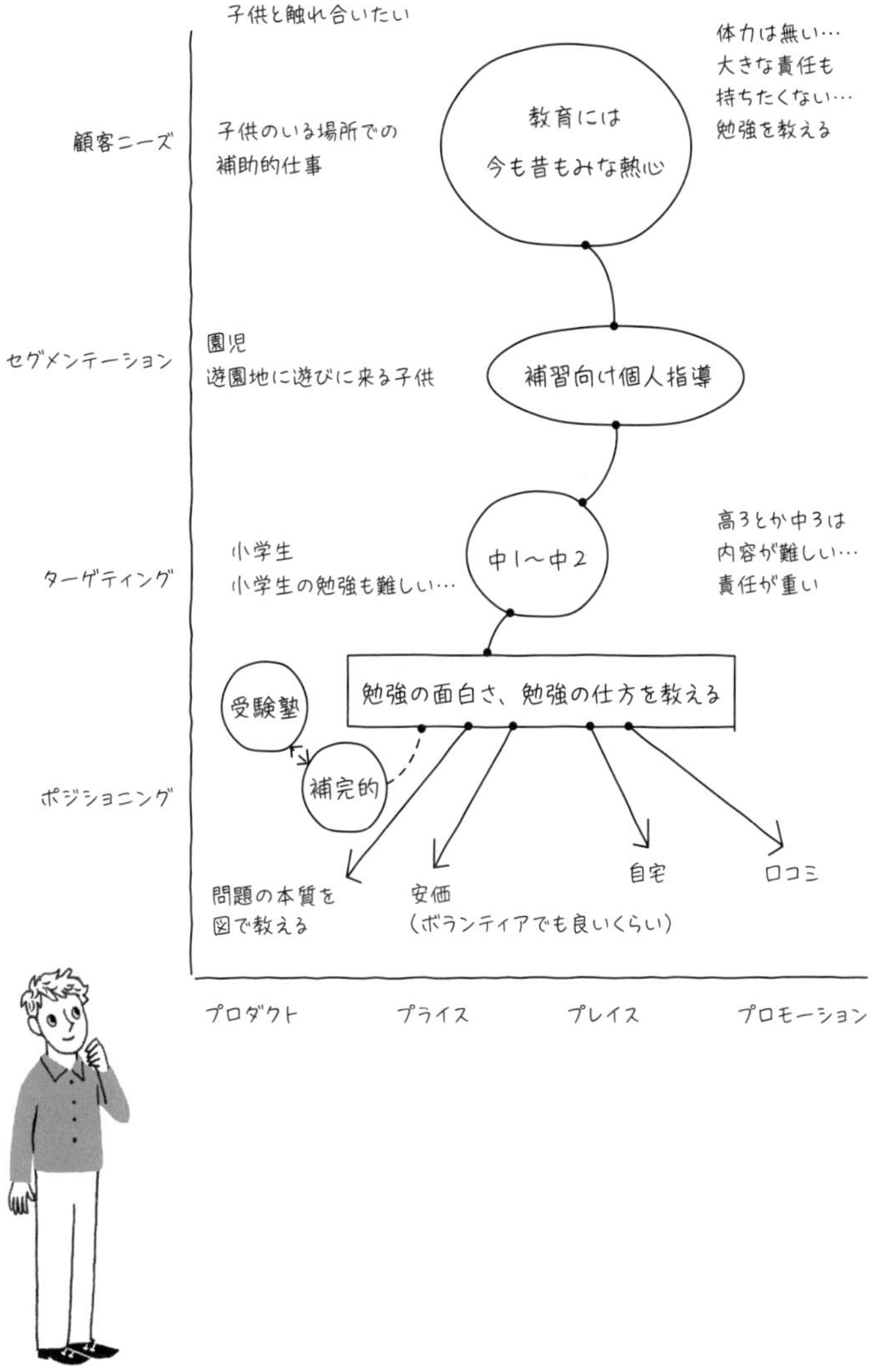
子供と触れ合いたい
顧客ニーズ
子供のいる場所での
補助的仕事
教育には
今も昔もみな熱心
体力は無い…
大きな責任も
持ちたくない…
勉強を教える
セグメンテーション
園児
遊園地に遊びに来る子供
補習向け個人指導
ターゲティング
小学生
小学生の勉強も難しい…
中1〜中2
高3とか中3は
内容が難しい…
責任が重い
ポジショニング
受験塾
補完的
勉強の面白さ、勉強の仕方を教える
問題の本質を
図で教える
安価
（ボランティアでも良いくらい）
自宅
口コミ
プロダクト
プライス
プレイス
プロモーション

において整合性が取れた打ち手を考えるということなのです。

ぜひ一読後、皆さんの事業の振り返りをしてみてください。同じくらいの整合性があるでしょうか？

では、そんな整合性のあるマーケティング戦略を実施して成功した、ジャパネットたかたの事例を見てみましょう。

事例　ジャパネットたかた

ジャパネットたかたは、１９８６年に長崎県佐世保市で高田明氏によって設立されました。父が営んでいた「たかたカメラグループ」から分離独立するかたちで設立された同社は、ソニー特約店のカメラショップとして事業を行なっていました。しかし、たまたま実施したラジオ通販での反響の大きさに驚き、本格的に通販事業を開始したのが急成長の始まりになりました。

１９９１年にはラジオショッピングの全国ネットワークを完成させ、３年後の１９９４年にはテレビ通販を開始し、徐々に紙媒体の通販にも参入していきます。

現在、幅広い製品を取り揃えていますが、ジャパネットたかたの強みはやはり家電です。様々な新しい家電製品が世の中に登場し、使ってみたいけど情報が溢れていて、どこで何を買ってよいのかわからない。こういった顧客の不便が顕在化してきた分野でもありました。ジャパネットたかたはそれをうまく捉えたのです。それゆえ、ターゲット顧客は、高齢者などの家電に詳しくない初心者でした。

初心者だから安心感のある家電製品が欲しい、そしてワンストップですべて揃うととても楽。もちろん安いに越したことはない。こんなニーズに対し、パナソニックやソニーといった有名ナショナルブランドの製品を、「下取り値引き」「金利負担」「送料負担」といった手法で割安感を演出しながら、「セット販売」を行ないました。そしてテレビというメディアの安心感と、明快でエンターテインメント性の高いトークから来る安心感で、購入者の背中を押すことに成功したのです。

実は、ナショナルブランドメーカーやテレビ局にとっても、ジャパネットたかたは重要なビジネスパートナーとしての存在感を増していきます。ジャパネットたかたの取り扱い商品は、必ずしも最新鋭の製品ではありません。どちらかというと1世代前のものです。なぜなら初心者にとってはそれで十二分過ぎるからです。ナショナルブランドメーカーにとって、1世代前のものは在庫が滞留することも多く、できるだけ早く捌きたい商品でもあります。ジャパネットたかたは、それを捌いてくれるありがたいビジネスパートナーな

図3-9　ジャパネットたかたのSTP・4P

新しい市場機会の発見	様々な新しい製品が世の中に登場し、ぜひ使ってみたいけど、情報が溢れ、どこで何を買ったら良いかわからない
セグメンテーション	若者、高齢者、家電に詳しい人／詳しくない人……
ターゲティング	お得に、信頼できる製品を信頼できる所から買いたい初心者
ポジショニング	わかりやすく、安心感があり、納得の価格、ワンストップで

4P（プロダクト、プライス、プレイス、プロモーション）			
プロダクト：ナショナルブランド、セット販売	プライス：「下取り」「金利負担」「お得感」	プレイス：配送・設置・修理を責任もって	プロモーション：傑出したトーク、衝動買い

のです。しかもジャパネットたかたでは、単なる値下げに見えないように、「下取り値引き」「金利負担」「送料負担」といった工夫をしてくれます。テレビ局にとっても、視聴率が取れるコンテンツは大歓迎です。前社長の高田明氏のエンターテインメント性の高いトークは、まさに魅力的なコンテンツでした。

このようにナショナルブランドメーカーやテレビ局とのＷｉｎ－Ｗｉｎの関係をもとに、ジャパネットたかたは顧客への価値創造を実現したのです。ジャパネットたかたも、アスクルと同じような「四角形」で成功したのです。

そんなジャパネットたかたのＳＴＰ・４Ｐを描くと図３－９のようになります。このタテ・ヨコの全体像をざっと眺めると、整合性・成功のストーリーが読み取れるのではないでしょうか。

皆さんもマーケティング戦略を考える際には、ぜひこの４ＰとＳＴＰのタテ・ヨコ図に当てはめて、その整合性を検証してみてください。

3

顧客への価値創造は「矢バネ」で流れを考える

セブン－イレブンの強さの秘密は顧客起点

新たな価値創造をマーケティング視点で考える際にも、図を描いて考えることは効果的です。この場合も、やはり「顧客」が起点になります。顧客が自らの欲望を満たす際に妥協している点、不便に感じている点を解消することが、ビジネスの出発点に他ならないからです。

たとえば、今では飽和状態になったと言われるコンビニエンス・ストア。この新しい小売形態の成功の要因は、「夜中に小腹が空いた時でも、おにぎりを食べたい」という満たされていなかったニーズをきっちりと満たしたことにありました。さらには、コンビニの雄のセブン－イレブンがセブン銀行を始めた時には、「夜中にいつでもお金をおろしたい」

という、誰も想像していなかった潜在ニーズを満たすことで成功しました。

セブン-イレブンは、長年にわたって他のコンビニチェーンを凌駕する坪あたり売上を誇っています。その強さの秘訣を検証した神戸大学の小川進氏の研究によると、その理由は、よく聞く「ドミナント出店戦略」でも「店長会」制度でもなかったそうです。

「プライベート・ブランドが美味しいから」という意見も聞こえてきそうですが、それも根本的な理由ではありません。なぜなら、昔はナショナルブランドのみで、その頃からセブン-イレブンは強かったからです。優れたプライベートブランドは、結果であり、原因ではないのです。

そう考えると、同じ商品を扱っていたのに、どうやって他社より高い坪あたり売上高を達成・維持できたのでしょうか。疑問が残ります。

小川氏の書籍『競争的共創論』(白桃書房)に、次のような話が掲載されていました。


「秋の、ある暑い日……冷やし中華を食べたくなり自社コンビニのお店に行きましたが、売り場にはおいてありませんでした。そこで何気なくセブン-イレブンに入ってみたところ、なんと、大量の冷やし中華が陳列されていたのです。しかしその翌日、気温は平年並みに戻り、私は再度セブン-イレブンを訪れてみました。そして、その売り場を見て愕然としたのです。そこには昨日は大量においてあった冷やし中華はなく、代わりに例年この時期に展開しているやきそばやパスタ類が所狭しと並べられていたのです……」

これこそがセブン‐イレブンの強さの秘密でした。小川氏は、それを「売り逃さない仕組み」と表現しています。こうやって考えると、ジャパネットたかたでもセブン‐イレブンでも、強い企業には1つの共通点を見出せます。煎じ詰めると元に戻ってしまうのですが、結局のところ「顧客起点」の発想です。

たとえば、凄まじい営業利益率を誇るキーエンスは、新製品開発の際に、開発担当者自身が何度も顧客の現場（主には工場）に足を運ぶと言います。あるいは、マーケティングが強いことで有名なP&Gのブランドマネジャーは、定期的にモニター家庭に足を運ぶそうです。最近流行りの「デザイン思考」でも、その最初のステップは、顧客への「共感する(Empathize)」ですよね。

マーケティングの基本は、何はさておき、「顧客」起点で考えることなのです。

図3-10　顧客起点で考える

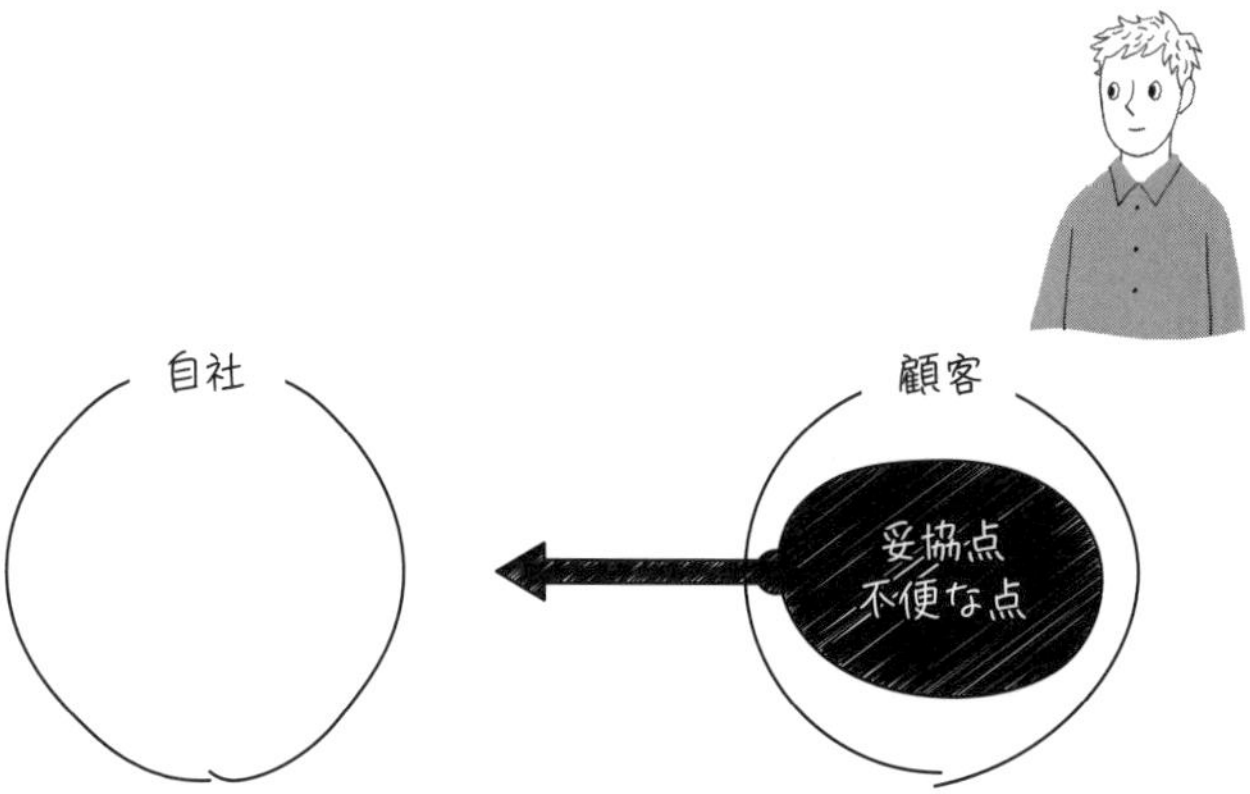

矢バネでディマンドチェーンを考える

では、どうすれば顧客起点で考えられるようになるのでしょうか。

まずは、顧客の○の中に、顧客の妥協点・不便な点を書き出せるだけ書き出してみることです。その後に、自社はどうすべきかを考えるのです（図3-10）。この顧客起点の図は、**企業起点の矢バネ（サプライチェーン）をどう構築するかではなく、顧客起点のディマンドチェーンを「逆引きの発想」で考えよ**ということを再認識させてくれます。

たとえば、セブン-イレブンが実現した「いつでも、どこでも、美味しいおにぎりを食べたい」

図3-11　セブン-イレブンのディマンドチェーン

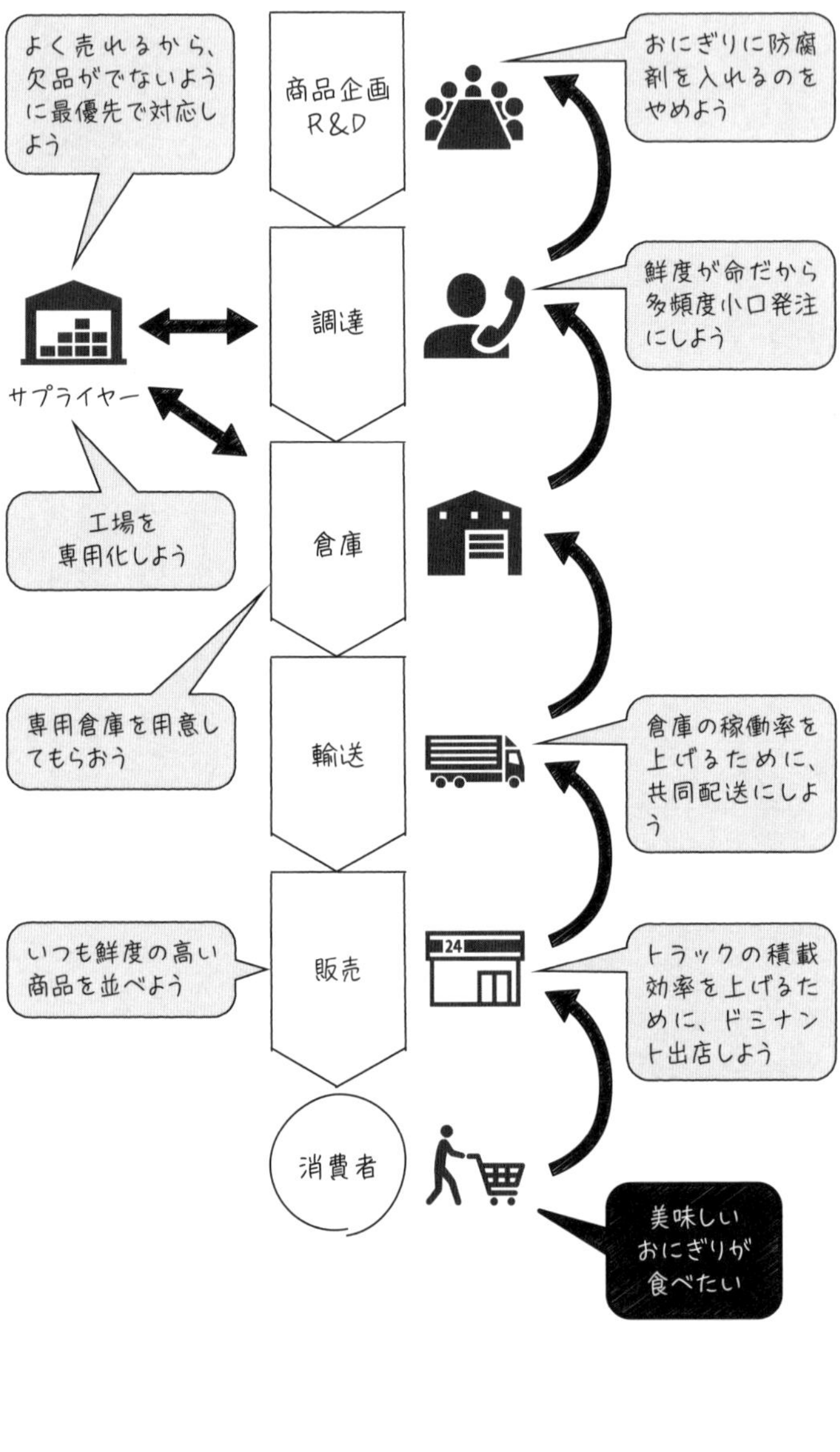

図3-12　ディマンドチェーン（バリューチェーン）

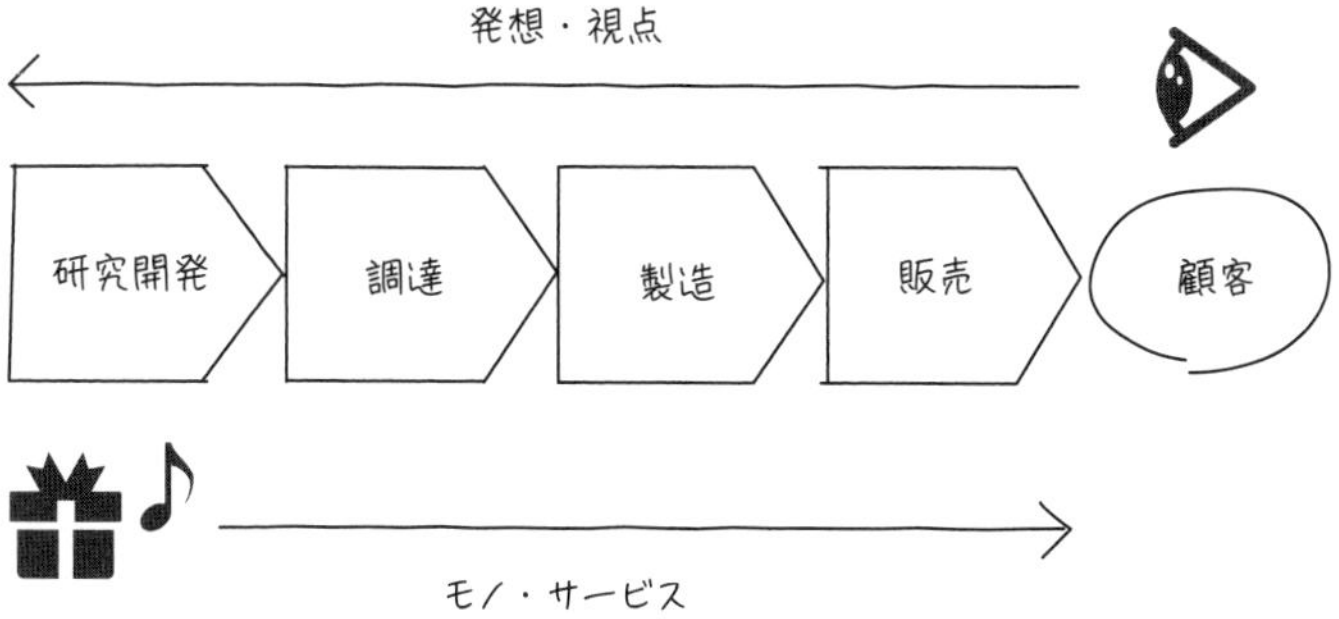

を起点とする逆引きのディマンドチェーンを描くと、図3－11のようになるかもしれません。ちょうど服の皺を少しずつ伸ばしていくように、顧客の妥協点・不便な点から企業の活動へと、だんだんと遡りながら整合させていくような感じです。

このように、ものごとの流れを考える上では、動きを表現する矢印や矢バネが最適です（図3－12）。

ちなみに、何で読んだか忘れたのですが、セブン＆アイ・ホールディングス名誉顧問である鈴木敏文氏は、次のような興味深い言葉を残しています。

「私が社員たちに〝顧客のために〟という言葉は使うなと厳命するのは、決めつけや押し付けを排除するためです。今の時代に本当に必要なのは、〝顧客のために〟ではなく、〝顧客の立場〟で考えることです」

矢バネを丸めて「環」にする

顧客への価値創造は、「顧客起点」で始まり、最終的には顧客への価値提供、すなわち「顧客終点」で終わります。出発点が顧客で、終点も顧客、ということです。

図のメリットの1つは、考えを図に描くとイメージをいじりやすくなり、発想が豊かになる点です。そこで1つ思考実験をしてみましょう。

顧客とバリューチェーン（逆引き発想だとディマンドチェーン）の図を描き（図3-12）、顧客を起点、かつ、終点にしてみるとどうなるでしょうか。企業の矢バネが徐々に丸まってゆき、最終的には矢バネ同士がくっついて図3-13のような形に変形できます。こうやって顧客起点・顧客終点のイメージを図でいじってみると、**企業の先に顧客がいるのではなく、顧客を取り巻く「環」として企業を理解するほうが適切**だと思えてきます。

この図を睨むと、幾つかの大事な視点に気付きます。

①研究開発と販売は遠く離れていてはダメで、最も近くにいるべきである（通常、仲が悪

図3-13　矢バネを丸めて「環」にする

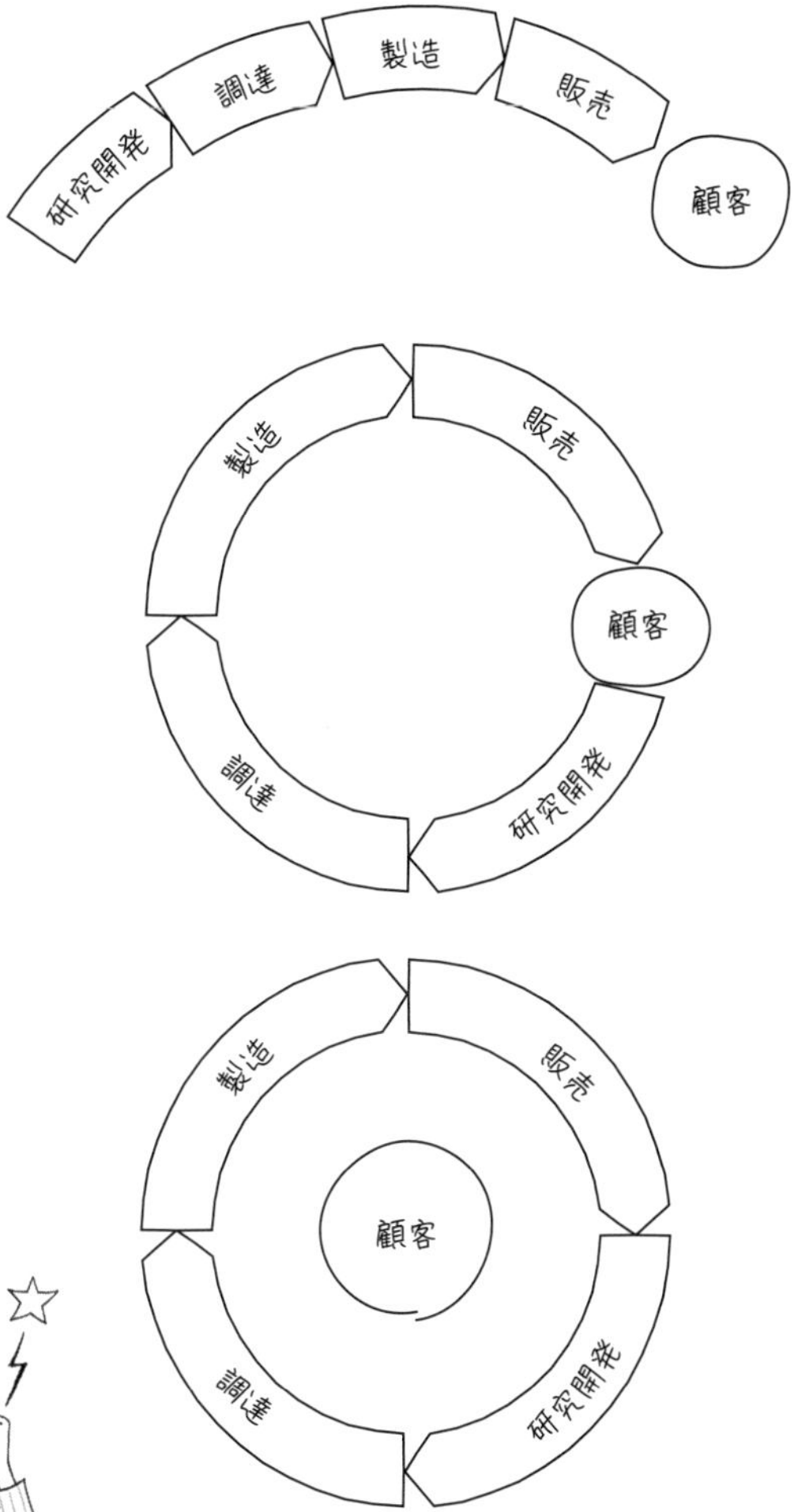

いことが多いけど……）

②企業活動の中心には常に顧客があり、常に顧客を意識しなければならない
③企業のすべての機能（矢バネ）は、顧客と相対すべきである
④企業と顧客の間の「余白」をより良いものにしなければならない

顧客の体験価値は余白（場）にある

この余白とは、顧客と企業との関係性です。図3-13で言うと、顧客の○と、企業の「環」の間にある空白です。顧客が経験する価値は、その余白にこそあります。

私はもともと理系であり、何かと何かの間にある「余白」というと、すぐに「場」という言葉を思い出してしまいます。電気のプラスとマイナスが引き合うのは、その間に「電場」があるから。星と星が引き合うのは、その間に「重力場」があるからです。物理学では、その「場」の特性がものごとの挙動を決めてしまうほど「場」というのは重要な概念です。

企業と顧客の間にあるのは、「接点」という薄っぺらなものではなく、何かしっかりとした「場（余白）」が存在していると考えるべきだと思います。

その「場」には、顧客と企業が共有する共通認識、情報をやり取りするプロセス、その情報を解釈するルール、共有されたエピソードや価値観、お互いの信頼関係、そして顧客の経験そのものが含まれます。**企業は、その「場（余白）」の役割や要素を正しく理解し、その品質を向上させることにフォーカスすべき**なのです。

皆さんの企業が顧客と共有している「場」にはどんな特徴があるでしょうか。図3−13の3つ目の図の余白に書き出してみると、いろいろな発見があるのではないでしょうか。

COLUMN

重力波の検出

２０１７年のノーベル物理学賞は、重力波検出に初めて成功した米国のＬＩＧＯ（ライゴ）のチームに贈られました。ＬＩＧＯチームは、２０１５年9月14日、約13億光年離れた宇宙の彼方で、太陽の36倍の質量と29倍の質量を持つ２つのブラックホールが合体した瞬間の重力波を捉えることに成功したのです。発見からわずか2年での受賞劇でした。

重力波は、時空という「場」の歪みから生じる「さざ波」です。観測された波形は、アインシュタインの一般相対性理論の正しさをさらに裏付けるものでした。図3-14は、２つのブラックホールによってゆがめられた時空の構造と、そこから生じている重力波のイメージです。

企業と顧客が引き合い、魅力的な「場」を創っているイメージと重なって見えるのは私だけでしょうか（笑）。

図3-14　重力波のイメージ

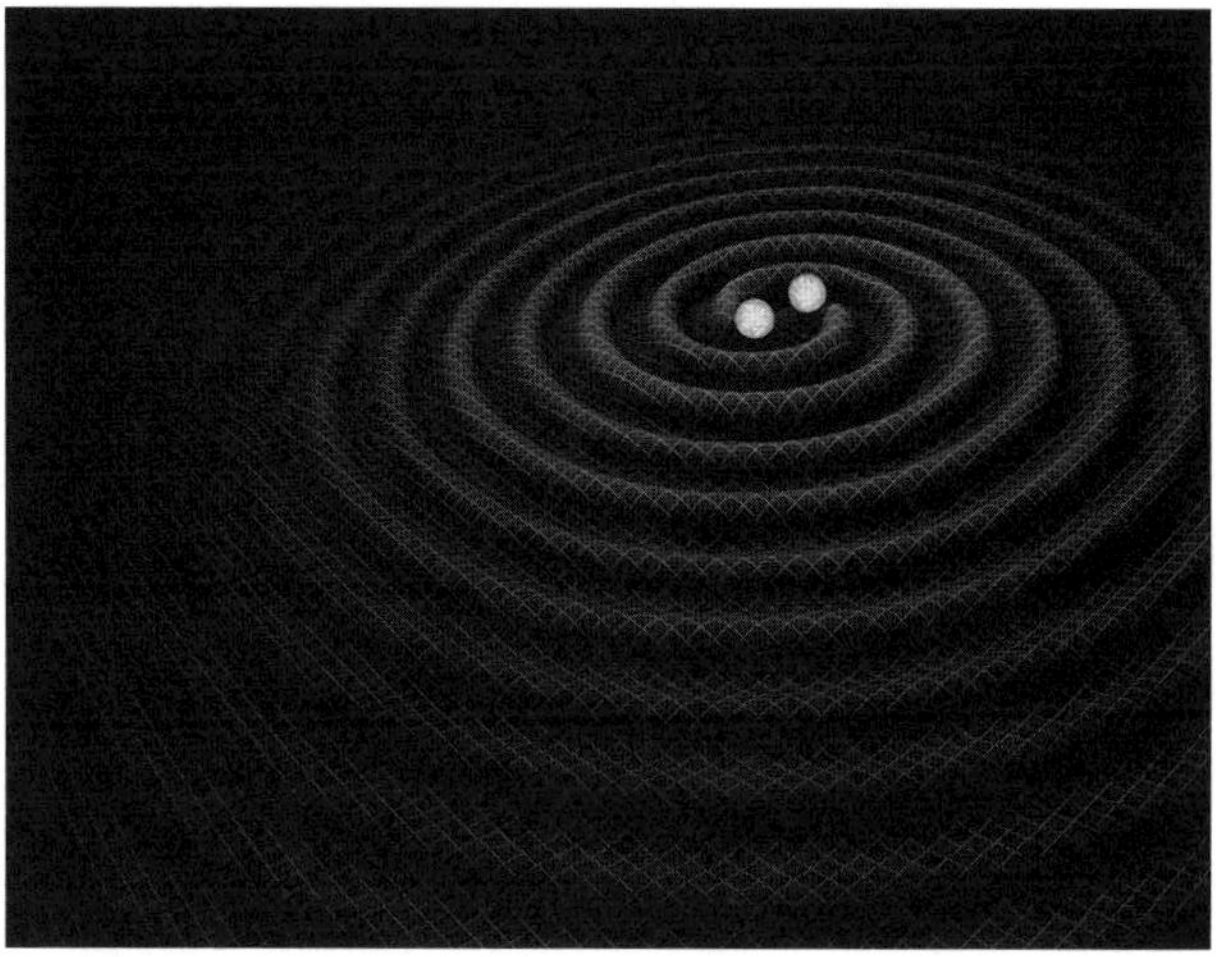

出所：LIGO HPより

4

ブランドやデザインの意味的価値は「余白」を見て考える

日本の家電業界の敗因

企業と顧客が共有する「場（余白）」が重要だという発想に立つと、「場」の品質こそ、顧客にとっての価値そのものであり、**製品はあくまで「場」を構成する1つの要素に過ぎない**ことに納得がいくと思います（図3－15）。

日本企業、特に製造業は、その実直で勤勉な体質から、徹底的に安くて良い製品をつくることに邁進し、顧客の期待を超えることで成長してきました。しかしそれゆえ新たな困難に直面しました。企業間の競争が、製品の目に見える性能や機能に収斂していき、製品以外の大事な「場」を見なくなったのです。

そこで「場」を構成する要素を2軸で分けた田の字を描いてみましょう。1つ目の軸

図3-15　場（余白）が重要

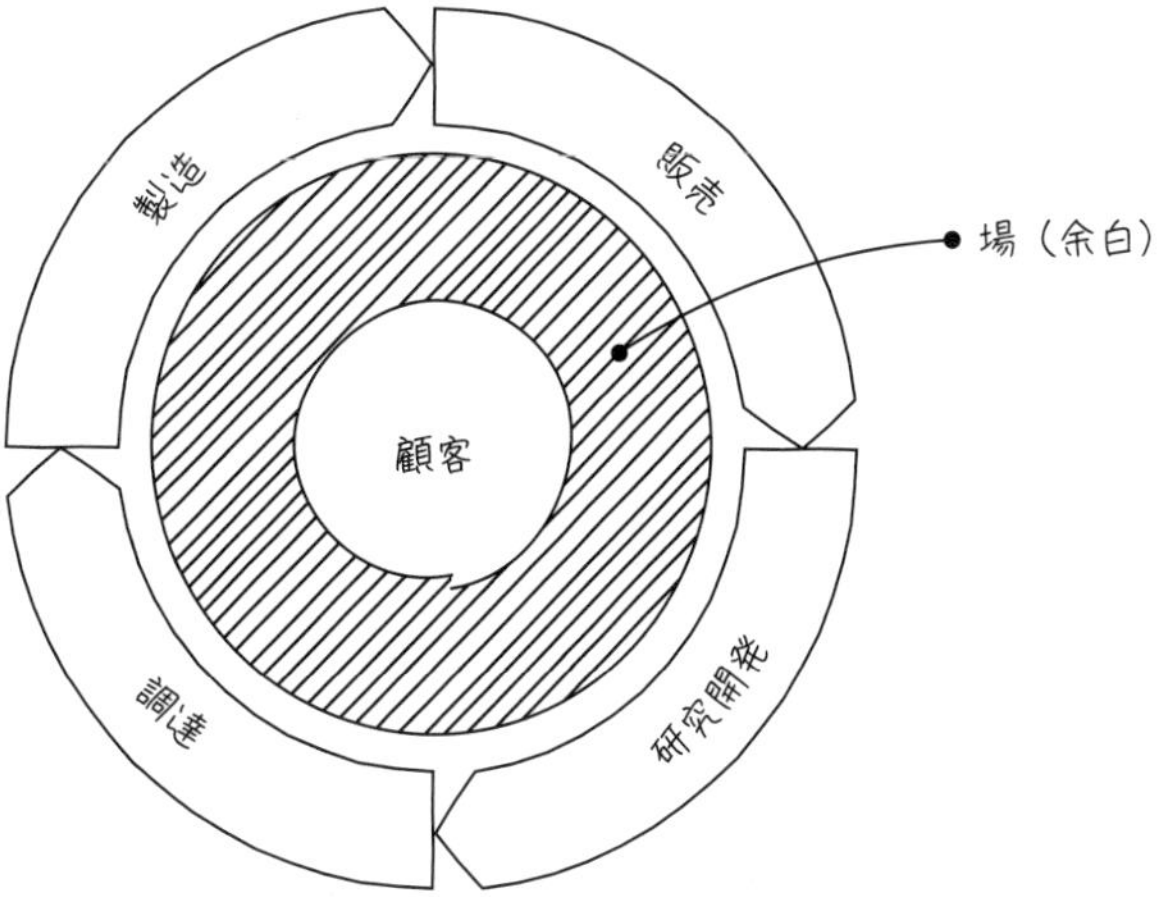

は、製品―製品以外、もう1つの軸は、機能や性能といった測定できる価値と、測定しにくいブランドやデザインといった価値です（図3-16）。

家電メーカーをはじめとする多くの製造業が陥った罠は、図3-16の左上の「製品×測定・比較可能性大」のセグメントでの成功とそこからの逆襲です。そこでは次のようなことが起こりました。

各社が機能や性能だけを競った結果、どんどん機能や性能は良くなり、顧客にとっては十二分過ぎるようになってしまいます。つまり、新しい機能や性能がもたらす価値はだんだん頭打ちになるのです。しかし、機能や性能といったわかりやすい競争軸があるがゆえ

図3-16　場を構成する要素

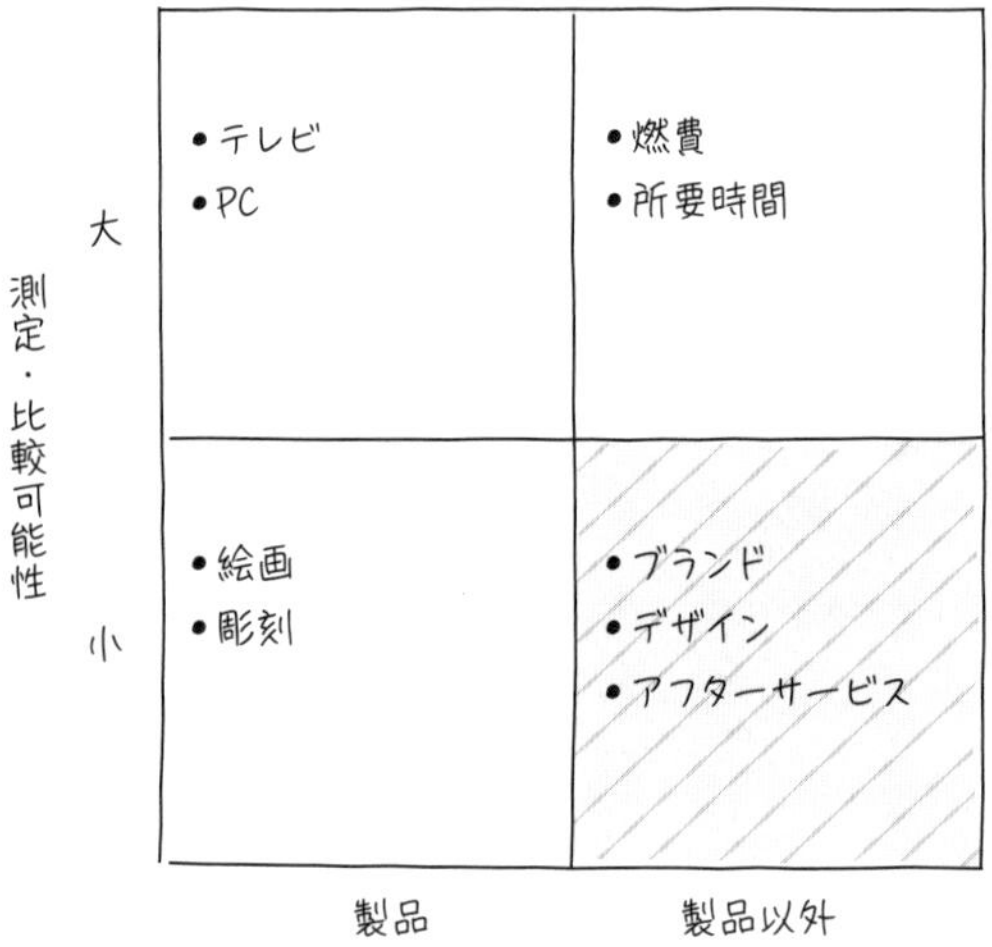

に、その軸に沿った競争だけが激化していきます。

やがてすべてがどんぐりの背比べになり、結局、価格だけが大事な購買の判断軸になってしまいます。いわゆる、コモディティー化です。皮肉なもので、良いものをみんなで作るあまり、価格競争に陥ってしまうという矛盾が生まれてしまうのです。これは顧客にとって、価値が「特定できる」「測定できる」「評価軸が同じになる」ことに起因しています。

つまり、測定可能性がコモディティー化の真因です。

意味的価値は余白に宿る

コモディティー化の罠を脱するために、我々があらためて焦点を当てなければならないのは右下の「製品以外―測定・比較可能性小」のセグメントです。誰にでもわかる機能的価値と違って、ブランドやデザインは、人によって評価軸もバラバラで、心で感じ取れるような意味的価値です。価格競争にはなりにくいものです。

もちろん、意味的価値は、必ずしも図3‐16の中に記載したブランド、デザイン、アフターサービスとかでなくても構いません。ＢｔｏＢのようなビジネスでは、営業のフットワーク、適切な情報提供やアドバイス、気持ちの良い応対、素早い納品、安心感、信頼感なども、大きな意味的価値になります。測定しにくく、かつ、顧客にとって価値があるものなら何でも意味的価値なのです。

顧客価値創造のためには、製品のみならず、こういったもので「余白」が満たされなければならないということです。つまり、**余白は単なる空白ではなく、様々なもので満たされた空間**にすべきなのです。

さて、皆さんの企業と顧客の間の余白にあるものを、ぜひ書き出してみてください。どんな意味的価値が存在しているでしょうか。

このような価値は、組織全体で向き合わなければ実現できないものです（顧客を取り巻く企業の「環」を思い出してください！）。逆の言い方をすると、組織全体でこういった意味的価値にフォーカスし、場をより良くしようとすることが、他社には真似できない優位性に繋がるのです。

次の事例紹介で、ダイソンやiRobotに押されて苦しい状況にある家電業界において、頑張っているバルミューダという新興家電メーカーについて解説します。

事例 バルミューダ

ＢＡＬＭＵＤＡは、２００３年３月に設立されたバルミューダが展開するブランドです。成長のきっかけは、現代表取締役兼チーフデザイナーである寺尾玄氏が、２０１０年に発売した新しいコンセプトの扇風機The GreenFanにありました。

GreenFanは、ＤＣブラシレスモーター、二重羽構造により、空気渦の無い自然な風を生み出すことに成功し、完全に成熟市場だと思われていた扇風機市場に、高級扇風機というジャンルを切り開くことに成功しました。価格はなんと３万９６００円（２０２３年７月現在)。デザインは白と黒を基調とした、非常にシンプルかつ洗練されたもので、質感にもこだわり、インテリアとしての価値も大きい製品となっていました。

２０１５年には、キッチン関連製品第１弾としてスチームトースター（BALMUDA The Toaster）を発売します。価格は２万７９４０円（２０２３年７月現在）。デザインはThe GreenFanと同じく、白と黒やベージュを基調としたシンプルなもので、トースターの窓は非常に小さく設計されていました。窓を小さくした理由は、気になって中を覗き込む動作を誘い、そこに、わくわく感、不安感、焼き上がった時の感動が生まれることを狙ったものだそうです。

バルミューダは、他にも、手になじむハンドルと注ぎ心地を追求した電気ケトル（BALMUDA The Pot）、クリーナー自体が浮いているような操作感がある掃除機（BALMUDA The Cleaner）など、使用することの喜びをかき立て、心躍るような素晴らしい体験を提供するユニークな製品群を世の中に送り出してきました。

また、製品そのものがプロモーションであるとの考え方に立ち、広告宣伝にはあまりお金をかけていません。数少ない広告のコンテンツも、的確な製品メッセージを伝えるため、自社で作成しています。たとえばスチームトースターの場合、広告のメインは、レシピの紹介など、製品（モノ）ではなく、「コト」にフォーカスしたものになっています。

2021年11月には、東京都港区南青山に旗艦店をオープンしました。丁寧な接客や、購入した製品を出口まで持ってきて手渡してくれるサービスなどは、まさに高級ブランド店さながらです。

このように、バルミューダは、組織全体で意味的価値の創出に成功し、これまでの大手家電メーカーとは一線を画し、成長をしてきました。正のループを持つバルミューダのビジネスモデルが、顧客と企業の間の余白を意味あるものにしていったのです（図3−17）。

この本の原稿ができ上がる直前の2023年5月、2年前に販売開始したBALMUDA Phoneというスマホ製品からの撤退が発表されました。ちょうど、「機能的価値が前面に出やすいスマートフォン」「既に意味的価値で不動の地位を築いたiPhoneの存在」といった理由でスマホ事業は厳しいのではないかと書いていた矢先のことでした。

やはり、バルミューダの強みである意味的価値に焦点を当てた製品展開をして、成長を続けてもらいたいと一ファンとしては願っています。

図3-17　正のループを持つバルミューダのビジネスモデル

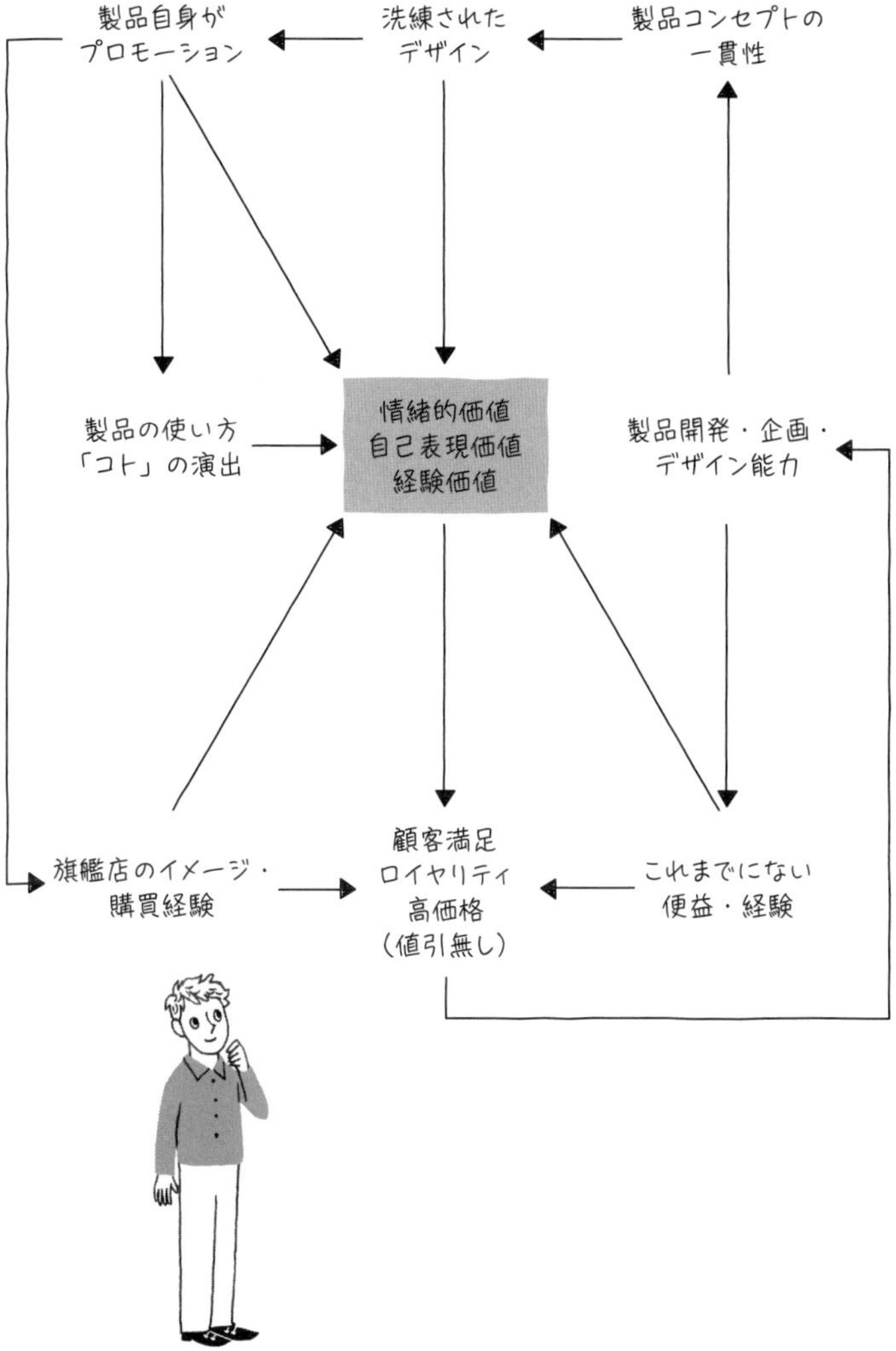

5

「モノ」から「コト」への事業転換は「トポロジー」でイメージを掴む

「モノ」と「コト」の根源的違い

いろいろな製造業において「モノ」から「コト」への事業転換の重要性が議論されています。

ただ、どんな取り組みをしているのかを尋ねると、「サービスを強化する」「センサーを付けて、そのデータを最大限活用する」「製品ではなくソリューション提供に注力する」といった答えが返ってくることが多いように感じます。

しかし、「モノ」から「コト」への転換は、単に提供するものが変わるということではありません。図3-13の丸まった矢バネを思い出してもらいたいのですが、直線のサプライチェーンとはまったくトポロジーが異なります。

図3-18　トポロジー①

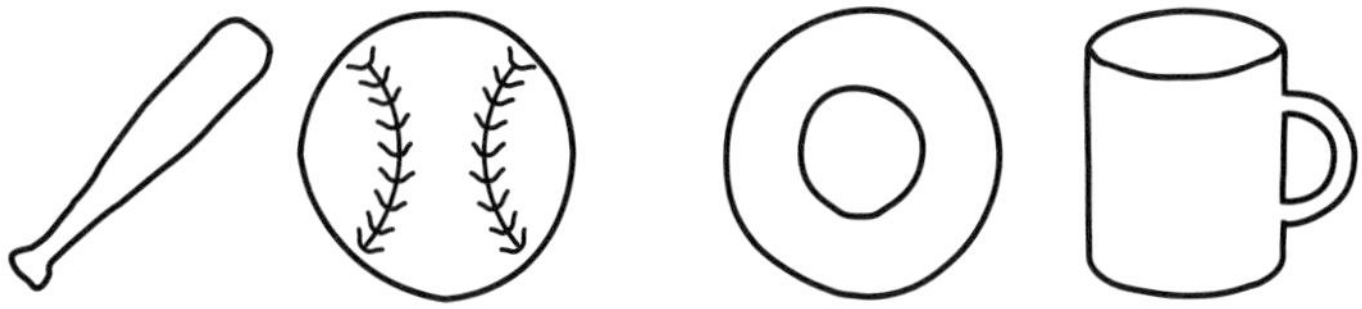

トポロジーという言葉は聞きなれないと思うので、少し補足しましょう。トポロジーとは、何らかの形を連続的に変化させても保たれる性質で、難しい言葉で言うと、位相不変量というものに着目した数字領域のことです。

でも考え方自体はさほど難しくありません。たとえば、ドーナツとマグカップは「トーラス（穴が開いた輪っか）」という同じものですし、バットとボールは「球（穴のない塊）」という同じものということになります（図3-18）。

このような位相幾何学（トポロジー）の観点に立つと、直線のサプライチェーンは「球」（次元を1つ落とすなら「線」）であり、丸まった矢バネは「トーラス」（次元を1つ落とすなら「輪（ループ）」）ということになり、まったく異なるものだと言えます（図3-19）。つまり**「モノ」は直線で、「コト」**

図3-19　トポロジー②

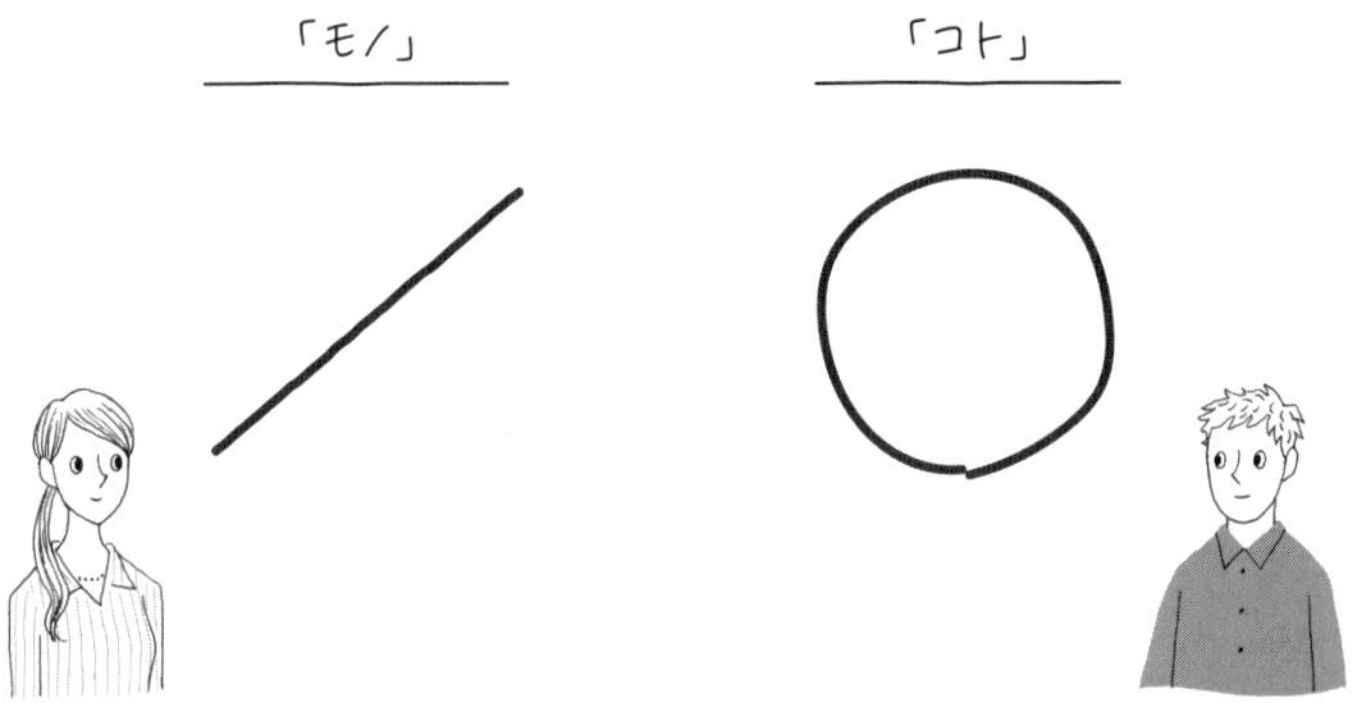

は輪、全然違うのです。

直線のサプライチェーンでは、モノやサービスが左から右にバケツリレーのように移動して、最終的に顧客に届くイメージですが、丸まった矢バネの場合は、「場」を通じて、企業活動がそのまま顧客との価値共創の土台になります。なので、直線から輪への変化は、何かを小手先で変えるということではなく、企業活動そのものを変革するという一大事なのです。このように根本的な構造の違いは、図で表すと一目瞭然になります。

たとえば、工具メーカーのヒルティという会社は、工具を販売するのではなく、いつでも最良の状態の工具を使えるという価値を提供する「フリートマネジメント」へと事業転換を行ないました。これまでは、工事現場の作業員に、トラックの助手席で新しい工具の説明をすることが大事だったのに対し、この新しい「フリートマネジメント」のもとでは、ファイナンスの仕組みをＣＦＯ（最高財務責任者）に説明する営業活動が重要になります。また、これまでは高品質の製品開発が重要だったのに対して、今度は、いつでも最良の状態の工具を客先に届けるために、在庫や物流管理が非常に重要な経営課題になります。このように、企業活動の根本が大きく変化するのです。

矢バネのトポロジーが線から輪へ変わるということは、戦略的フォーカス、競争優位の源、企業の価値観・文化、すべてが変わるということなのです。「モノ」から「コト」への変化を見くびるべきではありません……。

マーケティングは「経費」ではなく、仕組み作りのための「投資」

マーケティングは、本来的には企業と顧客の間の「場」をより良くするための総合活動です。つまり、マーケティングを、「輪」と顧客の間（コト）を埋めていく作業だと考えると、マーケティングは、顧客が認める価値を創っていくための「投資」と見ることができます。

一方、マーケティングを、「直線（企業のバリューチェーン）」の先っぽに作られた価値を顧客に広め、届けるための作業だと考えると、顧客が認めた価値から差し引かれる「経費」になってしまいます。

本来、マーケティングとは、「経費」ではなく「投資」であり、顧客価値創造の「原因」そのものであるべきです。それゆえトップマネジメントやマーケティング部門は、顧客を向いた企業活動を推進するために、次のような要件を満たす必要があります。

1. 組織の中で、一番に顧客のことを理解する
2. 組織全体が顧客価値創造に邁進するための「仕組み」作りを行なう
3. 同時に、各部署・各機能が自律的に動けるような自由度も確保する
4. マーケティング活動を、顧客のビジネスと融合させる

最後の4番目はわかりにくいので少し補足します。マーケティング活動と顧客のビジネスを融合するとは、自社のマーケティング活動を、顧客企業が自身のビジネスを推進する上で不可欠なものにしていくという発想です。**自社のマーケティング活動を顧客企業の活動の一部にしてしまえば、スイッチング・コストは高まります。**

たとえばデルは、インターネットの勃興期に、法人顧客向けの「プレミアページ」というものを立ち上げました。プレミアページでは、その顧客向けの値引き率が適用され、顧客企業の従業員もプレミアページ経由でＰＣの注文ができました。アフターサービスも含めたすべての情報が一元管理され、このプレミアページ自体が、顧客企業の社内のＰＣを管理するためのツールとして使われたのです。そうなると自社と顧客企業は密着し、「場」は強固なものとなり、顧客企業はなかなかデルから他のメーカーへ乗り換えられなくなってしまいます。

同じような考え方は、コマツのコムトラックスにも活きています。ＩｏＴ時代の今、センサーで建機を管理して、建機の利用効率向上や予防保全に寄与するコムトラックスの仕組みは、顧客企業の建機管理ツールとして使われるようになっています。

よく不景気になると、広告宣伝費をはじめとするマーケティングのために使う「お金」は削減されがちです。これは、マーケティングは「投資」であるという先ほどの論理に逆行します。

苦しい時こそ、マーケティング活動を弱めて縮小均衡に陥るのではなく、「投資」をして、価値の拡大再生産を目指すべきなのです。

COLUMN

久しぶりに万葉の湯に行ってみた

1997年、約35億円が投じられ、東京都町田市に「東京・湯河原温泉　万葉の湯」が開業しました。日帰り温泉施設のはしりです。町田の万葉の湯は、湯河原から専用タンクローリー車で温泉を運ぶ「運び湯」方式で、都心近くで名湯を楽しめる天然温泉施設として人気を博しました。その後、横浜みなとみらいや小田原にも施設を展開し、事業は拡大していきました。

当時、川崎市に住んでいた私は、近くて、名湯で、くつろげる、万葉の湯にしばしば足を運んだものでした。しばらく足が遠のいていたのですが、最近、久しぶりに町田の万葉の湯に行ってびっくりしました。完全にリニューアルされ、規模も拡大し、宿泊も可能で、リラクゼーション・スペースが質・量共に拡充され、さらに魅力的な「場」になっていたのです。

よく、「設備の減価償却がもう少しで終わるから、そうしたら利益率の向上が見込める」といった議論を耳にすることがあります。でも、久しぶりに万葉の湯に行って感じたことは「**減価償却費は下がると思わないほうが良い。『場』の魅力度の維持・向上のためには常に投資が必要**」ということでした。

私が若かった頃、ピカピカのホテルブランドだったプリンスホテルは、事業拡大のための投資はするものの、維持・向上のための投資を怠ったために、一時ブランド価値を大きく毀損してしまいました。やはりマーケティングは「経費」ではなく「投資」なのです。

継続投資による「場」の魅力度の向上は、その「場」に顧客をつなぎとめる効果があります。町田の万葉の湯の場合もそうですが、顧客の滞留時間は長くなり、投資は企業の売上・利益となって跳ね返ってきます。

大切なことは、顧客の数ではなく、どれだけ滞留時間が長いかということなのでしょう。

PART 2

イノベーション編

CHAPTER

4

図で考えるR&D戦略

ビジネスでは、新しい商品や新しいサービスが常に求められます。そのためには、たゆまぬ研究開発が欠かせません。また、組織の「知」を蓄積し、資産にしていくことも求められます。そんなR&Dを考える時にも、図を描くことは、大きな示唆を与えてくれます。

1

オープン・イノベーションは「層状構造」で考える

事業構造の「相転移」

最近、自前の研究開発よりも他力を活用する、オープン・イノベーションが着目されるようになりました。今は、自社のR&D戦略を考える際にも、外との連携を考えざるを得ない時代です。

ではなぜ、オープン・イノベーションが重要になってきたのでしょうか。そのことについて、まずは図と共に考えてみたいと思います。

私がかつて勤めていた、デルの主たる事業であったPCを例にとりましょう。

PCはハイテク製品です。誕生当初は作るのが難しく、各PCメーカーが研究開発して

図4-1　変曲点で起こる相転移

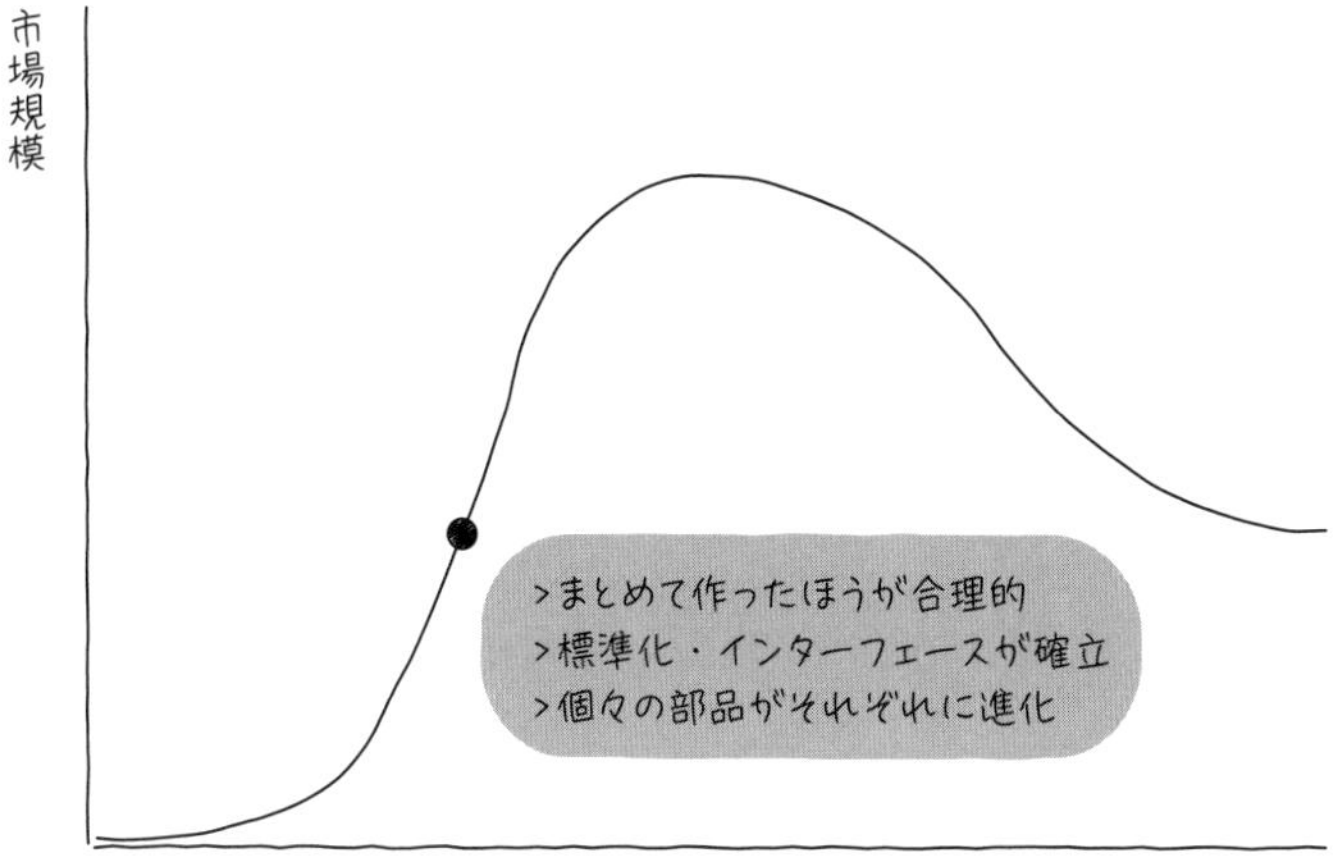

製造・販売していました。そして当初は、基本的にはCPUもOSも、各種部品もアプリケーションも、各社独自仕様のものでした。しかし、やがて市場が拡大してくると、PCメーカーにCPUやOSを提供する「専業メーカー」が現れてきます。インテルやマイクロソフトです。

もちろんその出現には、経済合理性という理由があります。まとめて作ったほうが規模の経済も効いて安くなるからです。そして外から買うものを組み合わせるのですから、インターフェースの標準化も進みます。

さらに、このインターフェースの標準化は製品進化のスピードも加速化させます（図4-1）。なぜなら、他の部品のことは忘れて、それぞれの部品を独自にどんどん進化させることが可能になるからです。このような変化は、顧客ニーズの高度化や、変化のスピードの加速化についていくために引き起こされました。

では、こういった状況を図で捉えるとどうなるでしょうか。それはビジネスの構造の90度転換を意味します。このような**垂直統合の「タテ型」から、水平分業の「ヨコ型」への事業構造の90度回転は、様々な業界で起こっています**（図4-2）。

ものごとを眺める視点を90度変えると、見える世界が違ってきます。なぜなら、「タテ型」と「ヨコ型」では、考えるべき戦略的な論点が変わるからです。かつてのタテ型の時代の論点は「いかに良い技術を育てて良い製品を創るか」だったのですが、新しいヨコ型の層状構造の中では、その論点が「自社は何をすべきで、誰とどのように分業、協業するか」へと移っていきます。

このように、市場の発展に伴い、事業構造はある時、まったく異なる状況に「相転移」することが多々あります。そして、「ヨコ型」の構造において生じた新たな戦略フォーカスが、他力活用のオープン・イノベーションへと企業を誘導するのです。

図4-2　「タテ型（垂直統合）」から「ヨコ型（水平分業）」の層状構造へ

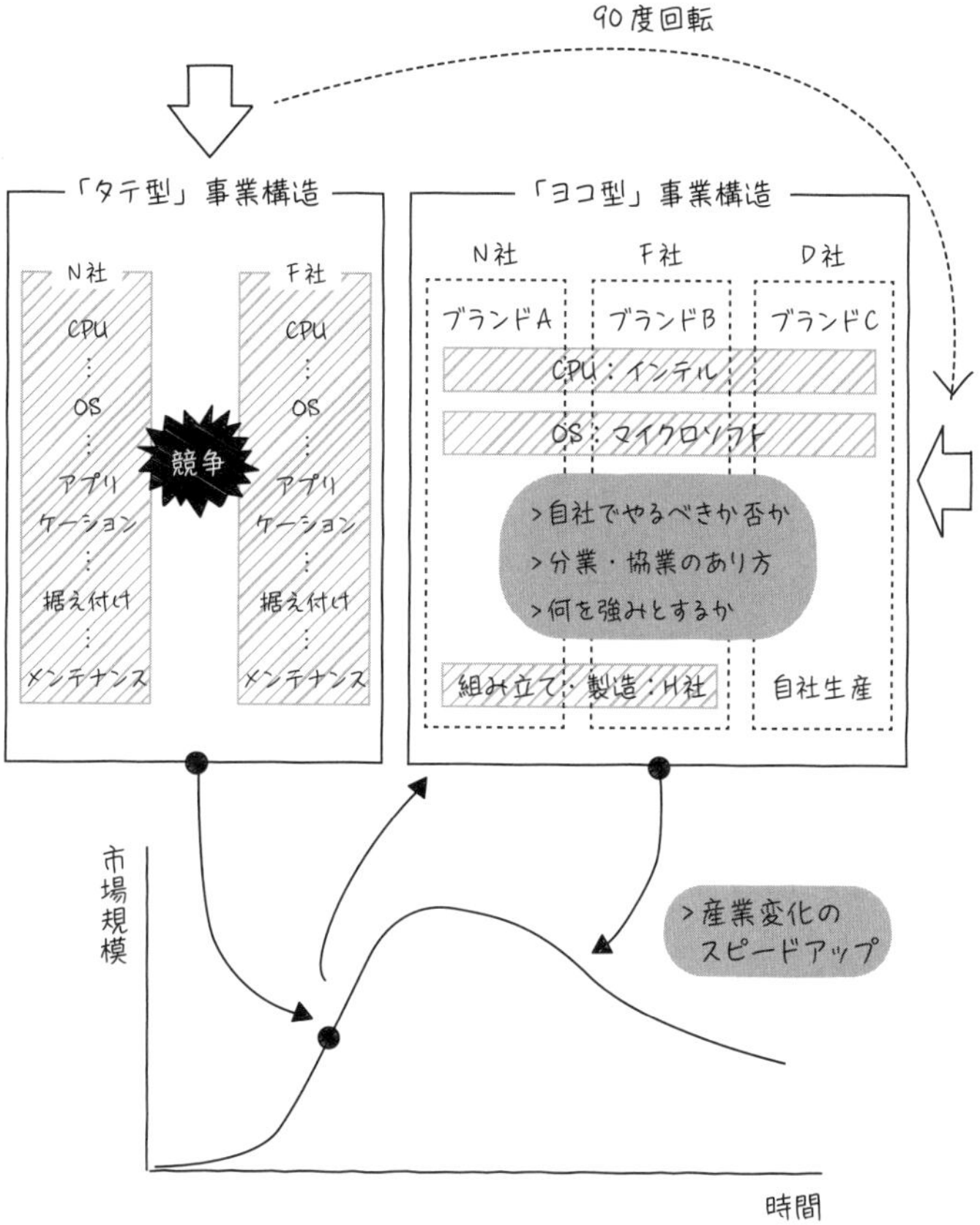

出所：山田英夫『デファクト・スタンダードの競争戦略』（白桃書房）を参考に筆者作成

どこをオープンにして、どこをクローズドにするか

タテ型の構造の中では、やることすべての中で価値を取り込むことができました。

しかし、ヨコ型の構造の中ではそうはいきません。どこかの「層」で「自社ならでは」の価値を創らなければ、儲けることはできません。価値のブラックボックス化、クローズド化です。

たとえば、「企業がどのように収益をあげているのか」について、有名な例を幾つか挙げてみましょう。

・デルは、ＰＣ事業で成長していた頃、デル・ダイレクトモデルという優れたサプライチェーンマネジメントを儲けの源泉にしていました。

・ソニーは、スマホ用イメージセンサーという部品（Ｗｈａｔ）で儲けています。デルがサプライチェーンという（Ｈｏｗ）で儲けていたのとは対照的です。

・スターバックスは、パートナー（従業員・アルバイト）を大事にすることによって、魅力的な「場」を提供し、成功しました。組織文化そのものが価値創造の源泉になって

図4-3　クローズド領域とオープン領域を明確にする

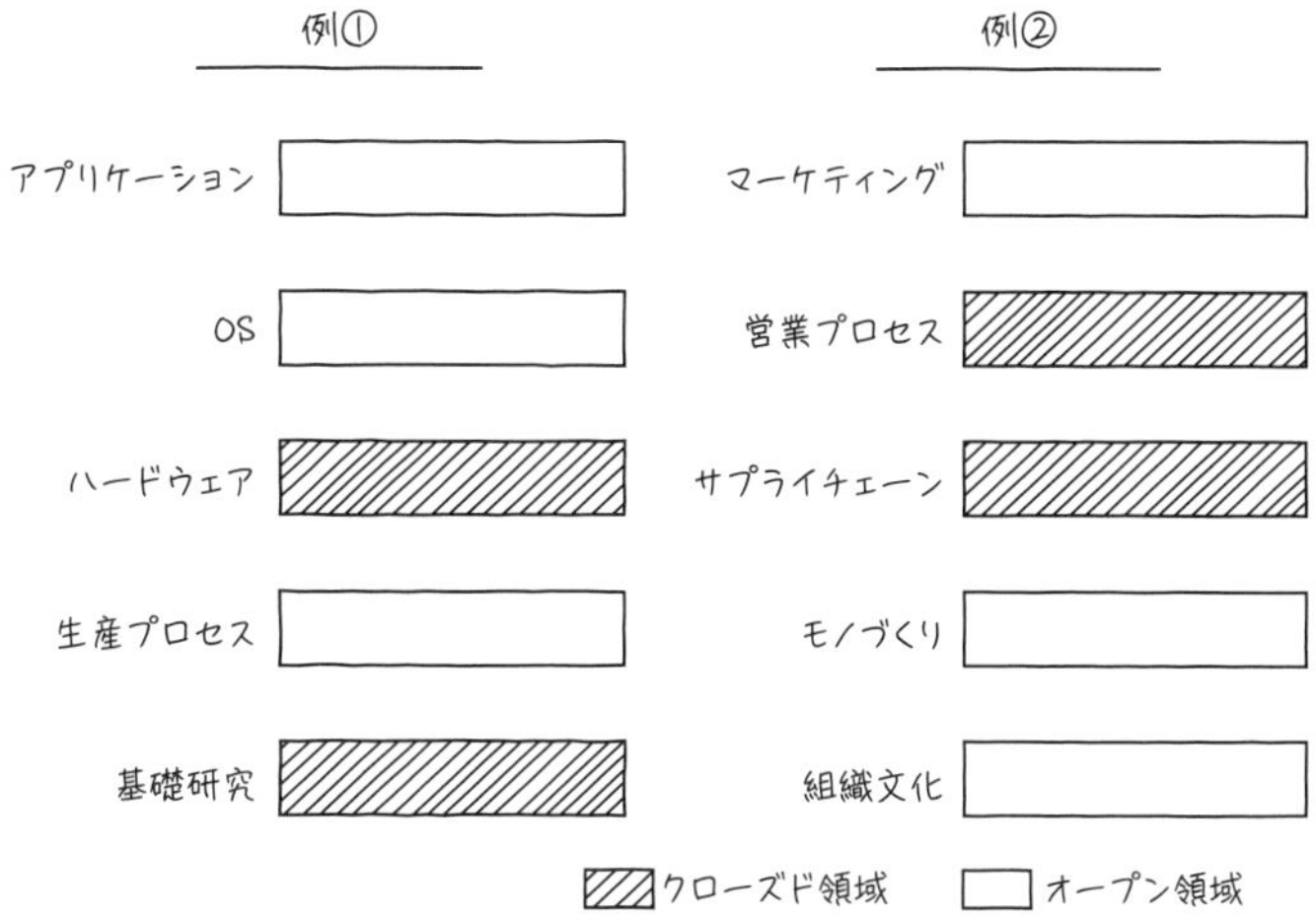

います。

・トヨタは、燃料電池車の技術を外部にオープンにしましたが、トヨタならではのモノづくりの強みを収益の源にしようとしています。

つまり**オープンにする領域と、クローズドにしてブラックボックス化する領域を分けて考え、それらを明確にすることが大事**になるということです。

もし皆さんが、オープン・イノベーションの戦略を考えなければならない立場にあるとすると、まずやるべきことは、白い紙1枚の上に、図4-3のようなビジネスの層状構造の図を描いて、それぞれの「層」の特徴を明らかにすることです。もちろん、この場合の大事な特徴は「オープンにするかクローズドにするか」ですが、一番の醍醐味は「どのような層状構造にすべきか」について試行錯誤を繰り返すところにあります。ぜひ一度実際に図を描いて試してみてください。

オープン・イノベーション＝ビジネス・トランスフォーメーション

このように「なぜオープン・イノベーションが大事になってきたか？」の背景や対応策を探ると、オープン・イノベーションは単なる他力活用とは異なることが理解できます。オープン・イノベーションを推進するということは、顧客ニーズの高度化・変化の加速化への対応、市場の「相転移（タテ→ヨコ）」への適応、オープン領域とクローズド領域の設計、組織構造の変革の推進だと捉えるべきなのです。

この全体像を理解するために、あらためて、私なりに層状構造で全体像を捉えてみると、図4-4のように表現できるかもしれません。

これらの階層の関係性を保ちながらすべてを変革しなければならないということは、単なる外部との連携ではなく、オープン・イノベーションの活用とは、ビジネス・トランス

図4-4　層状構造でオープン・イノベーションを考える

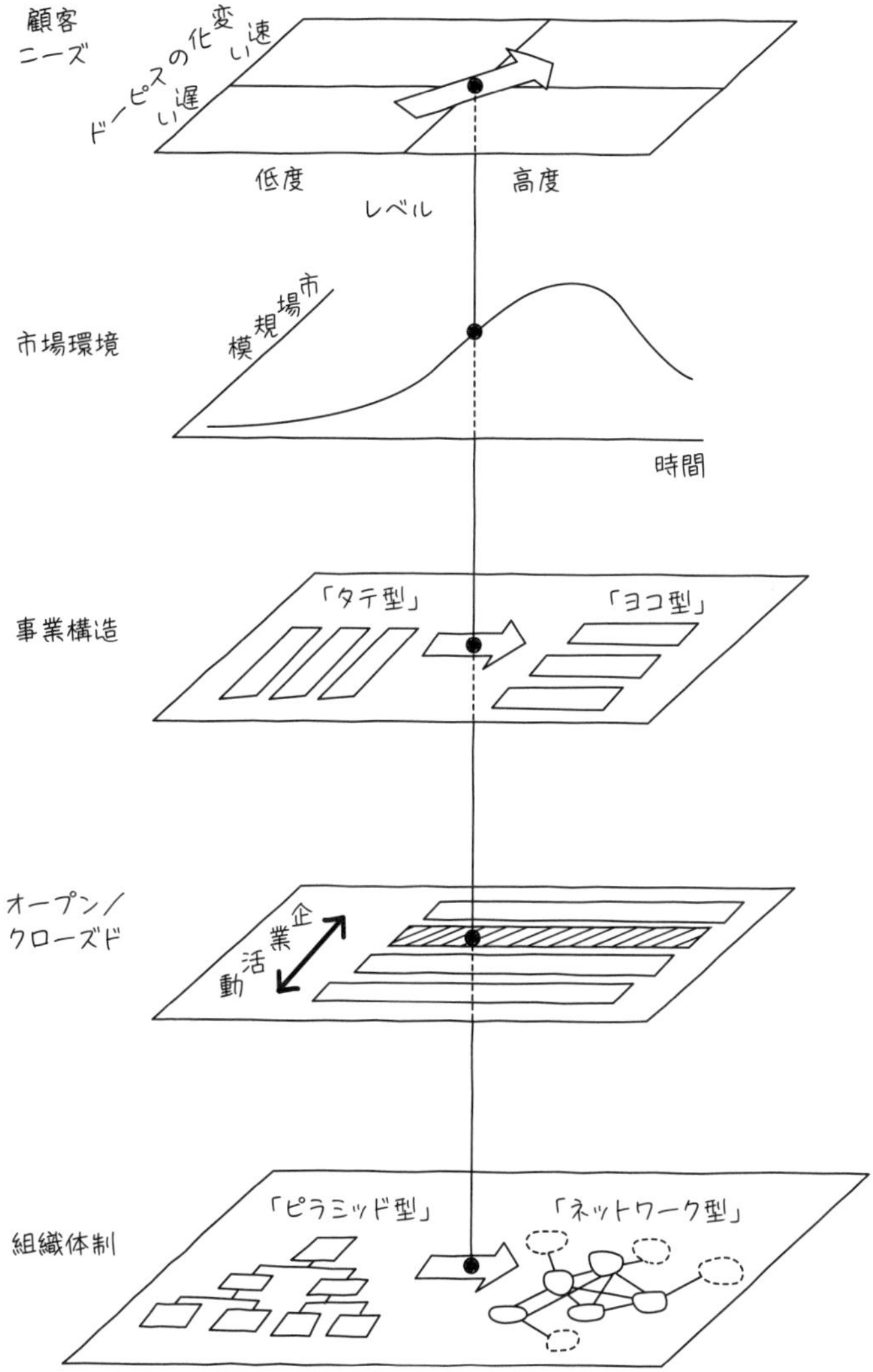

フォーメーションそのものということになります。

このように、**何かを層状構造で捉えようとすると、異なる視座がよりハッキリとして、本質的理解をより深めることができる**ようになります。

魅力的な相手と組むための2つの鉄則

オープン・イノベーションは単なる外部活用ではなく、外部から見ると、パートナーにとっての自社活用でもあります。つまり、企業間のマッチングが成り立つということは、図4-5のように数多くの組み合わせの中から1つのマッチングが選択されるということを意味しています。右向きの矢印と左向きの矢印の2つの双方がピッタリと合うことが必要です。

これが成り立つためには、次の2つの要件が満たされなければなりません。

1つ目は、誰と組むべきかを見極めることです。相手の持つものが自分たちにとって魅力的なものか否かを判断しなければなりません。そのためには、それを判断する能力を持っている必要があります。

図4-5　オープン・イノベーションでは企業間のマッチングが大事

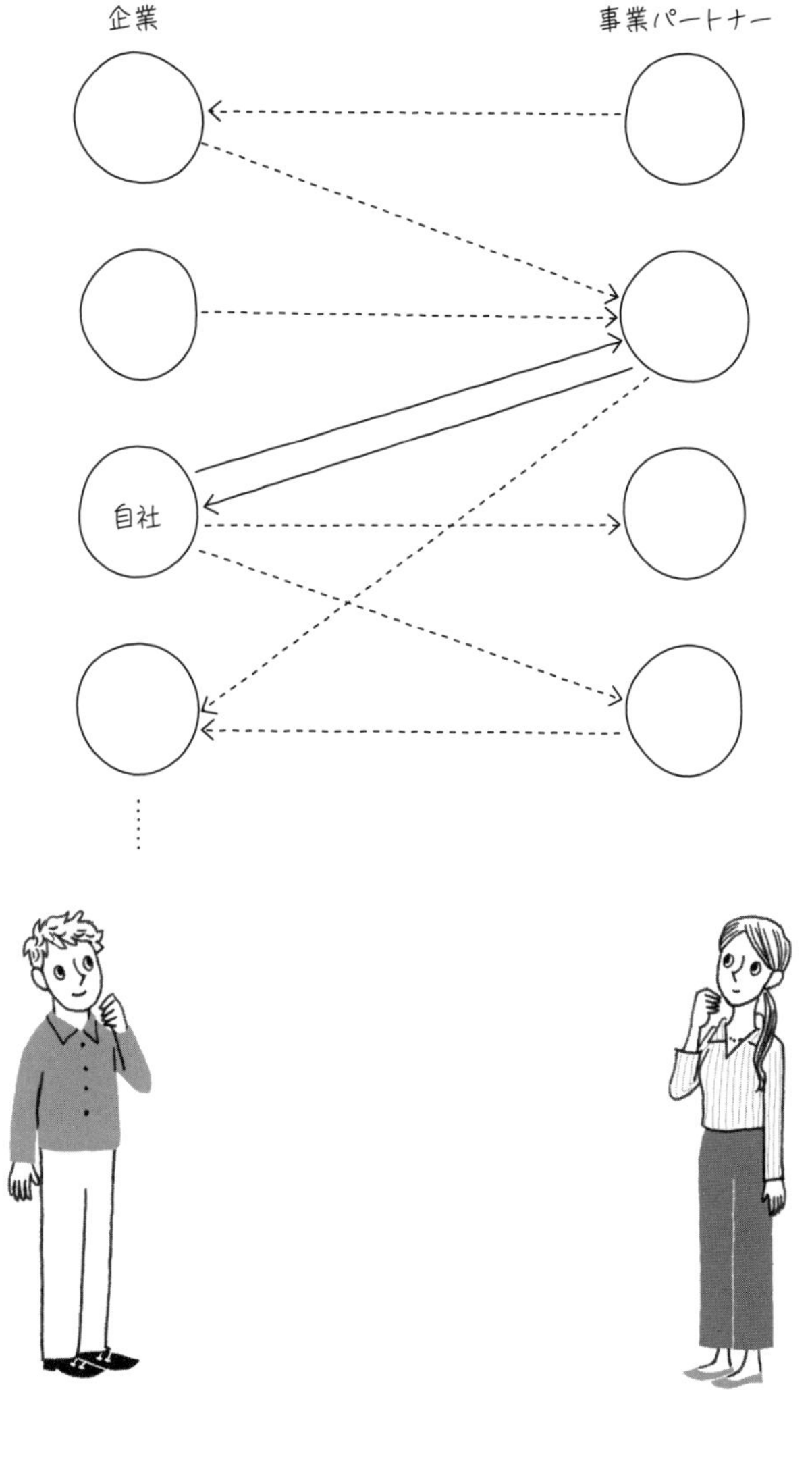

しかしながら、多くの日本企業は、その判断する能力を失いつつあります。なかなかお金にならない基礎的な研究が疎かにされ、既に長い時間がたってしまいました。また、オープン・イノベーションの旗印のもと、自前の研究開発力構築の意義が薄れたと誤解されるようになりました。

逆説的ですが、**オープン・イノベーション推進のためには、自社の研究開発力を高めるべき**だということです。研究開発から生まれる肌感覚が無ければ、誰と組むべきかを見極めることは叶いません。また、この研究開発力はブラックボックスの魅力的な候補にもなります。

2つ目は、相手にとって魅力的な自社ならではの強みを高めることです。相手にとって自分たちの持つ何かが魅力的でなければ、自社と組んでくれるメリットが相手には無いことになってしまいます。当然、組んでくれないでしょう。その何かは、顧客ベースでも、販売力でも、生産能力でもＯＫです。もちろん、関連分野における技術力でもＯＫです。

いずれの向きの矢印にとっても、自社の研究開発力を高めることには大きな効用があることを、ぜひ覚えておいてもらいたいものです。

COLUMN

研究開発投資はペイ・オフする？

私は大学に移ってからしばらくの間、「研究開発投資が利益率の向上につながるのか」をテーマに研究を行なっていました。

多くの場合、研究開発投資は、売上高に対する比率を1つの判断基準として決められます。短期的に見ると、売上高研究開発費比率を増やした分、同じ売上高を分母に持つ営業利益率は、直接的に低下してしまいます。明らかにマイナスインパクトです。それゆえ利益率を押し下げてしまう売上高研究開発費比率は、増えるどころか抑えられてきました。

そこで、長い時間軸（27年間）の中で、売上高研究開発費比率と営業利益率の関係を定量分析してみたのです。そこからの発見事実は興味深いものでした。

継続的に研究開発費比率を高めたほうが、営業利益率も向上するという結果でした（図4-6）。この傾向は、研究開発型産業においてより顕著でした。長い目で見ると、やはり研究開発費比率を上げたほうが、ダイレクトに相反するはずの営業利益率も向上していたのです。

図4-6　売上高研究開発費比率と営業利益率の関係

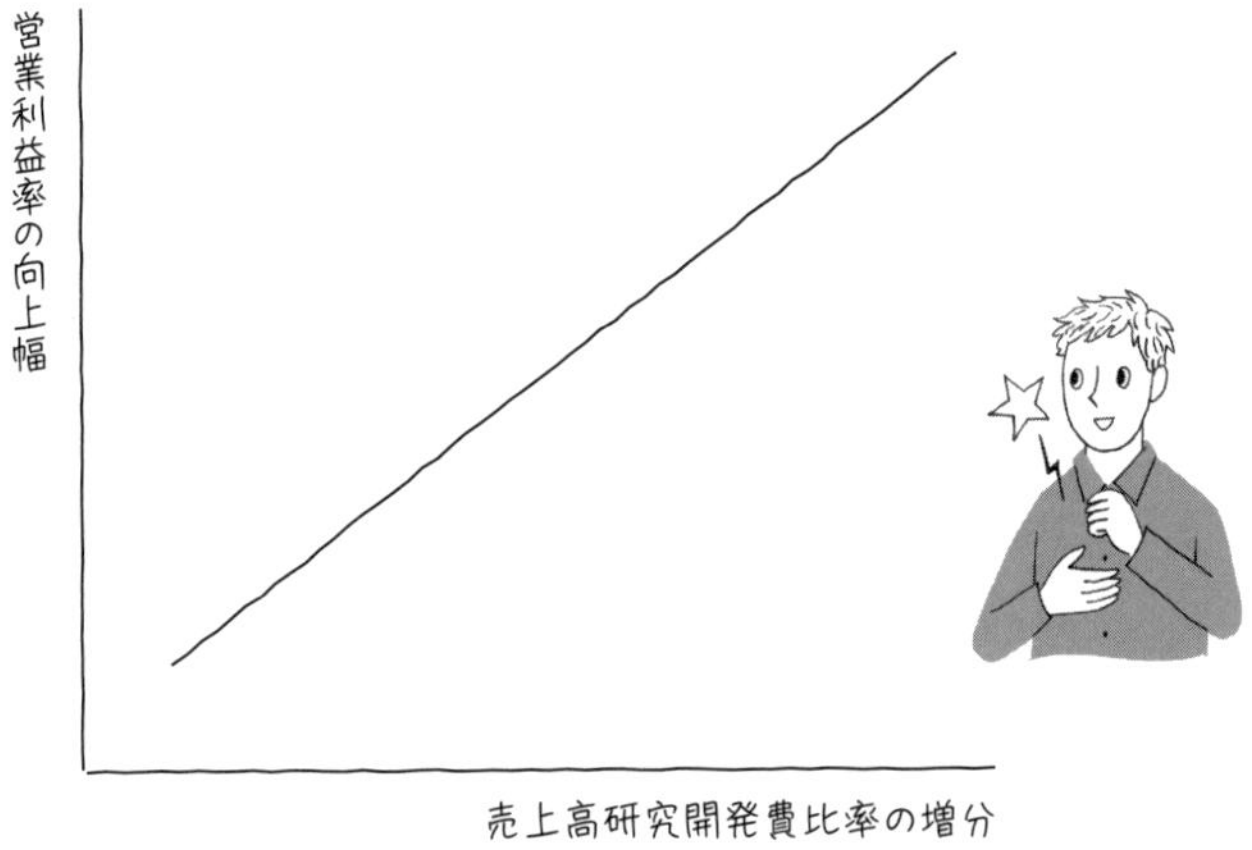

オープン・イノベーションが大事な世の中だからこそ、自社の研究開発能力を再考する必要性が大きいのだと思います。

2 研究開発を事業の成果に「田の字」で結びつける

研究開発を止める企業、続ける企業

どんな時代においても研究開発力は、企業の競争優位の根幹に大きく関連します。しかし多くの日本企業は、良い製品・技術を持っているのに、なかなか利益を上げることができていません。おのずと、利益を生まない研究、特に基礎研究は「やめてしまえ」という方針が生まれることも理解できなくはありません。

物理学者の山口栄一氏によると、日本の電機メーカーが最も盛んに学会発表をしていた時期は1990年代の半ばだそうです。その頃を境に、電機メーカーはどんどん基礎研究から離れていきました。

一方、米国のスリーエムや、日本のキーエンスのように、技術的な強みを活かしながら

事業を拡大している企業も存在します。彼らの成功をどう捉えればよいのでしょうか。

相反する視点がある場合、それらを組み合わせた「田の字」を描くことで、4つのセグメントで優劣を議論することができます。

「田の字」で考えるコア技術戦略

この場合のタテ軸とヨコ軸は、技術と事業でしょう。限られた資源の観点から技術領域を狭くカバーするか、広くカバーするか。市場機会の観点から事業領域を広くするか、狭くするか、といった2軸を考えると、田の字はちょうど図4-7のようになります。

左上のセグメント①は、R&D資源が分散し、事業領域が狭いので非効率です。環境変化に対しても脆弱になります。

右上の②は、技術・事業ともに広いので焦点がぼやけてしまい、競争優位を確立することが困難になることも想定できます。

左下の③は、ニッチ・トップの戦略です。事業領域が狭くても市場がグローバルに広がっていればグローバル・ニッチ・トップという魅力的な戦略ポジションを築く道も見えてきます。ただ、既に多角化している大企業にとっては、企業全体に適用することは難し

図4-7　田の字で戦略を考える①：コア技術戦略

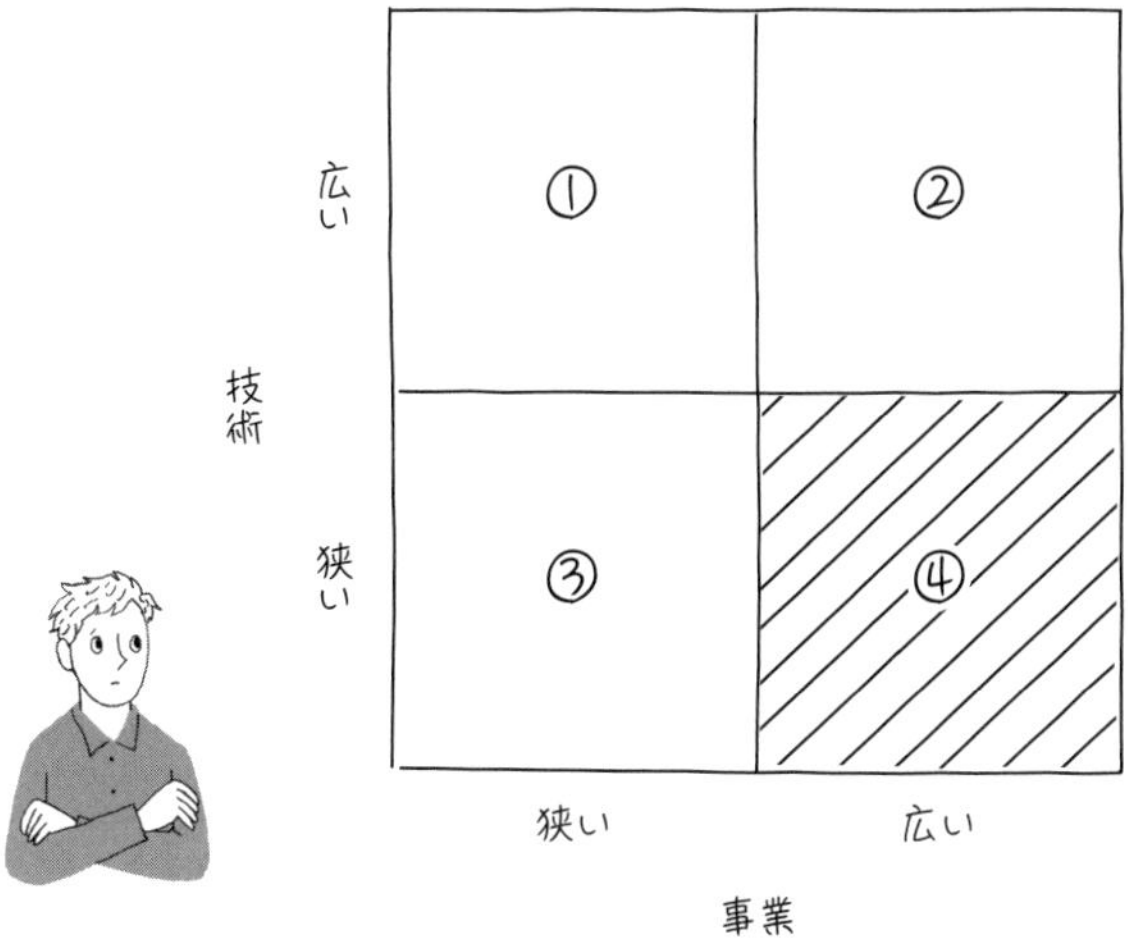

いでしょう。

こうやって考えると、残るは右下の④。この④は、R&D資源は特定のコア技術に集中しつつ強みを構築する。それと同時に、市場は分散してリスクを減らしながらも市場ポテンシャルを最大化するという選択肢になります。スリーエムも、キーエンスもこのコア技術を軸とした戦略を取っているはずです。

スリーエム ジャパンの会社案内を見ると、3Mテクノロジープラットフォームというものが出てきます（図4-8）。スリーエムの場合はこの51のコア技術が土台（プラットフォーム）になって、幅広い事業（6万種を超える製品）を支えています。新しい事業をつくる場合には、これらのコア技術の活用が求められ、また新しい事業を行なうことでコア技術

図4-8　3M テクノロジープラットフォーム

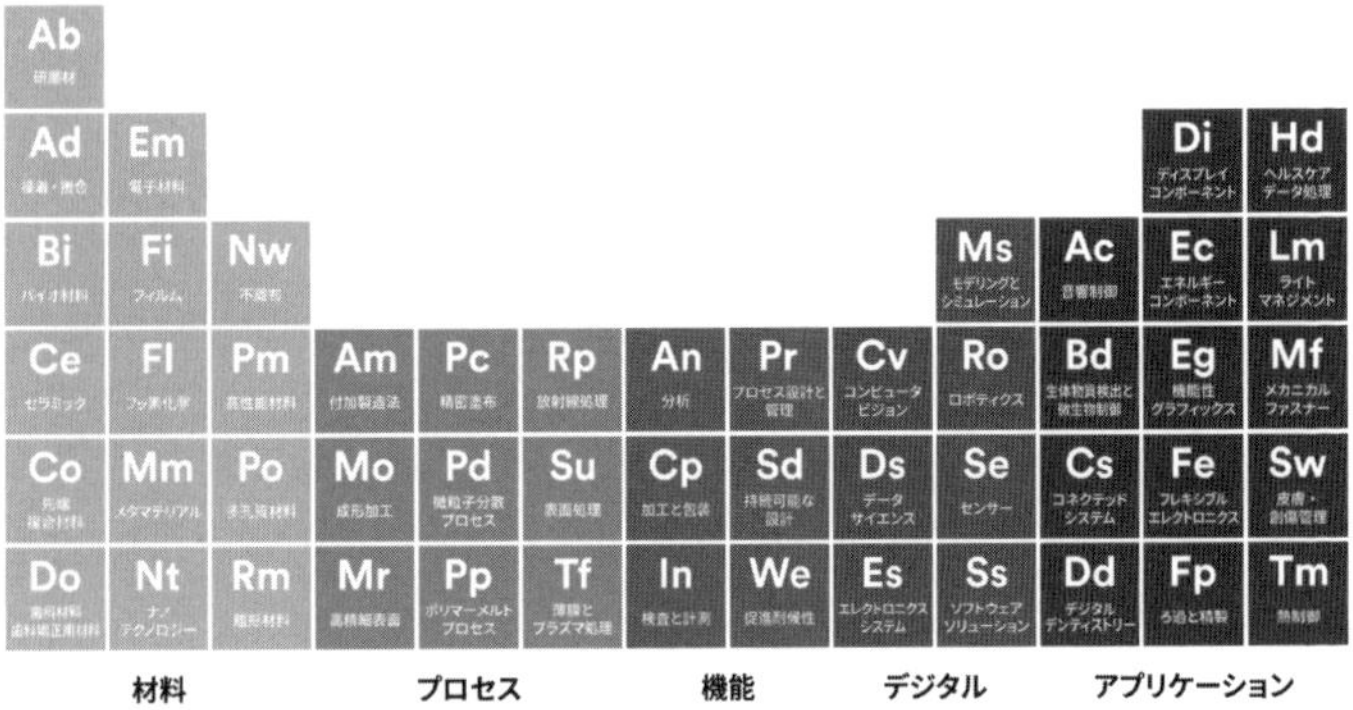

出所：スリーエム ジャパンHPより

図4-9　好循環メカニズム

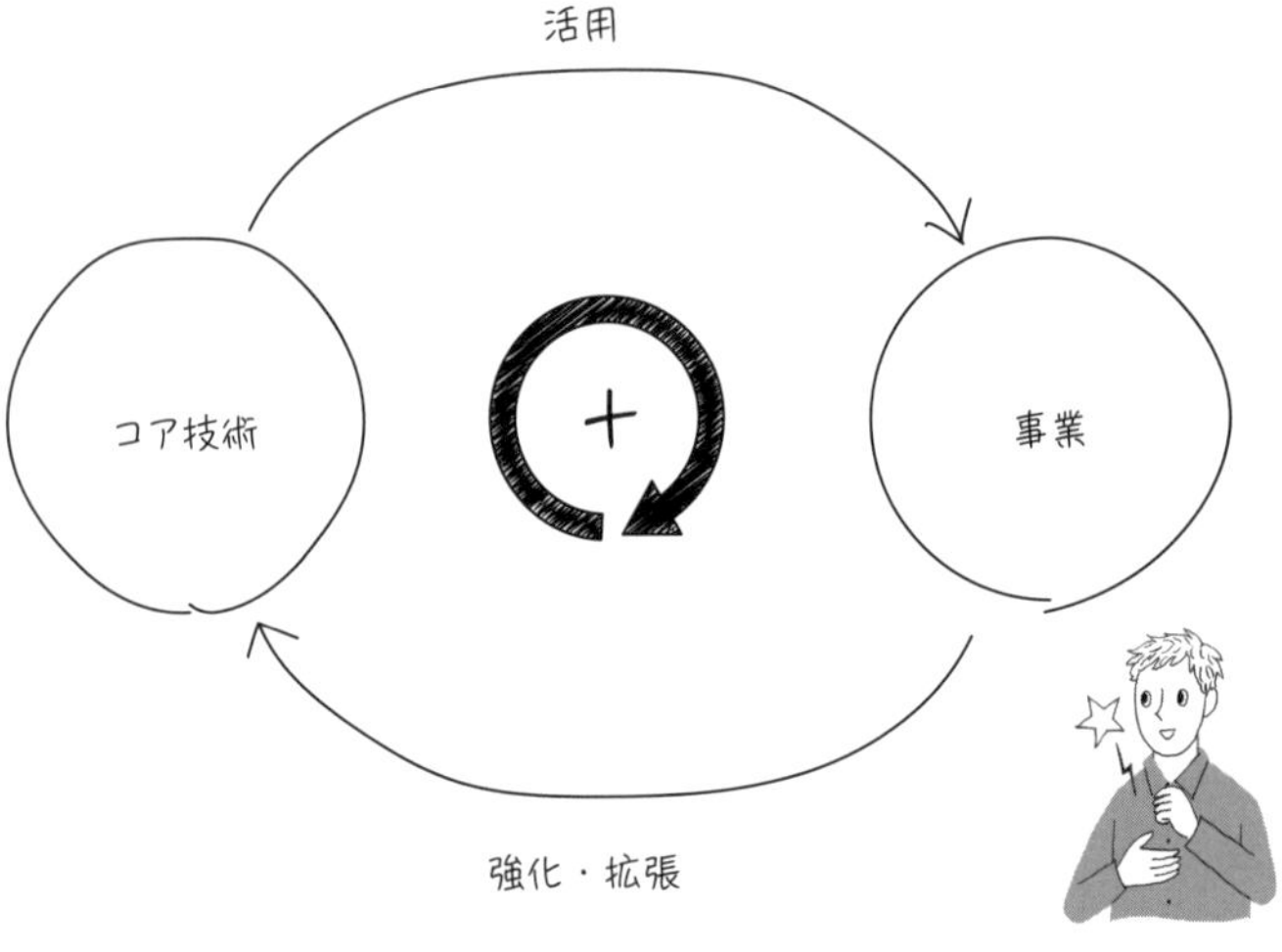

が鍛えられるという好循環が期待されているそうです。

皆さんの企業のコア技術を、周期律表の形でも、同心円でもマトリックスでも、体系化してみてはいかがでしょう。

このように、研究開発を事業成果と結びつけるためには、**自社のコア技術を体系化し、技術は集中・市場は分散させ、事業と技術の間の反復運動を行なうコア技術戦略が有効だ**ということが理解できます。ちなみに、このダイナミズムを、ループ図に描くと、発展のための好循環のメカニズムが明示的に理解できます（図4-9）。

R&Dポートフォリオマネジメント

コア技術を選定して育てていくということは、まさにR&Dのポートフォリオマネジメントそのものです。

ポートフォリオマネジメントは、よくタテ・ヨコの「田の字」の中で議論されますが、この場合は、どのようなタテ軸・ヨコ軸の上で議論されるべきでしょうか。

これまで何度か触れましたが、軸を何で定義するかは、「田の字」を使いこなす上での肝です。ここで、軸を考える際に役に立ちそうな発想を列挙しておきましょう。

図4-10　田の字で戦略を考える②：R&Dポートフォリオ

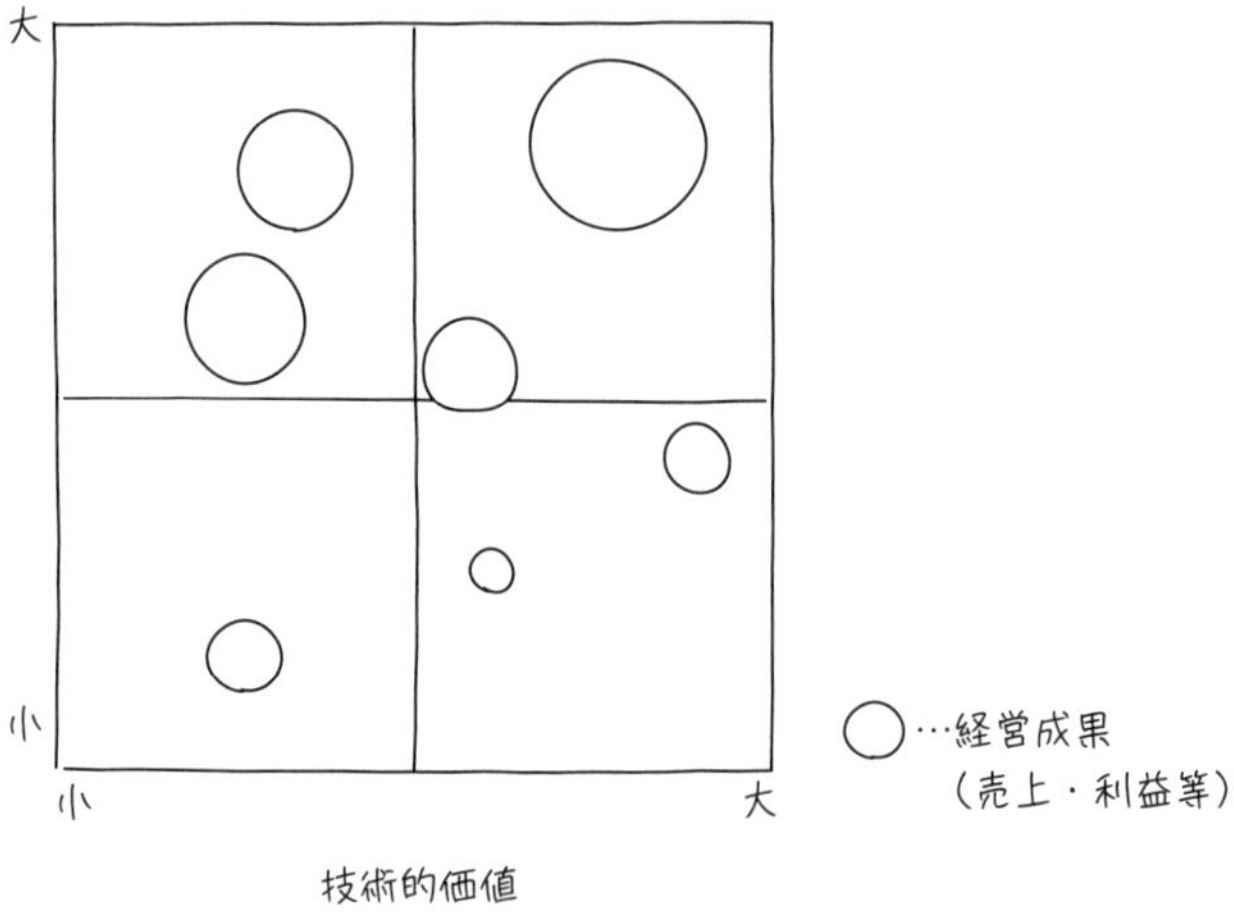

相対する概念

量と質、数量と単価、絶対値と比率、時間と空間、外と内、全体と部分、ハードとソフト、コンテンツとプロセス、アメとムチ、WhatとHow、など

ものごとの要素・属性

色と形、機能とデザイン、広さと高さ、幅と深さ、戦略とオペレーション、見た目と性格、強みと弱み、才能と努力、優しさと経済力、など

原因と結果

事前と事後、温度と電気抵抗、R&Dと成長、投資とリターン、努力と点数、コミュニ

ケーションと一体感、計画と実績、など

ポートフォリオのような優先順位を決めるための「田の字」は、「自分が強いか」「相手が魅力的か」のタテ軸・ヨコ軸が最も汎用的です。R&Dポートフォリオにこの原則を当てはめてみると、ヨコ軸は強みとしての「技術的価値の大きさ」、タテ軸は魅力度としての「事業的価値の大きさ」になり、田の字は図4–10のように表現できます。そして技術と事業の好循環が重要だとすると、大事なのは右上のセグメントでしょう。

「田の字」を分解して論理構造の全体図を広げる

ここではさらにそれぞれの軸の分解を試みてみたいと思います。「技術的価値」の大きさをさらに2軸に分解するとしたらどうなるでしょうか。たとえば、「自社技術力の強さ」×「実用可能性（リスク・スピード）」とかはどうでしょう。他社に対して優位に立てる領域であり、かつ、それを必要なタイミングで完成させることができるのであれば、技術的価値は大きくなります。いくら魅力的な技術領域でも10年も待つことが必要ならば、相対的な魅力度は低下してしまいます。

図4-11　田の字で戦略を考える③

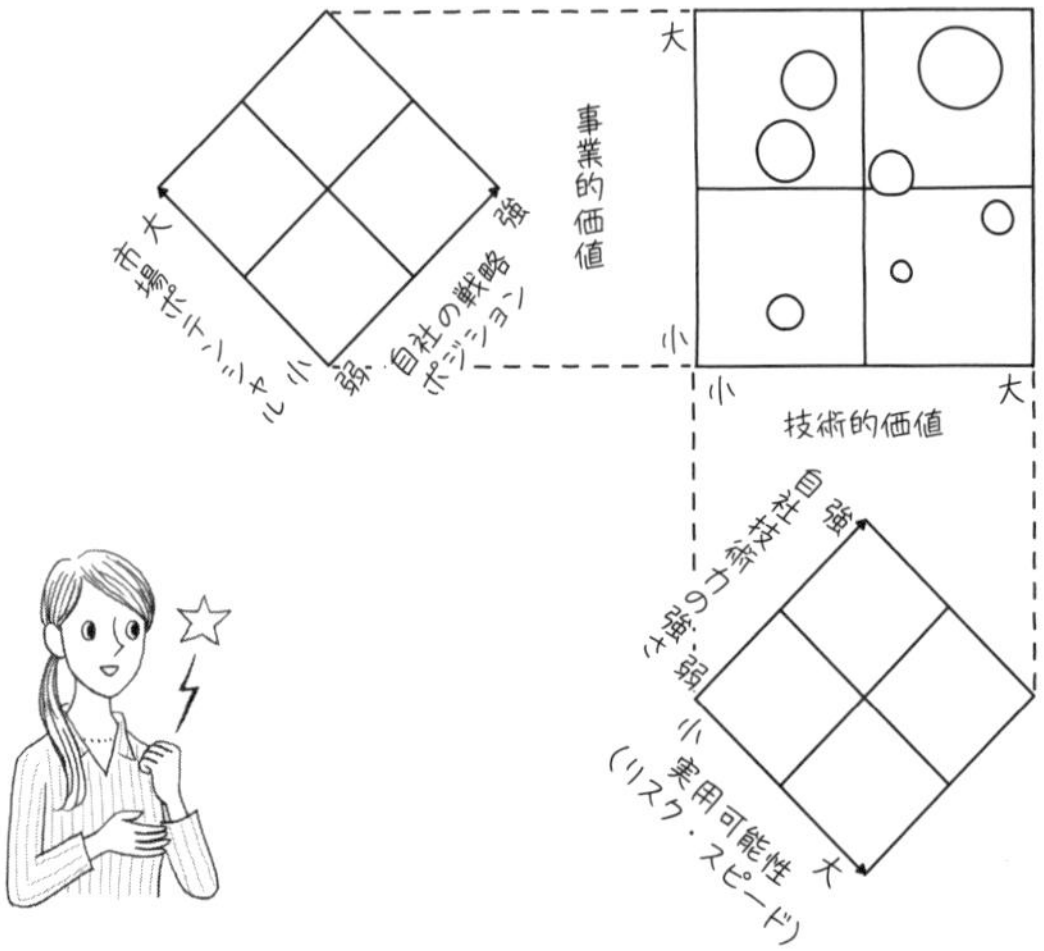

「事業的価値」はどうでしょうか。たとえば、「市場のポテンシャルの大きさ」×「自社の戦略ポジションの強さ」とかに分解できます。このように**田の字の軸をさらに分解すると、「2段階田の字」とも呼べる図になり、論理構造の全体像を広げることも可能**です（図4-11）。

研究開発活動は、不確実性と収益性のバランスを取ることが求められる、非常に高度なマネジメント領域です。自社を取り巻く業界の動向と技術動向を踏まえ、研究開発の領域のみならず、その評価軸そのものの試行錯誤を繰り返すべきだと思います。

3

知識創造の活性化を「SECIモデル」で考える

形式知、暗黙知を共有するには？

スリーエムでは、カスタマーテクニカルセンター（CTC）というところで、スリーエムの技術者と顧客が時間的・空間的に同じ「場」を共有し、同社のコア技術を顧客の問題解決にどう活かすかを議論しているそうです。

CTCでは、テクノロジープラットフォーム（図4-8の周期律表に似たもの）の上で、共通認識を醸成し、言葉で伝えにくいニュアンスを理解し、問題解決に向けた各技術の意味合いを探ります。ですからこのCTCは、問題解決の場であり、かつ、知識創造の場であると言えます。そしてこのような「場」で共有されるものは、形式知を超えた暗黙知的なものも含まれます。

R&Dにおいては、形式知だけでなく暗黙知についても、いかに社内で集約して生かすかが問われます。ここからは、社内の形式知・暗黙知を有効活用するための方法を、図を使って考えてみましょう。

野中郁次郎の「SECI」モデル

形式知・暗黙知というと、真っ先に思い出されるのは野中郁次郎氏[*1]のSECI（セキ）モデルでしょう（図4-12）。このSECIモデルは、非常に示唆に富む重要な「田の字」です。その主張するところの概要は以下の通りです。

最初、知識は、誰かの頭の中にある暗黙的なものであり、暗黙的に共有されます（S：Socialization、共同化）。やがて、それらが形式知化されて広く伝播し、価値の拡大再生産に役立つようになります（E：Externalization、表出化）。そして形式知化された知識が融合され、知識の再編纂や新しい知の獲得が起こります（C：Combination、連結化）。さらに、それら形式知の実践の中で、新たな暗黙知が創造されていく（I：Internalization、内面化）。これがSECIモデルが示す循環のプロセスです。

私は、このSECIモデルの「田の字」を、あえて対角線で区切った2つの三角形とし

図4-12　SECIモデル

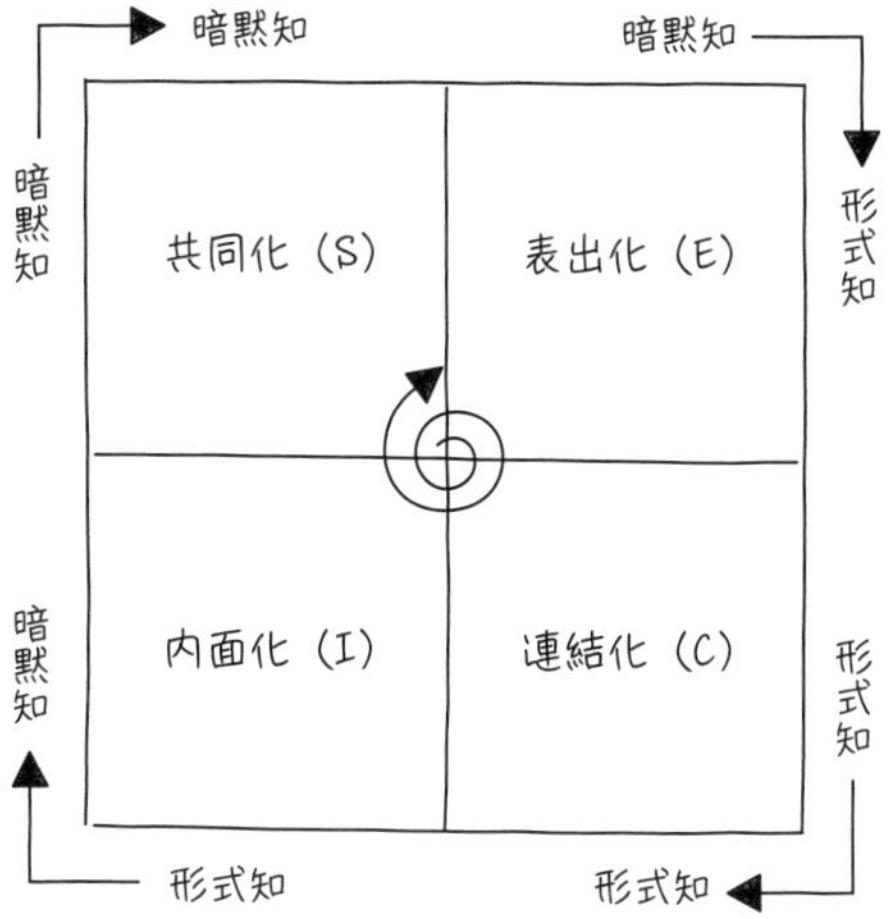

て捉えています。**図に「補助線」を引くことは時に新たな気付きをもたらしてくれる**からです。

補助線を引くと左上半分が暗黙知、右下半分が形式知になります。左上はヒューマン・ファクター、右下がサイエンスとも言えます（図4-13）。こうやって考えると、新しい知識創造の本質は、形式知と暗黙知の往復運動にこそあると言えるのではないでしょうか。

ただこの往復運動が、R&D部門の中だけに留まっていては意味がありません。自社の有するコア技術を使って顧客課題や社会課題を解決するためには、この知識創造モデルが、顧客、事業、R&Dといった各階層を超

＊1　野中郁次郎：日本の経営学者。一橋大学名誉教授。知識経営の生みの親。

図4-13　形式知と暗黙知①

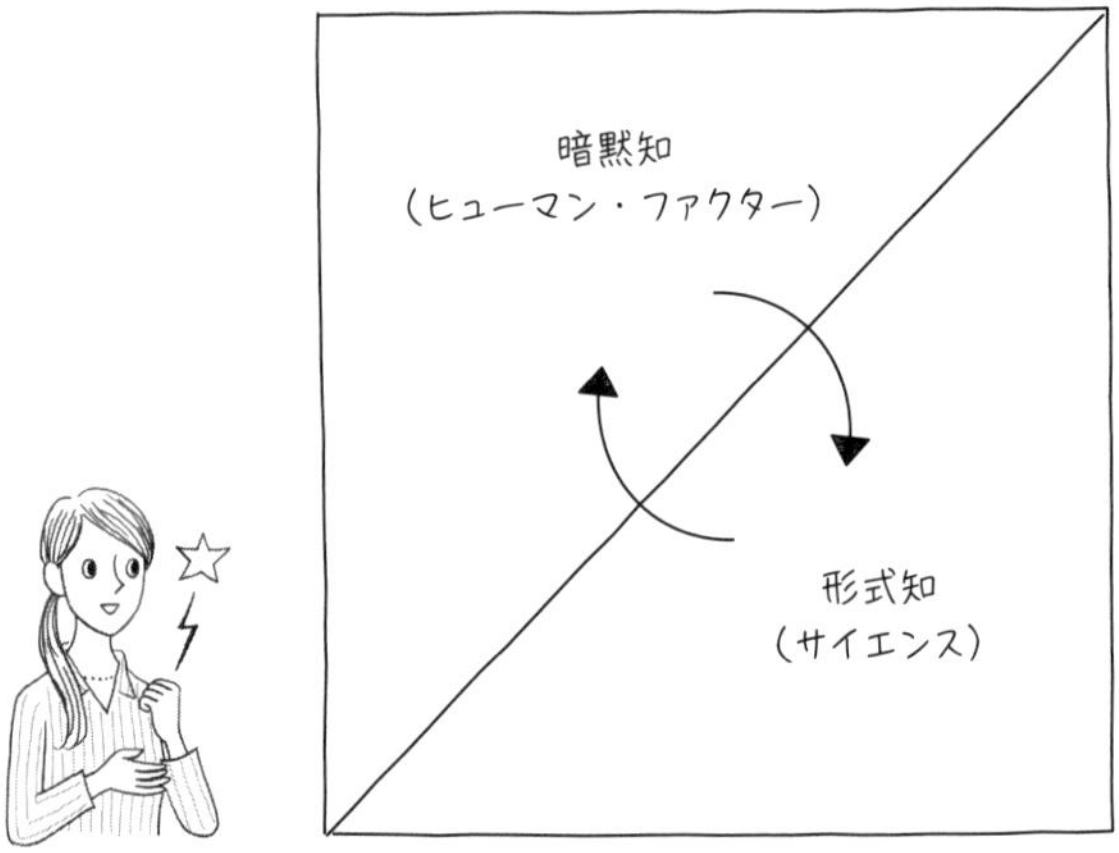

えてつながらなければなりません。スリーエムのＣＴＣのように、顧客層・事業層・Ｒ＆Ｄ層の間で、暗黙的な知識や認識が共有されることが大事だと思います（図4-14）。つまり、顧客の問題と企業の技術が「形式」だけではなく、「暗黙的」に本当にどれだけ近づけるのか、これが価値創造の出発点です。

技術者こそ「越境」すべし

そう、形式知と暗黙知の問題は、事業と技術との距離がどれだけ近いかの問題なのです。

技術者と営業担当との距離、技術者と顧客との距離、経営者と技術者との距離の問題で

図4-14　形式知と暗黙知②

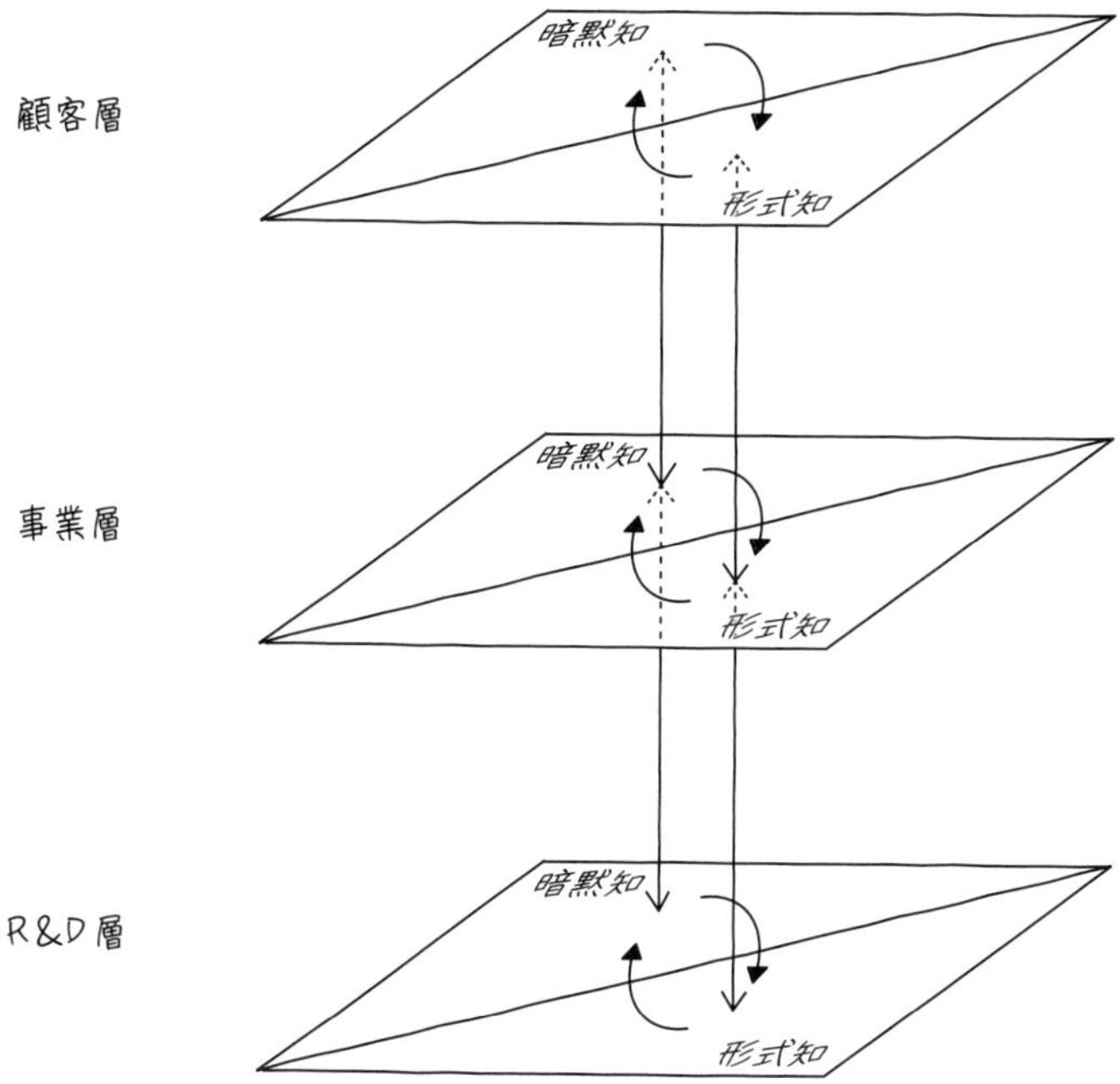

す。顧客・事業・技術の距離を縮めるための最も手っ取り早い方法は、一緒にいる「場」を設け、相互作用の密度を上げ、暗黙知を共有することです。こと経営者と技術者の距離については、前述の山口氏が興味深い指摘をしています。

山口氏は、日本企業において技術の事業への転換が進まないのは、経営者と技術者の間で共有される暗黙知が薄まってしまったからだと主張します。技術と事業の根底に流れる共通認識が無いから、ダイナミックに「技術→事業」が展開しないのだと言うのです。まさに、技術者と経営者が、お互いの言葉をお互いに理解できない状況だと言えます。

事業と技術の距離を縮め、正しい方向に向かうためには、どんな打ち手があるのでしょうか。

そこで、「どんな知識を（What）」「どんな形で（How）」共有するかの田の字を描いてみます（図4-15）。現実的にあり得るのは右上と左下ですが、形式知だけに頼ると、経営者の意思決定が技術理解に基づかない表層的なものになってしまいます（右上）。取り戻すべきは左下です。

解決策は2つしかありません。1つ目は、経営者が自社の技術優位を肌感覚で理解することです。技術者と密なコミュニケーションを積極的に行ない、生産・技術現場を生で見

図4-15　形式知と暗黙知③

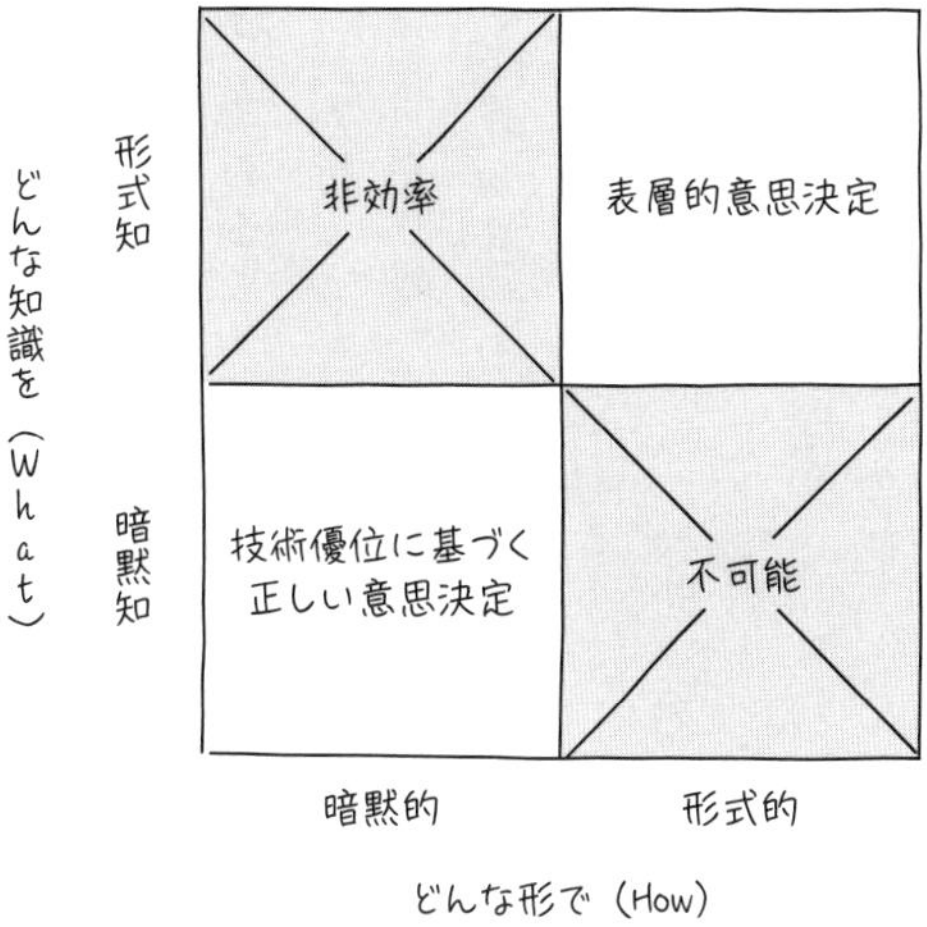

聞きし、言葉では表しにくいものの理解を促進することです。

2つ目は、技術者のほうから事業サイドにどんどん出て行くことです。技術者だからといって科学技術の領域だけに留まっていてはいけないということです。

私がコンサルタントだった頃、ある大企業の技術者育成のためのプロジェクトを行なったことがありました。まず技術者のキャリアパスを分析したのですが、技術者が事業サイドにローテーションすることは皆無で、完全にタコ壺化していました。ほんの数名が50代以降、はじめて経営層に加わるのがほぼ唯一の技術と事業の人的交流でした。その人たちが本当に事業を理解できるかというと、疑わしいと言わざるを得ません。トゥー・レイト

(too late)です。当然、事業と技術の分断が解消するはずもなく、「技術→事業」のパスがうまくいくはずもありません。

最近、越境学習という言葉が流行っていますが、技術の暗黙知と形式知を認識し、これを事業に活かすためには、技術者に若いうちからある程度の事業経験を積ませるべきでしょう。技術から10年離れると取り残されるでしょうから、途中1年でも2年でも事業経験を積めるような柔軟なキャリアパスが望ましいと言えます。

私が行なったそのプロジェクトでは、そんな人事施策の立案と実行を支援しました。技術者こそ事業サイドへと越境し、自らの技術の事業価値を理解し、技術と事業のギャップを埋める努力をすべきということです。

この2つの方向の行き来と、そこから生じるコンフリクトを通して、組織全体での技術の暗黙的理解を進めるべきです。そうしなければ、事業も技術も先には進めません。

COLUMN

3という魅力的な数字

本章では「田の字」のSECIモデルに、あえて補助線を引いて「三角形」にして議論しました。どうやら私は、「3」という数字に、そこはかとなく魅力を感じているようです（昔から……）。

決して、パチンコの確変の大当たりだからとか、昔からラッキーナンバーと言われているから、といった意味ではありません。3という数字の持つ、微妙な不安定感と、そこから生じる不思議な躍動感に魅力を感じるのです。幾つか例を挙げたいと思います。

三体問題

物体が3つあって、それらがお互いに重力相互作用をしている時、それら3つの物体の軌道の一般解を解析的に求めることはできない、というものです。

重力は距離の2乗に反比例するという万有引力の法則はみんな知っていると思います。非常にシンプルな方程式です。それなのに、物が3つ集まると、厳密に解くことができなくなるのです。
不思議だと思いませんか。

周期3はカオスを意味する

「リー・ヨークの定理」という論文があります。たとえば、生物の個体数の時間的変化は、ある1点に収束したり、2つの値や4つの値の間を振動したりするのですが（それぞれ周期2、周期4）、そこに周期3が入り込んでくると、すべての周期の値を含んだり、いかなる周期も含まなかったりするという、わけのわからない特徴を備えた「カオス」が出現するそうです。

シンプルな決定論的方程式なのにもかかわらず、非周期的な振る舞いをするカオスにおいて、「3」という数字は大きな意味を持つそうです。

三相交流

家庭で使っている電気は単相交流なので聞きなれないと思うのですが、三相交流は、発電機のコイルを3つ、120度ずつずらして配置することで作られる電気です（図4-16）。

この三相交流はどの時点をとっても、3つの電流の合計値がゼロになるという特徴があ

図4-16　三相交流

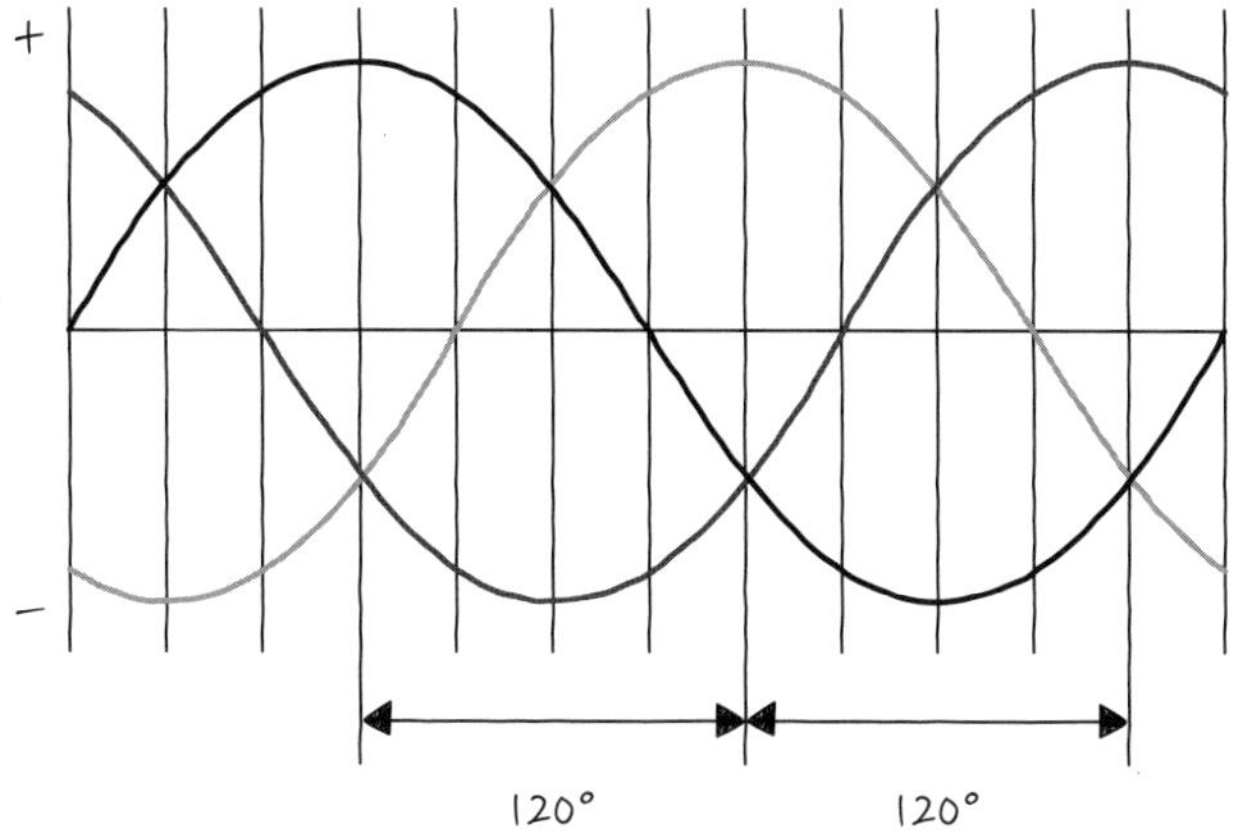

り、単相交流に比べ送電能力が高く、モーターを回転させるのに本来的にとても適しているのです。

空飛ぶ円盤

私が小中学生の頃は、UFOブームの真っ只中にありました。当時最も有名な空飛ぶ円盤はアダムスキー型でした。

ジョージ・アダムスキーが撮影したとされるその円盤の底面には3つの丸い構造物がありました（図4-17）。子供心に、「何か深淵な秘密があるのでは？」と心躍らせたものです（今は、捏造との烙印を押されていますが）。ちなみに、『バック・トゥ・ザ・フューチャー』に登場するデロリアン型のタイムマシーンには、Y字型の3本の光るチューブが心臓部

図4-17　アダムスキー型UFO

出所：(c)VICTOR HABBICK VISIONS/SCIENCE PHOTO LIBRARY/amanaimages

となっている次元転移装置が登場していました。

ピラミッドの側面も三角形だし、ダビデの星も三角形を2つ組み合わせた形だし、ドロドロの愛憎劇を引き起こすのも三角関係。3C（Company、Customer、Competitor）も三角形……。気取ったコンサルタントがよく言うセリフも「大事なことは3つ！」。

SECIモデルも、ついつい三角形で見てしまうのは、不安定性とダイナミズムを併せ持った「3」という数字に私が魅せられているからかもしれません。

CHAPTER

5

図で考える イノベーション

新しい事業や新しい商品、サービスなど、企業はいつもイノベーションを求めています。ではイノベーションはどうやって起こせばいいのでしょうか。決して天才だけになせる業ではありません。誰でも図を描くことでイノベーションを起こすことができます。

1

【2軸を使ったアイデア創出】

イノベーションの着想は「マトリックス」から手に入れる

イノベーションと、発明・発見の違い

ここからは、図を描くことでイノベーションを生み出すアプローチをご紹介していきます。その前に、そもそも「イノベーションとは何か？」ということを押さえておきましょう。

イノベーションは「発明」とも「発見」とも異なります。発明は、新しい何かを作りだすことであり、発見とは、現象の何か新しい説明の仕方を見つけることです。イノベーションは、そのいずれとも異なり、**経済的成果を伴う革新を指します。経済的なメリットがもたらされてはじめてイノベーションと言える**のです。

もちろん、イノベーションの根幹には科学技術の発展が大きく関わっています。

たとえば、アインシュタインの相対性理論が無ければ、原子力エネルギーを活用することはできませんでした。熱力学の理論が無ければ、エアコンだって作れませんでした（今、エアコン無しの生活は想像がつきません）。あるいは量子力学の進歩が無ければ、未だにＬＥＤではなく、発熱電球を使っていたでしょうし、ＰＣもスマホも無かったはずです。

そして重要なのは、このような「大きな」イノベーションだけではありません。世の中にはもっと多くの、「小さな」イノベーションに溢れています。

新結合からイノベーションが生まれる

かつて経済学者のシュンペーター[＊1]は「既存の何かの組み合わせ〈新結合〉によってイノベーションはもたらされる」と指摘しました。

先ほど例に挙げた「スマホ」も、量子力学が無ければ実現しなかったのは確かですが、最初にスマホを作ったスティーブ・ジョブズは量子力学の専門家ではありませんでした。ジョブズは、その時利用可能な技術を組み合わせ、iPhoneを作っています。そのスマホ

＊1　シュンペーター：オーストリアの経済学者。イノベーション理論の先駆的研究で知られている。

も、その後、様々なもの、たとえば、カメラ、電卓、手帳……などが〈新結合〉してゆくことによって、どんどん進化していきました。

そうやって見渡してみると、様々な身の回りの新製品が〈新結合〉によって生み出されていることがわかります。

リンス・イン・シャンプー（リンス×シャンプー）
ゴルフクラブのユーティリティー（アイアン×ウッド）
プリクラ（写真×エンターテインメント）
複合機（コピー×プリンター）
オンラインゲーム（ゲーム×インターネット）

イノベーションとは無から有を生み出すのではなく、今あるものを組み合わせることによって実現できると考えると気が楽になりませんか？　そして、**今あるものの組み合わせを、右脳的・直感的に考える際にはマトリックスを描くことが効果的なアプローチです。**

たとえば、「写すもの」「映すもの」の2軸のマトリックスでアイデア出しをしてみましょう（図5－1）。いろんなアイデアが出てこないでしょうか（既にあるものや、検討されて

図5−1　2軸のマトリックスでアイデアを出す

写すもの＼映すもの	壁	ドア	画面	ゴーグル
外側	家の外を壁に映して壁が消える家	ドアの外をドアの内側に写してのぞき穴のないドア		
対象物（人、モノなど）			セキュリティーカメラシステム 農作物の管理	患者を映して遠隔手術 食材を映して遠隔料理
風景	壁にハワイの景色を映して南国気分		絵画の替わりの調度品	
仮想現実	家全体がゲーム空間			デジタル工場で事前に訓練

いるものもありますね）。

何か新しい製品やサービスを捻り出したい時、あるいは、何か新しいアイデアを捻り出したい時などは、異なる2軸のマトリックスを描いて、睨んでみることをお勧めします。

イノベーションは連続の中から生まれる

新しい技術や製品の普及のダイナミクスは、よく「S字カーブ」で表されます（図5−2）。最初、新しい技術や製品には様々な改良が加わり、どんどん良くなっていきますが、やがて限界に近づき落ち着き始めます。そしてどこかのタイミングでそれを代替する技術や製品が緩やかに立ち上がり始めます。ただ、既存の技術・製品のほ

図5−2　S字カーブ

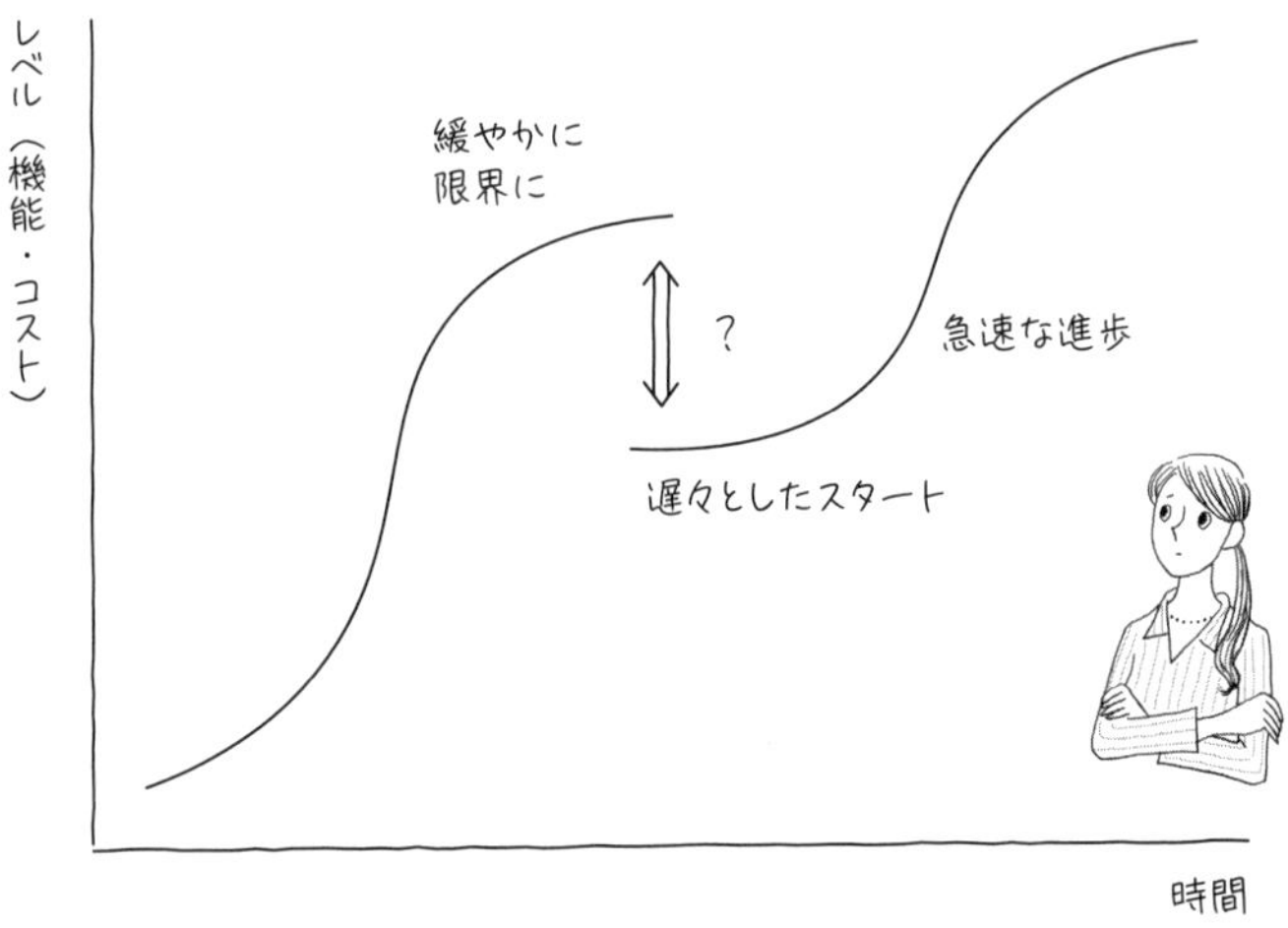

うが熟成していて完成度が高いので、なかなか代替は進みません。しかしやがて新技術・新製品が進化してくると、旧技術・旧製品を代替することになります。これがS字カーブの入れ替わりによるイノベーションの歴史になります。

図5−2を見ると、どうしても旧S字と新S字の間のギャップの非連続性に目がいきがちです。そこには何か大きな分断が存在していそうです。ただ、新S字がまったく関係無い世界から突然降って湧いてくるわけではありません。「ギャップ」という余白こそ、そこに何があるのかと考える絶好の場所です。そこから新たな気付きも得られます。

新旧S字の間の非連続なギャップに着目し、それらの間に何らかの関係性は無いかと疑って見ると、意外にもそこでの連続性に思い当たります。幾つかの事例を挙げてみましょう。

たとえばEVの覇者テスラは、もともとはマーティン・エバーハードとマーク・ターペニングという電気工学やソフトウェアエンジニアリングの専門家が創業しました。当然、EVは、電気・ソフトウェア技術の上に存在しています。

あるいは、ウォルマートを築いたサム・ウォルトンは、若かりし頃、J・C・ペニーという米国の百貨店チェーンに勤めていた経験がありました。ライト兄弟が作った飛行機も、その部品の多くは自転車部品からの援用です。自動車にも多くの馬車の技術が使われていました。

これらの事例から言えることは、誰かが、何かを引き継ぎながら次のS字をつくるということです。このように線と線をつなごうとする中で、論理のつながり（連続性）が見えてくることもあるはずです。

誰がイノベーションを起こすのか？

この連続性は、実はもっと大きな示唆を与えてくれます。それは「誰がイノベーション

図5-3　誰がイノベーションを起こすのか？

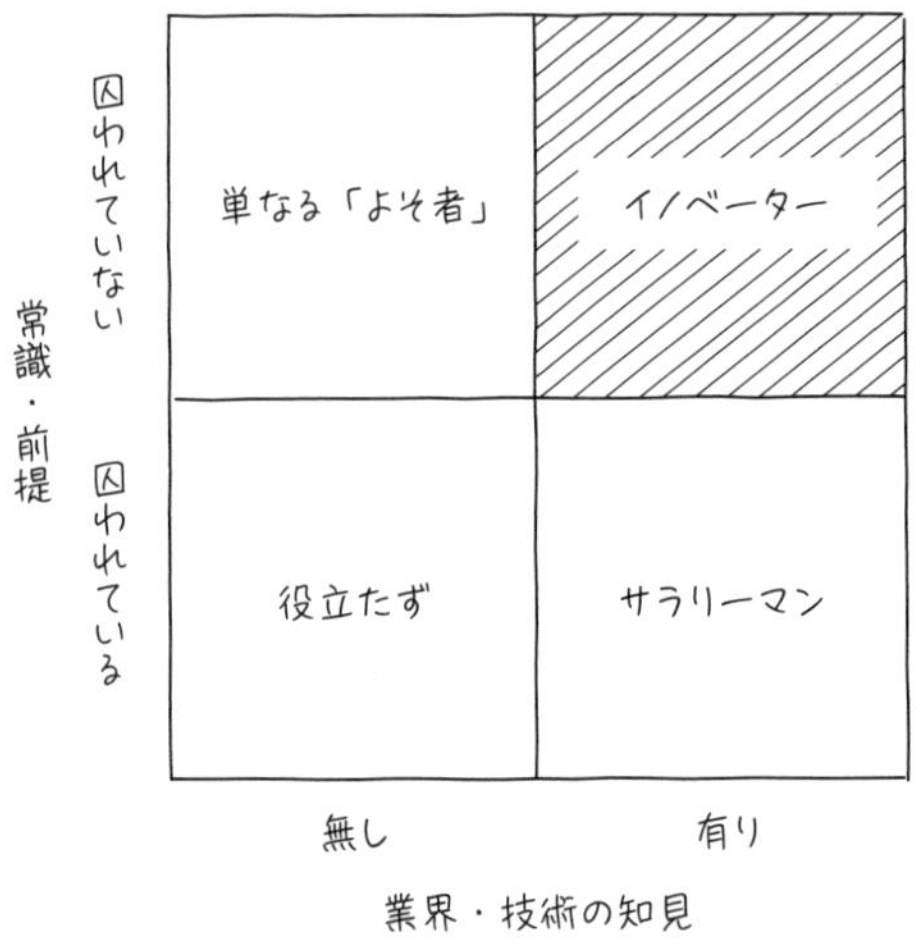

を起こすのか？」です。「田の字」で考えて見ましょう。

まず1つ目の軸は、先ほどの連続性を考慮して、その業界あるいは技術についての知見を持っているか否か。もう1つの軸は、逆にイノベーションの阻害要因とも言えそうな、その業界や技術の常識に囚われているか否かです（図5-3）。

4象限に分類される中で、おそらく最もイノベーションの成功確率が高い人材は、その業界・技術について知見がありつつも、常識に囚われない発想ができる人でしょう。まさに、イノベーターです。

それ以外のセグメントにも、その属性を踏まえて、「役立たず」「よそ者」「サラリーマン」と名前を付けてみましたが、なかなかイノベーションを望めそうもありません。もちろん、時として「よそ者」は、まったく新しい視点でイノベーションを起こすことも考えられますが、ハイリスク・ハイリターンです。

整理すると、**その業界・技術についてよく知っている人が、その業界の常識から抜け出ることがイノベーションの最も近道**だと言えるのです。シュンペーターは、次のようにも述べています。

「郵便馬車をいくらつなげても、それによって鉄道を得ることはできない」

イノベーションとは、内生的な変化でありながら、「循環」からは理解できないような非連続な変化です。馬車と鉄道はまったく異質なものでありながら、新旧の間に連続する部分もあるのです。

「連続」の中にも「非連続」があり、「非連続」の中にも「連続」がある。これがイノベーションを捉える際に持つべきスタンスなのだと思います。

もしそうだとすると、新しいアイデアを創出する際には、今あるものから何かを残し、何かを止めて、何かを加えたりするのも有効なはずです。であれば、それを図にすれば発想が刺激されるはずですね。

アクション・マトリックス

これはまさにブルーオーシャン戦略で主張されていることです。2×2のマトリックスである田の字で描かれた有名なアクション・マトリックスというものがあるので紹介しておきます（図5-4）。図5-4の「田の字」がまさに、W・チャン・キムとレネ・モボルニュが書いた『ブルー・オーシャン戦略』の中でも紹介されていたものです。

たとえばQBハウスでは、理髪店の本質的な価値である「髪が短くなること」にフォーカスし、シャンプーやドライヤーを無くしました。その代わり、1人当たりの所要時間を減らして、対応できる顧客の数を増やしました。また、エアウオッシャーや発券機を付け加えて、顧客の利便性と、作業効率を向上させました。

そうやって、古い理髪店業界に新しいイノベーションをもたらしたのです。

図5-4　アクション・マトリックス

出所：W・チャン・キム、レネ・モボルニュ『［新版］ブルー・オーシャン戦略』入山章栄監訳、有賀裕子訳、ダイヤモンド社、2005年

これらの工夫をぜひアクション・マトリックスの中に書き込んでみてください。QBハウスのイノベーションが、この4つの視点で表現されていることに気付くはずです。

もし今、皆さんが新しいアイデア創出に行き詰まっているのならば、マトリックスを白い紙の上に描いてみて、右脳を刺激してみてください。

2

【視野を拡張してアイデアを創出する】イノベーションのアイデアは「同心円」で考える

革命は「辺境」で起こる

先ほど「誰がイノベーションを起こすのか」についてご紹介しました。次は、「どこでイノベーションが生まれるのか」について見ていくことにしましょう。

既存企業が、「現在の」「メインの」「大事な」「収益性の高い」顧客の期待に応えて既存事業へのフォーカスを高めるあまり、新しく立ち上がる市場を軽視し、いずれ既存事業も失ってしまうことが多々あります。クレイトン・クリステンセン[*2]の「イノベーションのジレンマ」です。

そうしたジレンマに対する処方箋があります。それは、物理的にも文化的にも主流から離れたところで新しい事業を立ち上げるというものです。つまり、**イノベーションが起き**

図5-5　イノベーションは辺境で起こる①

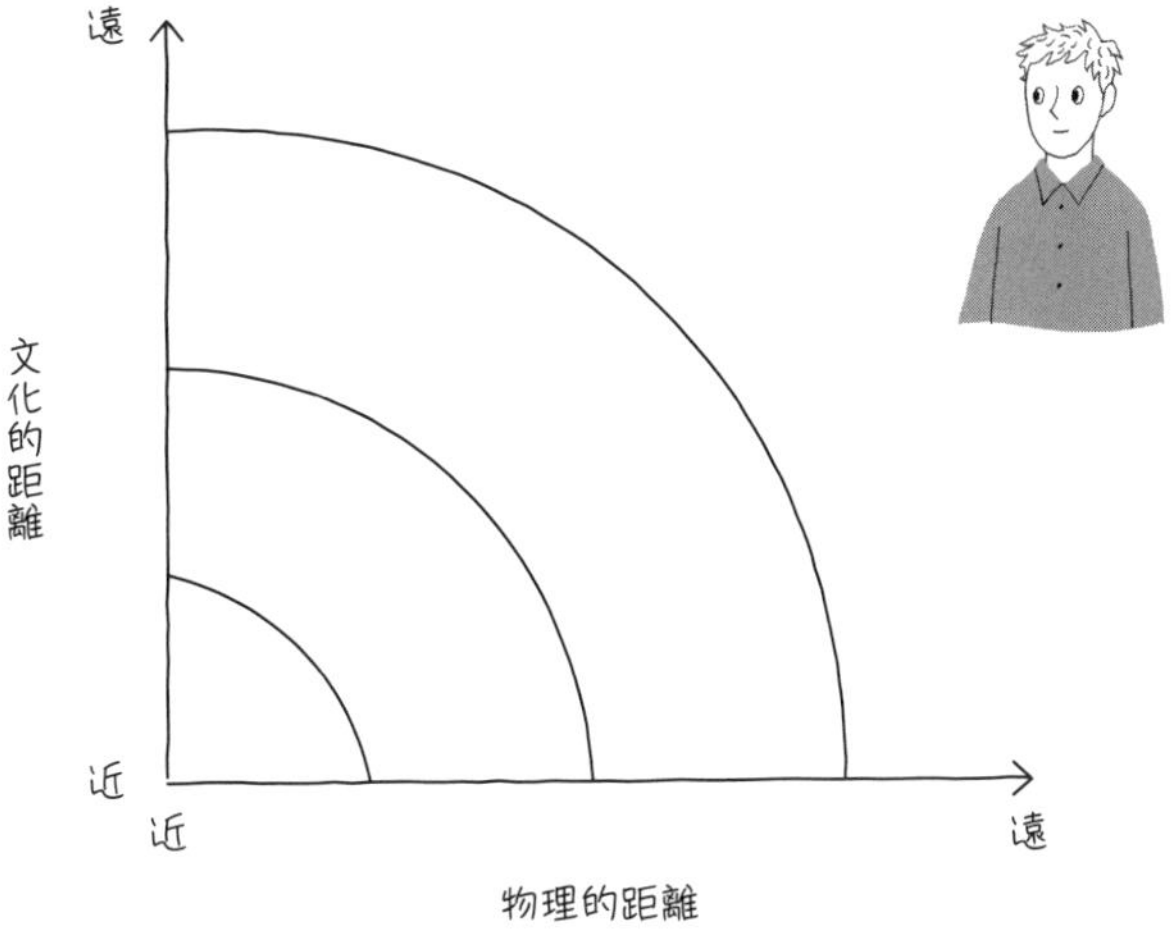

る最適な場所は「辺境」なのです。

この「辺境」は単に物理的な距離のみを意味しません。文化的な距離も想定されます。そこで物理的距離と文化的距離を2軸にとって、図5-5のような同心円の図の中を描いてみます。**強制的に同心円を描くと、嫌でも視野を広げざるを得なくなる**ので、その図の中に、誰でも知っている身近な例を書き込んでいってみましょう。

たとえば「明治維新」。起こったのは、江戸から遠く離れた薩長土肥の地であり、そこは幕府の考え方や体制からも遠く離れたところでした。

＊2　クレイトン・クリステンセン：米国の経営学者。企業におけるイノベーション研究の第一人者。

あるいは「産業革命」。起こったのは欧州大陸の中心から離れた島国のイギリスでした。絢爛豪華なお城を作って競っていたフランスやドイツの国々とは、文化的背景も大きく異なっている地です。

もうほとんど見ることはなくなりましたが、「VHSのビデオカセット」もそうですね。かつてはVHS・ベータ戦争とも呼ばれた競争がありました。パナソニック陣営（VHS）とソニー陣営（ベータ）のデファクトスタンダードをめぐる戦いがあったのです。結果的にVHS陣営が勝ったのですが、このVHSが開発されたのは、パナソニックの子会社だった日本ビクター（現、JVCケンウッド）でした。そして、創り出したのは、リストラされそうだったエンジニアたちでした。

写真×エンターテインメントの「プリクラ」もそうでしょう。プリクラを開発した女性は、元々の勤務先はリクルートでした。たまたま営業のために訪問したアトラスの社長に誘われて入社し、ビデオプリンターからプリクラを着想したのです。

これらの事例を書き込んだのが図5-6です。もちろん、企業の中心の一丁目一番地である本社で計画され、その後成功する新事業もあるでしょう。しかし新規事業の立ち上げにおいては、企業や業界の常識に縛られず、また、既存勢力に邪魔されないよう、一定の距離を確保するほうがうまくいくと思います。

図5-6　イノベーションは辺境で起こる②

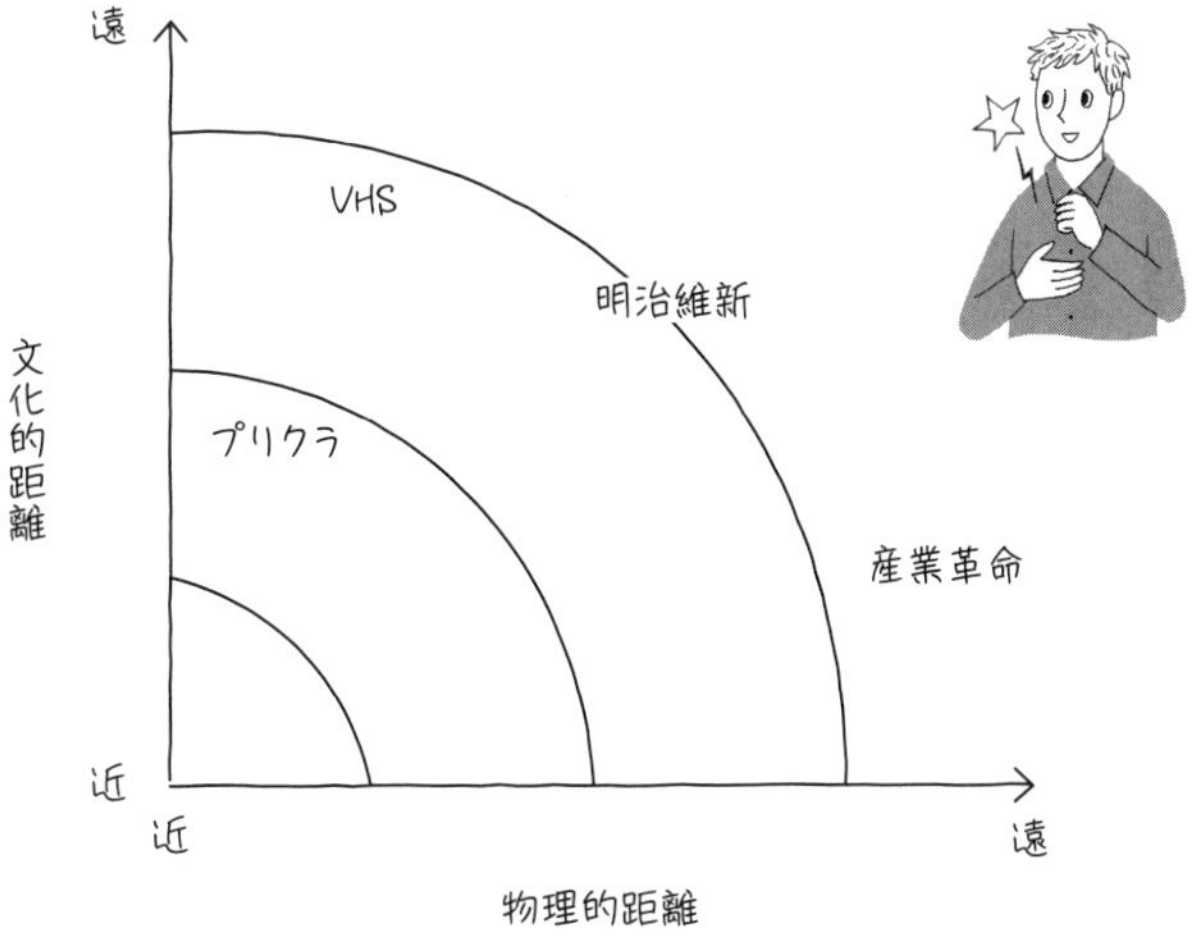

均衡と不均衡

シュンペーターは、イノベーションは「均衡から不均衡が生まれる過程」だと言いました。一方、別の経済学者のイスラエル・M・カーズナーは、イノベーションは逆に、「不均衡から均衡が生まれてくる過程」だと捉えます。

いずれの場合でも、その過程では、新旧のコンフリクトが起きます。

それゆえ、新しい不均衡が生まれるにしても均衡から離れたところが最適、新しい均衡が生まれるにしても、不均衡から多少離れた場所のほうが安全です。

自身の例を振り返っても、やはりそうなのかなと思います。

2000年代はじめ、私はスターバックス コーヒー ジャパンの経営企画部門長の職にあり、新規事業開発室も管掌していました。ちょうどその頃、現在コンビニエンス・ストアで売られているチルド・ドリンク事業の立ち上げのための議論を、米国スターバックス／サントリーと共に開始しました。

経営のど真ん中にいた私は、お店での「スターバックス体験」と、コンビニでのチルド・ドリンク事業の間にはミスマッチがあり、チルド・ドリンク事業は既存のお店のビジネスにはマイナスだという強い思いがありました。そして、当時は、あまり積極的に進めたいとは思っていませんでした。既存のお店の事業に近過ぎたから、そう思ったのかもしれません。

スタバを離れた今、お店もチルドも両方楽しんでいます（笑）。

蛇口とユーザー・イノベーション

あらためて図5-6の同心円の原点に自社、特に自社の中枢である本社を置き、その周辺へと広げてみましょう。おおよそ図5-7のようになるのではないでしょうか。

図5-7　イノベーションは辺境で起こる③

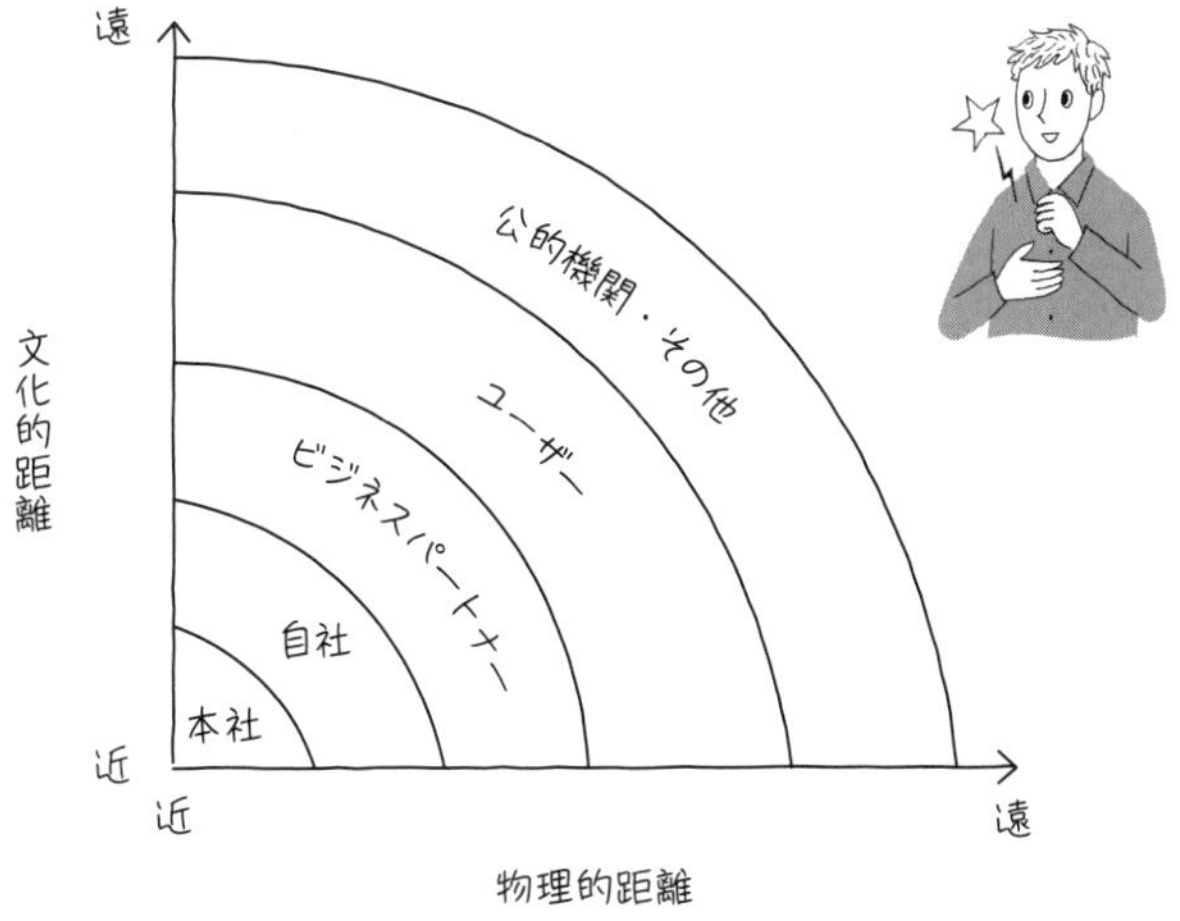

自社の周りにはビジネス上のパートナーがいます。最近、流行っているオープン・イノベーションは、まさにこれらビジネスパートナーと一緒に起こすイノベーションです。これは、CHAPTER4で議論したとおりです。

さらに周辺に視野を広げるとどうでしょう。そこには、自社とビジネスパートナーが一緒になって価値提供をする相手である顧客（ユーザー）がいます。距離の離れたユーザーはイノベーションにどのように関わっているのでしょうか。

意外に知られていないのですが、面白いことに、ユーザーもイノベーションを起こすのです。実は、**ユーザーは価値を提供する相手というだけではなく、共にイノベーションを**

起こす仲間なのです。それを「ユーザー・イノベーション」と言います。

わかりやすい例を紹介しましょう。現在、皆さんが使っている洗面台の蛇口です。今では、シャワーの形をしたものがほとんどで、ノズルを引き延ばし、シャンプーすることもできます（昔はひねると水やお湯が出る普通の蛇口が2つ付いていたものでした）。このアイデアはメーカーではなく、ユーザーがもたらしたものでした。

そもそもの始まりは、TOTOが洗面台（シンク）の大型化を低コストで実現したことにありました。ユーザーアンケートをしたところ「小物洗いに便利そう」という声が聞こえてきたので、小物洗いができる洗面台として売り出しました。でもこの大型シンク、ほとんど売れなかったそうです。

そこで困ったマーケターが、買ってくれた数少ない顧客にインタビューを行なったところ、「朝、娘が会社に行く前に髪を洗っている」という声が何件か聞こえてきたのです。そこで、今度は「シャンプードレッサー」として売り出しました。結果大成功し、「朝シャン」ブームが起こったのです。やがて洗面台は今の形へと進化していきました。

この例でわかるように、大きな洗面台の価値を発見したのは、メーカーではなくユーザーだったのです。実は、このようなユーザー・イノベーションは、BtoCの製品だけ

図5-8　イノベーションの発生場所

研究	サンプル	N	イノベーター		
			ユーザー	メーカー	サプライヤー
von Hippel (1976)	科学機器	111	77%	23%	0%
von Hippel (1977)	半導体と電子アセンブリー製造	49	67%	21%	0%
von Hippel (1988)	プルトリュージョン・プロセス	10	90%	10%	0%
	トラクターシャベル	16	6%	94%	0%
	エンジニアリング・プラスティック	5	10%	90%	0%
	プラスティック添加物	16	8%	92%	0%
	工業用ガスを利用したプロセス機器	12	42%	17%	33%
	サーモプラスティックを利用のプロセス機器	14	43%	14%	36%
	電線切断機	20	11%	33%	56%
Show (1985)	医療機器	34	53%	47%	0%
Voss (1985)	アプリケーションソフトウェア	63	32%	67%	0%

注：合計が100％にならないものは、「その他」としてカウントされたものがあるため。
出所：小川進『イノベーションの発生論理』千倉書房、2000年、p.22表1-1

に留まりません。BtoBの製品においても、よくよく調べてみると、かなりの部分がユーザーのイノベーションであったことがわかっています（図5–8）。

さて、同心円のさらに外側へ行くとどうでしょう。

公的機関ということでは、大学や国の研究所などは言わずもがなですが、たとえば、軍隊などもイノベーションの源になっています。実は多くの軍事技術が、民生品に転用され、私たちの生活の役に立っています。GPS、インターネット、衛星画像、ルンバ。これらはもともと軍用製品が出発点です。このように、イノベーションの源はかなり幅広に存在するのですから、それらを活用しない手はありません。

皆さんが、イノベーションの新しい種を探す、あるいはイノベーションを起こせる人を発掘するということを考えた際には、ぜひこの同心円を意識して、外側の「辺境」に向かってみてください。

構造的な「形」の類似性から学ぶ

これまで議論した「辺境」とは、どちらかというと空間的に離れていった他の場所という発想が中心にありました。

しかし、それとは異なる次元で「離れた距離」を取り上げ、イノベーションを起こすための議論をした論文があるので紹介したいと思います。実はすでにCHAPTER0の中で紹介しているのですが、その論文の主張は、**「新しいアイデアは、離れた場所にある『形』や『デザイン』から借りてくるのが一番インパクトがある」**というものです。その論文では、事例分析を通じて、「技術」や「機能」よりも、「形」や「デザイン」を離れた業界や領域から借りてくることがイノベーションに大きなインパクトをもたらしたことを実証していました。図にすると図5-9のようになります。

図5-9　イノベーションは辺境で起こる④

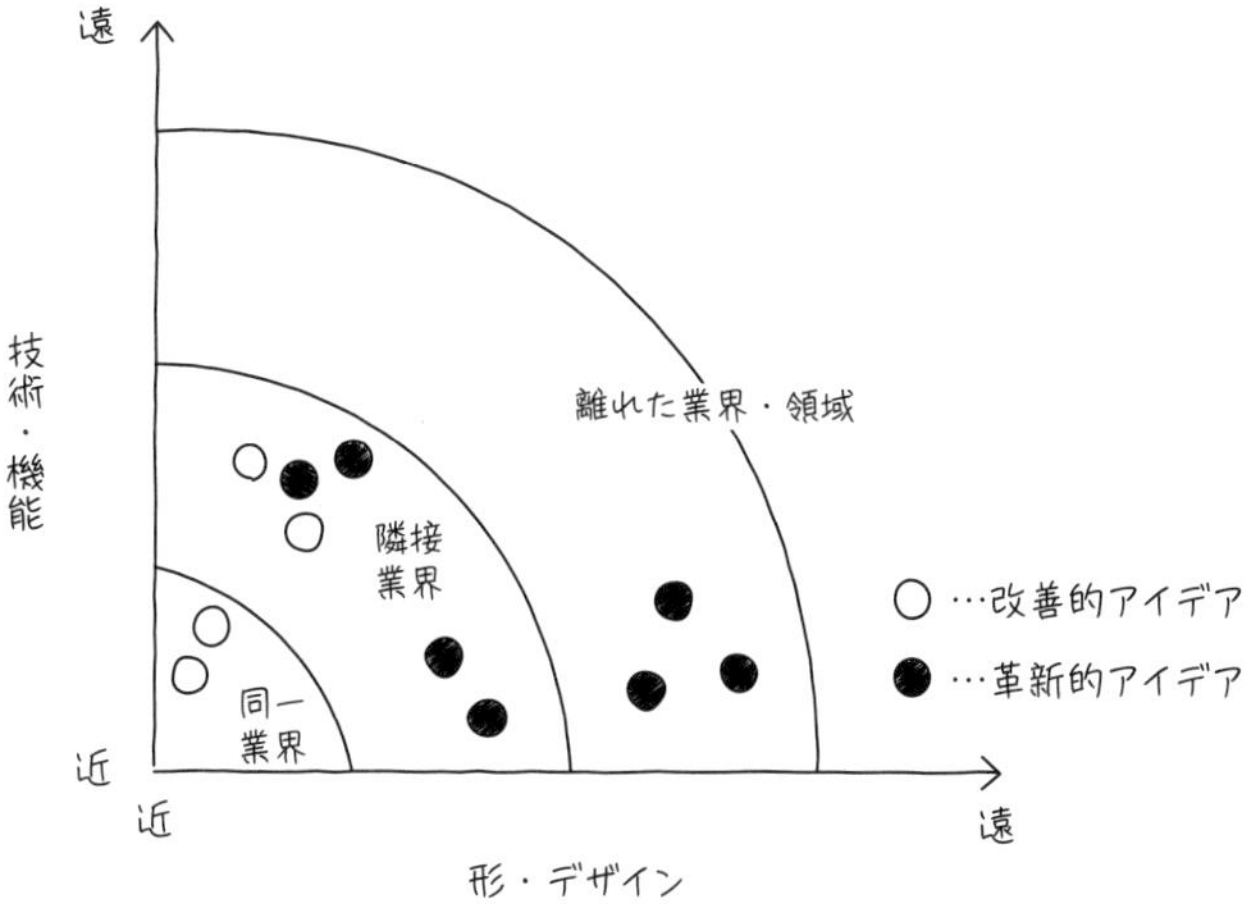

出所：Kalogerakis, Lüthje and Hersatt (2010) "Developing Innovation Based on Analogies: Experience from Design and Engineering Consultants", Journal of Product Innovation Management, Vol.27 (3) を参考に筆者作成

たとえば、CHAPTER0で述べたナイキのエアマックス。そもそものヒントは、飛行機のランディング・ギア（着陸装置）のエア・ダンパーにありました。飛行機という重い重量の着陸を支えるために、空気の力を利用するという発想を靴の構造に応用したのです。

あるいは、新幹線（500系）のパンタグラフの表面に描かれている模様。これは、フクロウの羽にヒントがあったと言われています。フクロウは、夜、音を立てずに静かに飛びます。その秘密は、風切り羽のギザギザ模様（セレーション）が空気の流れをうまく拡散するからだそうです。その風切り羽の模様をパンタグラフに採用することで、騒音を30%低減することに成功したそうです。

そして構造的な「形」の類似性は、なにもデザインだけに限りません。世の中には他の業界よりも先に行っている業界が存在します。そのような**先を行っている業界の「形」からも学び、非連続な変化に備える**ことも可能になります。

たとえば、今、自動車業界で起こっている変革はよくＣＡＳＥと言われています。Ｃ＝Connected（コネクティッド）、Ａ＝Autonomous（自動運転）、Ｓ＝Shared（シェアリング）、Ｅ＝Electric（電動化）です。車は、単体で乗る製品ではなく、ネットワーク化された仕組みの一部になり、手動の運転から自動運転へと変わりつつあります。また「所有→使用」、つまり「モノからコト」へと利用形態が変わり、内燃機関はモーターとバッテリーに取って代わられます。

これらの変化は、実は既にコンピュータ業界で起こったことなのです。

最初、単体の計算機であったコンピュータは、インターネットにつながり、既にネットワーク化しています。様々な機能は自動化され、ボタン１つで複雑な統計処理もしてくれます。最近では、自前の情報システムがどんどんクラウド上に移行しています。まさに、

図5-10　構造的類似性を探索する

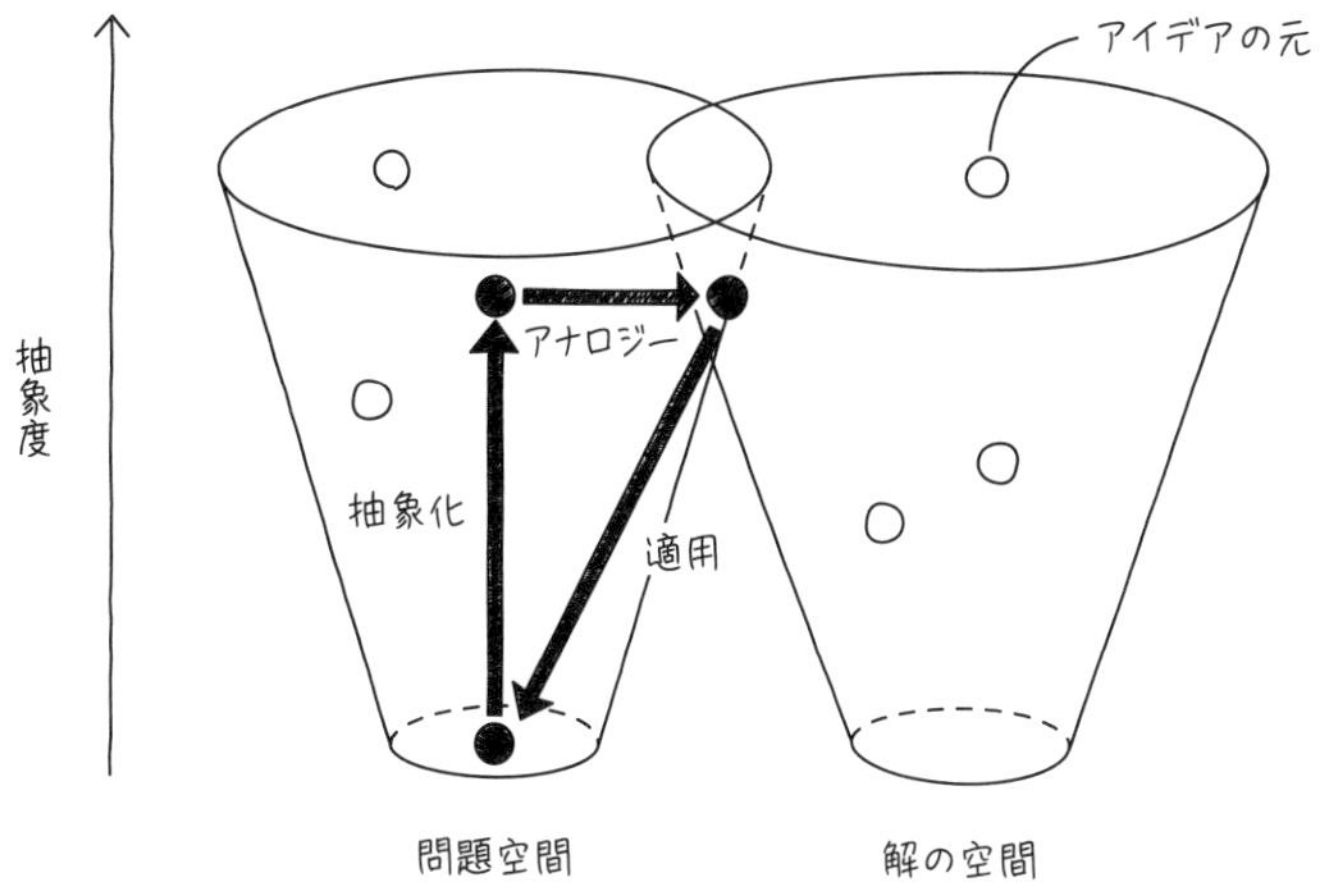

「モノからコトへ」です。

コンピュータの中を見ても、もともと真空管を使っていたコンピュータは、すべて半導体に置き換えられ、今では量子ドット（量子コンピュータ）に移行しようとしています。

そして今、同じような構造的な変化が自動車業界でも起こりつつあるのです。そうであれば、ＰＣ業界で起こったことから、自動車業界は多くを学べるはずです。つまり、**我々が着目すべきは「形」、すなわち構造的な類似性**です。だから図で表現して考えることが有効なのです。

やるべきことは、まずは課題の抽象化によるソリューション・スペース（解の空間）の拡大。次に、他事例との構造的類似性を探索し、自らの解決策を見つけ出していくことです。図5‐10は、P41の図0‐6を立体的に表現し、同心円の広がりをイメージしたものです。

あまり、抽象度が低すぎると対症療法しか見つからず、逆に、あまりに抽象度を上げ過ぎると、問題空間に戻ってこれなくなってしまいます。程良い抽象化が求められることになります。

3

【価値創造をスケールする】

イノベーションの発展は「ループ」を増やして考える

アマゾンに学ぶアイデアを取り入れる仕組み

イノベーションを起こし、発展させていくには、ループ図の発想が役立ちます。アマゾンを例にとって考えてみましょう。アマゾンは、書籍のインターネット販売からスタートしました。有名なアマゾンのビジネスモデルのループ図は図5―11の通りです。この図は、まさに成長の出発点の「種」でした。

しかし、アマゾンの成長はそれだけでは止まりません。当初はオンラインにフォーカスしたヴァーチャルなビジネスモデルでしたが、顧客が欲しいものを欲しい時に届けるためには、優れた物流の仕組みが必須であることに気付き、リアルな自社の物流網を構築していきます。また、それを支えるＩＴの仕組みもどんどん発展させていきました。

図5-11　アマゾンのループ図

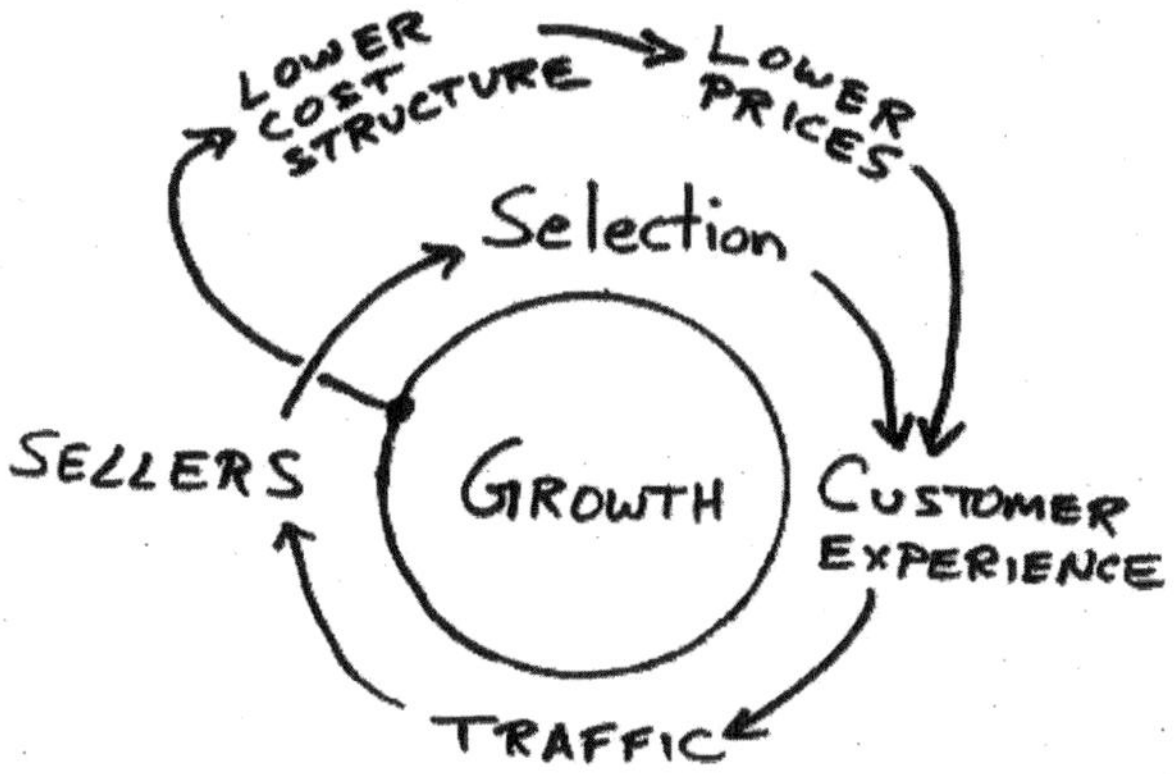

出所：Amazon.jobs HPより（amazon.jobs/jp/landing_pages/about-amazon）

他の小売業者が出店するアマゾンマーケットプレイスも生まれ、自社のITインフラを活用したクラウド事業も大きく発展していきました。さらには、アマゾン・プライムやアマゾンGo事業等へとその領域を拡大しています。今では、BtoCでもBtoBでも、アマゾン抜きでは考えられない社会になってきました。

想像するしかありませんが、ジェフ・ベゾスがアマゾン設立当初から今の絵姿をすべて見通していたか、というと疑わしいと思います。一方で、このような絵姿をまったくイメージしていなかったかというと、そうでもないと思います。

ベゾスが行なったことは、図5-11のループ図にどんどん好循環のループを追加して

図5-12　ループの追加＝ビジネスモデルの拡張

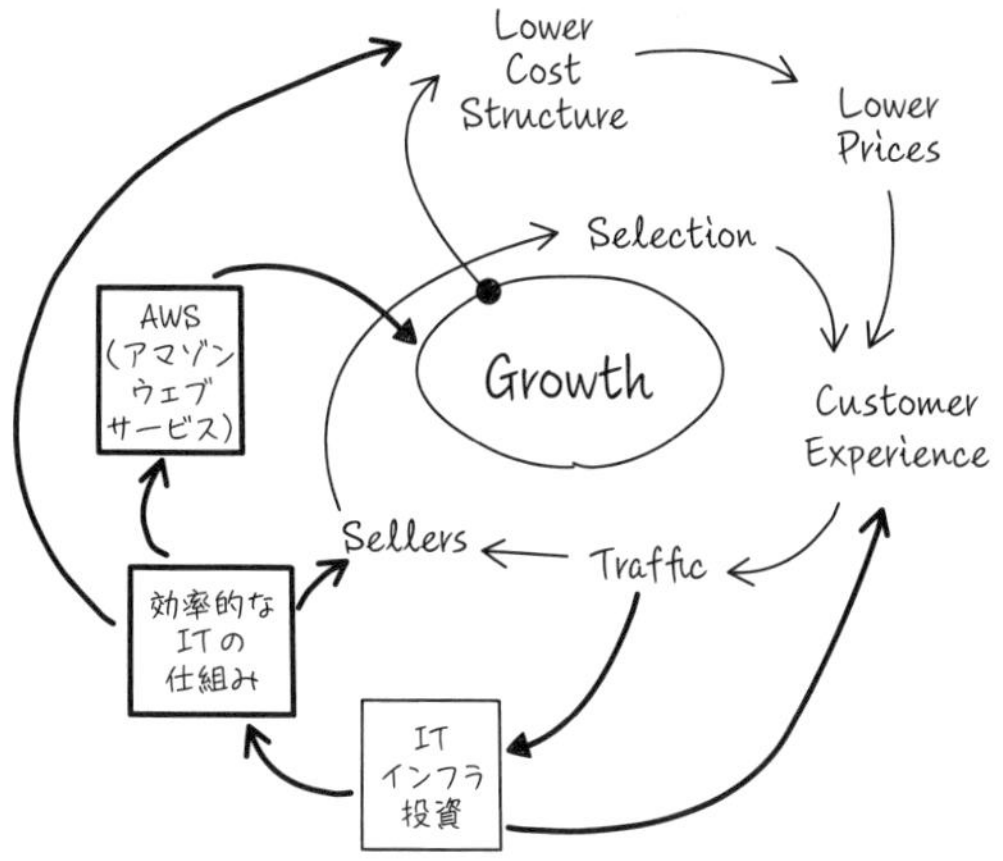

いったということです。田の字やピラミッドと違って、**価値創造のメカニズムを発展させていくには、構造（モデル）や因果（ダイナミズム）を捉えるループ図が最適**だということです。

試みに、ITの仕組みの発展とAWS（アマゾンウェブサービス）の展開をオリジナルのアマゾンのループ図に追加してみました（図5-12）。

本当はもっと様々な要素にうまく絡み合っていると思いますが、ループがスケールしていく感じが実感できるのではないでしょうか？　将来的には、同じくジェフ・ベゾスが創業した航空宇宙企業ブルーオリジンも融合して、新たな社会の仕組みを創り出していくかもしれません（図5-13）。

未来は正確に予測できない以上、イノベーションを考えるなら、着眼大局・着手小局で、成長の

図5-13　ビジネスモデルの拡張から社会の変革へ

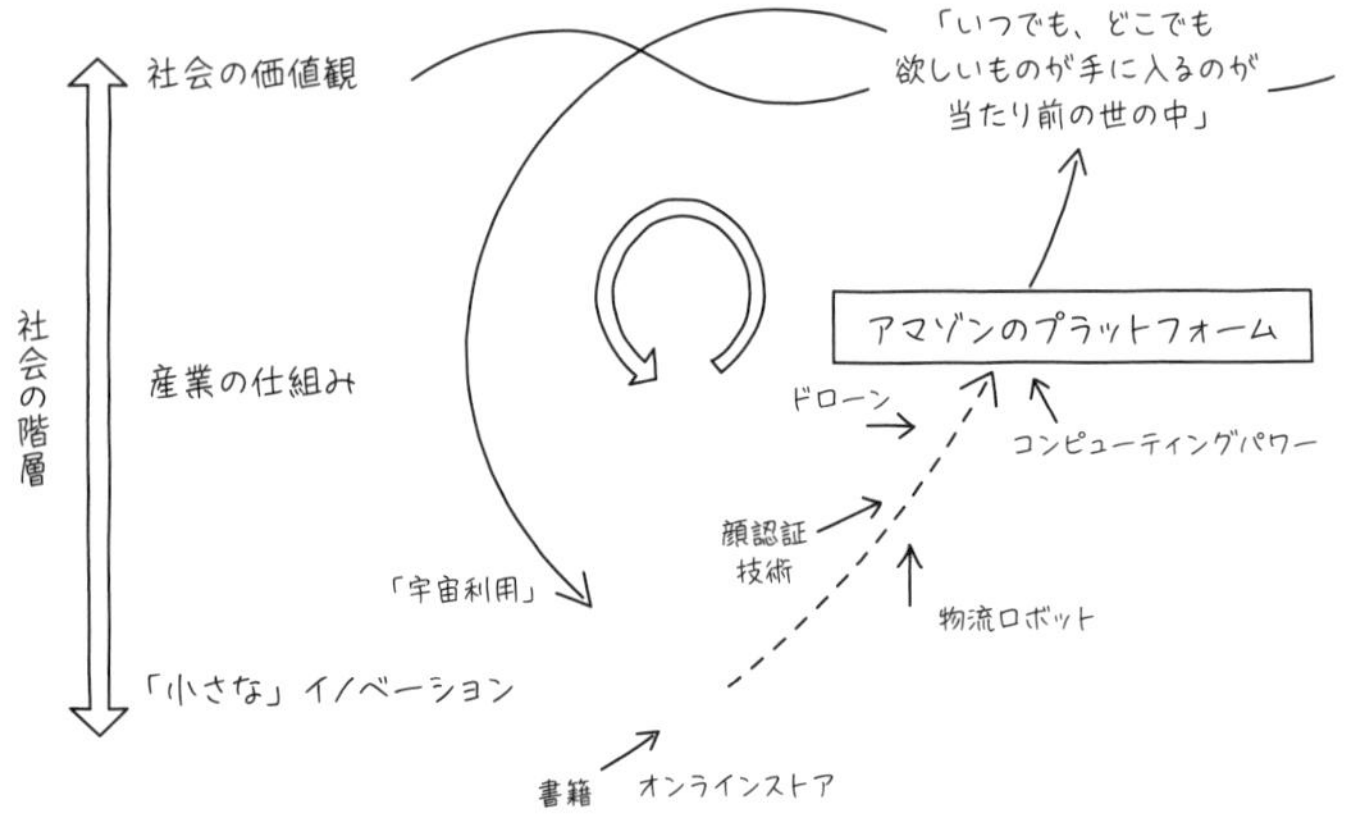

ための種を播き、柔軟にビジネスモデルを拡張していくことが大事だと思います。

未来をイメージする競争

結局、イノベーションは、人間の不便を解消し、欲望を満たすために起こります。それゆえ、イノベーションは、不便が解消され、欲望が満たされた状態をイメージすることから始まります。経営学の学者の中には、ＳＦ（サイエンス・フィクション）を研究対象にしている人もいるくらいです。

これまでも、ＳＦで描かれた世界が現実のものとなっていきました。ＳＦは未来を構想する１つの方法論であり、フューチャー・プロトタイピングのための新しい思考法かもしれません。

私も昔からSFは好きでした。最近は、J・P・ホーガンというSF作家にはまっています。その中の1冊『内なる宇宙』という本には驚かされたものです。

1991年に発表された作品なのですが、この本では、コンピュータ内の情報世界の中に、自ら考え、意思を持った人格が生まれて、我々の物理世界とは異なる仮想世界を形成していく様子が描かれていました。今から約30年以上も前、インターネットが一般的になる前に、コンピュータ内部の世界を土台に、人工知能やメタバースを融合したような世界観を描いていたのです。脱帽です……。

わざわざSFを引き合いに出す必要は無かったかもしれませんが、ビジネスの世界でも、イノベーションの出発点は、やはり誰かの頭の中に創られるイメージにあります。

たとえば、CNNは、24時間ニュースが流れている世界をイメージすることから生まれました。モトローラは、電話番号が場所ではなく、人に付いている世界をイメージし、携帯電話のビジネスで世界一になりました。ボーイングは、人々が空の旅を楽しむ時代を予見しました。フォードは、各家庭に車が1台ある世界をイメージしました。**イノベーションとはそもそも未来をイメージする競争**でもあるのです。

ぜひ皆さんも、未来を構想してみてください。そして、新たな価値を創造していくための簡潔なループをどんどん描き加えていきましょう。

COLUMN

帆船から蒸気船へ

蒸気船の誕生と社会への定着のストーリーを、フランク・ギールスという経営学者が興味深く語っているので、それを紹介したいと思います。これは小さなイノベーションが寄り集まって大きなイノベーションにつながった、新しいエコシステム発展の物語です。

蒸気船が登場する前の帆船の時代、イギリスでは船の幅の長さで税金が決まっていました。それゆえ、最初は細長い船が作られる傾向が強かったそうです。

そのイギリスで蒸気機関が発明・実用化されたのですが、蒸気船のイノベーションは、米国を中心に発展していきます。

まずは、米国の内陸の運河で、内航船としてのニッチな市場が立ち上がっていきました。郵便などの配達のための定時運行船として活躍したのです。その後、大洋を航海する外航船で、帆船の補助的な動力として蒸気機関の活用が始まります。お茶などの食料を運ぶ外航船は当然速いほうがいい。徐々に大きな蒸気機関を搭載するニーズが高まっていきました。そしてその頃、ちょうどスクリューも発明され、蒸気船が高速化していきました。

　さらに大きくて重い蒸気機関を載せるため、船の素材も変化します。木材から鉄への変化です。まずは船体の骨格が鉄になり、やがて船殻自体も鉄になっていきます。すべてが鉄でできた最初の船は、１８３０年代に誕生しました。また船の振動を抑えるために、蒸気機関は船尾に移され、これまで1等室だった船尾の客室が船の真ん中に移動してきたのもこの頃だそうです。

　ただ、鉄の船には困り事もありました。様々な付着物が船殻につくことです。そのため付着物が付きにくくなるようにペイントも開発されます。また、保険料も木の船に比べて割高だったそうです。なぜなら砲弾が当たると鉄をつなげた船は、簡単にバラバラになってしまったからです。

　やがてイギリスでも鉄の船が作られるようになりました。木の値段が米国に比べ高かったイギリスでは、鉄へのシフトは早かったようです。そして、大きな蒸気機関を載せるニーズから、船の幅によって決まっていた税金も改正され、細長い船は消えていきました。

　１８５０年頃には、蒸気機関、スクリュー、鉄の船殻からなる、蒸気船のドミナント・デザインができ上がります。そして品質も向上し、保険料も安くなりました。大きくなった船に合わせて港が整備されると、効率の良いグローバルな物流システムができ上がっていきます。特に1869年のスエズ運河の開通は、蒸気船にとって大きな追い風となりました。なぜなら、運河には風が少ないからです……。

このように、様々な要素が相互に絡み合いながら共進化していった結果、蒸気船が世の中に定着していきました。ちなみに、最初にペリーが来航したのは1853年のことです。

PART 3

組織編

CHAPTER

6

図で考える組織マネジメント

経営においては顧客と向き合うことが大事ですが、同じくらい、あるいはそれ以上に大切に向き合うべきものがあります。それは社員（組織）です。自らの社員や組織を疎かにして顧客を大切にすることはできません。このCHAPTERでは、組織のマネジメントをうまくやるために役立つ図の描き方について紹介しましょう。

1

組織マネジメントの本質を「三角形」で理解する

人類が発明した最良の組織形態

もともと理系出身の私にとっては、「組織」は捉えどころがなく苦手な領域でした。

そんな私が「組織とは何か」についてはじめて正式に勉強したのは、米国にMBA留学した時のことです。必須科目だった「組織論」の教科書は、組織を様々なイメージで捉え、順番に解説してありました。機械としての組織、生命体としての組織、脳としての組織、文化としての組織、ポリティカルシステムとしての組織……。英語ということもあり、理解するのに相当に苦労したものです。

その頃、「組織はこう捉えるんだ」と腹落ちしたでき事がありました。

あるコンサルティング会社の、採用向け懇親会に参加した時のことです。その会社のパートナーが、たまたま組織について次のように話していました。

「命のやり取りをする軍隊の組織構造は、今でも、基本的には軍団・師団・旅団といった階層構造になっているでしょ。人類が発明した最善の組織形態は、階層的なピラミッド構造なんだよ。そうするとピラミッド構造の組織は、成長することが宿命付けられるんだよね」

その論理は以下の通りです。三角形の底辺からは毎年多くの人が入ってくる。上（あるいはヨコ）から抜けていく人の数が少ないのなら、三角形は広がらざるを得ない。つまり三角形の中にいる人に上のポジションを与え、モチベーションを持って頑張ってもらうためにも、やはり組織は成長を目指さざるを得ない、というものです。

つまり**組織マネジメントにおいては縮小均衡には答えはなく、適切に成長すべし**、ということです。インプット・アウトプットのある三角形は、成長が必須だという風に表現できるかもしれません。

私は、「形」という視点での組織理解になるほどと思いました。

寮に帰ると早速、図6-1のような1枚の図を描きました。そして備忘録として、「三角

図6-1　組織は成長を必須とする

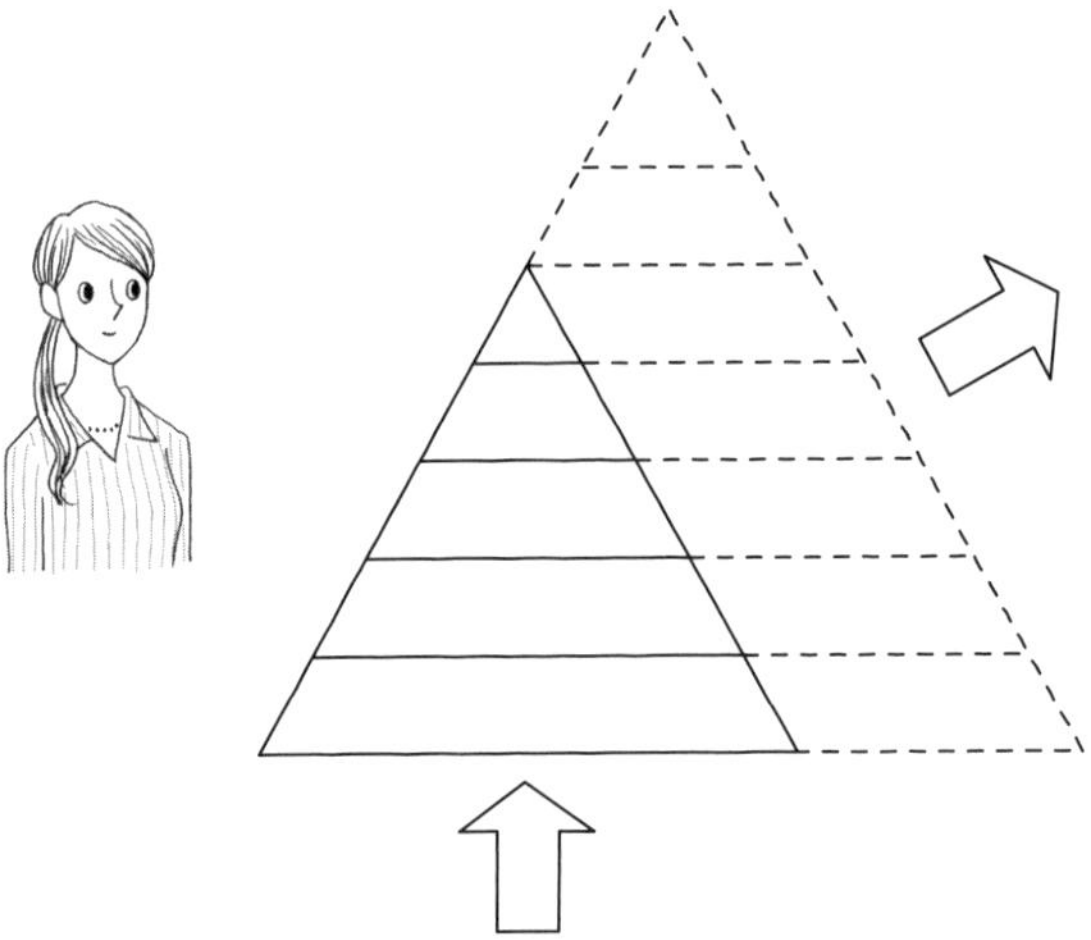

形（ピラミッド構造）は、成長を必須とする」と書き記しました。まさに、知恵の「モジュール化」、蓄積を実践したのです。

組織は成長を必須とする

組織マネジメントにおいては、縮小均衡に答えはなく、常に成長を目指さざるを得ない。この主張に対しては、幾つかの反論が聞こえてきそうです。

たとえば「下からの矢印を小さくすればいいのではないか？」というご意見もあるでしょう。でもそうすると、やがて三角形は萎んでしまいます。では「入る矢印と出る矢印の大きさのバランスをとれば良いのではないか？」という考えはどうでしょう。確かにそうですが、でもそうすると、下の矢印から入ってきた人の多くが横から抜けていかざるを得なくなり、組織がギスギスしてしまいます。

また、三角形の外に目を向けてみると、当然競合他社という三角形もあり、そこと競争しています。規模の経済を考えると、小さいままでいると戦略上不利になりかねません。だからといって、下からの矢印を大きくし過ぎてしまうと、今度は内部の仕組みが崩れる可能性も高くなります。

こうやって三角形を見ながらいろいろと考えると、やはり、組織は、適度な成長をすることが一番良いように思えてきたものです。これは留学先のボストンにある寮の1室でのでき事です。紙の上に図として考えたことを残すと、それが知恵の「モジュール」となって消えて無くならず、自らの思考の血肉になります（P44の図0-8に写っている一枚がその実物です）。

企業の最適な成長速度は

少し余談になりますが、実はこの問題意識が10年後、私の博士論文のテーマになりました。この三角形の発想が土台となり、次のような事業経験も相まってテーマが湧いてきたのです。

留学から帰った後、２０００年代はじめにスターバックス コーヒー ジャパンで勤務していたのですが、その頃スターバックス コーヒー ジャパンは、急激な成長が事業や組織の歪みをもたらし、赤字に転落していました。また以前、ネットベンチャーにも参画したことがあるのですが、その会社でも急激な成長が様々な組織の問題を生み出していました。

そこで博士論文のテーマを「企業には最適な成長速度があるのではないか。速すぎてもダメ、遅すぎてもダメ。それを見つけてやろう」ということにしました。つまり、三角形の最適な膨らみ方を発見したくなったのです。

ここで研究の成果を詳細に解説することはできませんが、結論だけ申し上げると、私の博士論文では次のことが明らかになりました。

「**業界平均を少しだけ超えるような成長を目指すことが、最も利益率を高める**」。

組織とは環境とインタラクションするオープン・システム

先ほどの図6-1を眺めながら「組織とはなんだろうか？」と考えると、やはり気になるのは矢印⇒と三角形△のあいだの相互作用のあり方です。そこでさらに図を「グッ」と睨んで発想を膨らませてみましょう。これが「図で考える」アプローチの楽しさの1つです。図を描いて、描いたものを前後左右に動かしてみると、発想を異なるステージに押し上げることも可能になります。

図6-1では、基本的な大きな流れを、下から入ってきて、やがて斜め上から抜けていくとしました。でもよくよく考えると、⇒の入り方は必ずしも下からだけとは限りません。矢印の出入りのパターンは数多く存在しそうです（図6-2）。

今度は図6-2をじっと眺めると、**組織とは、環境とインタラクションするオープン・システム**だということにも発想が広がります。

組織は、人だけではなく、情報や、お金、原材料や商品といったものも出入りしています。さらには、競合他社との競争という相互作用もあります。組織は、外に開いた系だと

図6-2　ピラミッド型組織の流入（流出）経路

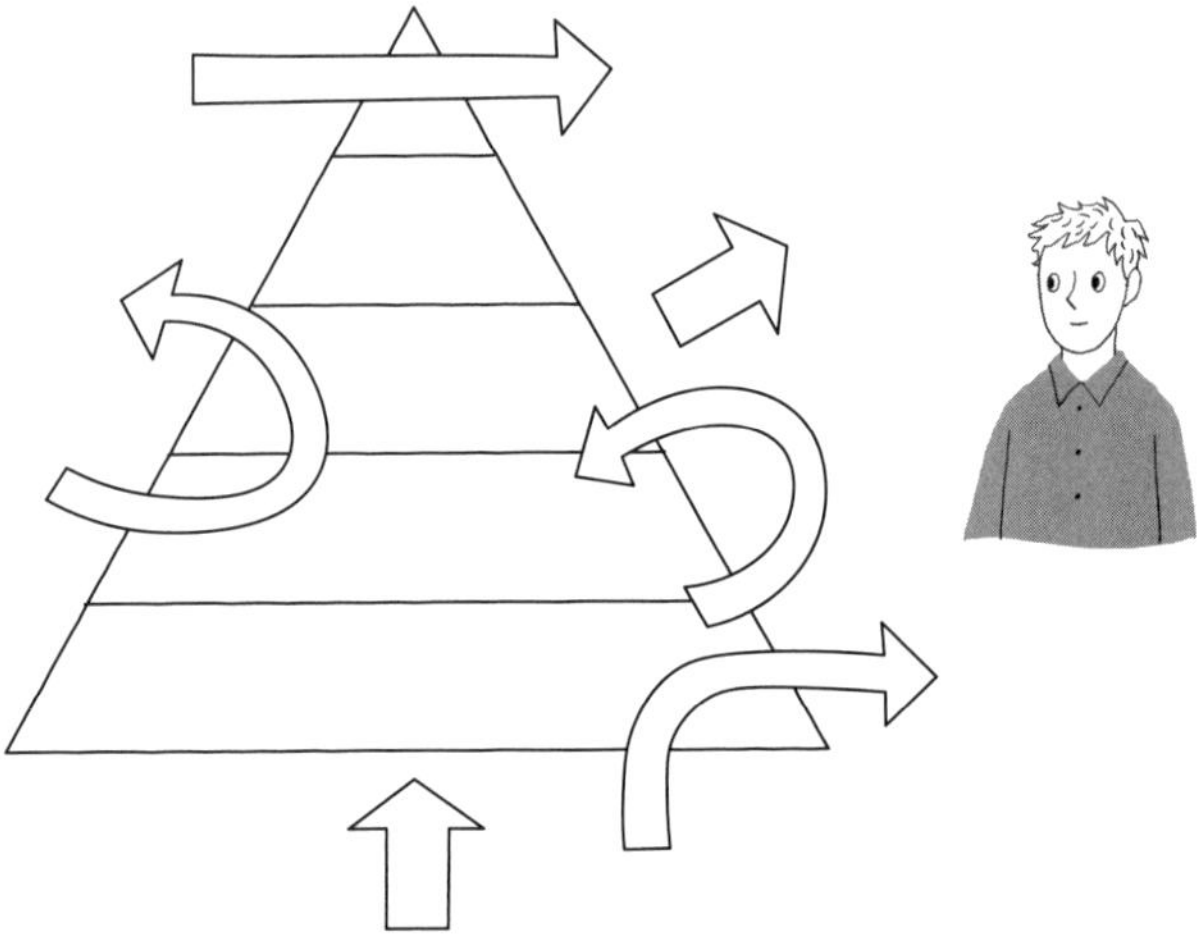

イメージできます。

たとえば、どこで聞いた話かはもう忘れてしまいましたが、吉本興業は「牧場」のようなところだという喩えを聞いたことがあります。

吉本興業という会社組織は、牧場のフェンスのような「境界」で仕切られた集まりだというのです。そこに留まってのんびりじっくり草を食べても良いし、一旦、フェンスの外に出て戻ってきても良い。あるいは一緒にコンビを組む牛を替えてもいい。そこには共通の文化や価値観があって、居心地の良い場所を提供してくれる。また、「吉本牧場」に属している（いた）ということが、アイデンティティも与えてくれる。

緩く外に開いた系。こんな牧場のフェンスのような境界を持つ組織だから、吉本興業は元気があり、笑いを提供できる組織になっているのかもしれません（若手の給料は安いそうですが）。

こんなことを図と共につらつらと考えていると、適切な成長は組織の活性化・競争優位構築に重要であるものの、それ以上に、**環境適合的なオープン・システムとして、組織の「境界」をどのように定義・設計するかが大事**であるように思えてきます。「成長」から「境界」へと、発想のステージが一段上がったような気がしないでしょうか。

何を重視して組織の「境界」を設計するのか

そもそも会社を意味するCompanyの語源はラテン語の「com（共に）」と「panis（パンを食べる）」にあるそうです。一緒にパンを食べる仲間ですね。会社組織は、何かを一緒に行なう仲間とそうでない人を分ける境目だと言えそうです。

私が以前勤務していたスターバックスには「ハート・オブ・スターバックス」といって、コーヒーの知識を高めたり、ミッション・バリューについて話し合ったりする課外活動がありました。当時、その活動を、社長も一緒になって、物流パートナーやフード製造パートナーと一緒に開催することもありました。おそらくCompanyの境界を、会社という狭い「境界」で設定していなかったのだと思います。

組織がオープン・システムである以上、様々なものが出入りしながら、組織という捉えどころのないものができ上がっています。だとすると、組織を正しく理解しようとすると、多面的な視点を持つことが大事になるのではないでしょうか。

仲間、情報、モノ、共同作業、アイデンティティ、目指す何か……。自分たちは何を根底に据えて組織を形作るのかをあらためて問うことが、組織作りの第1歩と言えそうですね。

私がＭＢＡ学生で組織論を勉強していた頃は、多様なイメージとして組織を捉えることの価値を、ちゃんとは理解できていませんでした。しかし、今はなんとなく理解できるような気がします。

組織マネジメントの本質は、状況に応じて、どのような視点でその「境界（バウンダリー）」を定めるのか、というものの見方そのものにあるのかもしれません。

2

「フラット型組織」「マトリックス型組織」の注意点は図を見ればすぐわかる

フラット化の落とし穴

組織変更を行なう際に、よく出てくる議論が「組織のフラット化」です。フラット化とは、余計な管理階層を無くすことによって、組織運営を効率的に行なおうとする目論見です。

まずはイメージしたことを、どんな形でもいいので図にしてみることが、すべての出発点です。早速図に描いてみましょう（図6-3）。簡単なイメージとして、3つの異なる部署があって、3階層（トップ―中間―メンバー）になっていたピラミッド組織を、1階層減らしてフラットな文鎮型組織にしてみます。3つの中間ポストが削減され、上下の距離も縮まりました。はたしてこれで効率的になるのでしょうか。

図6-3　ピラミッドvs.フラット①

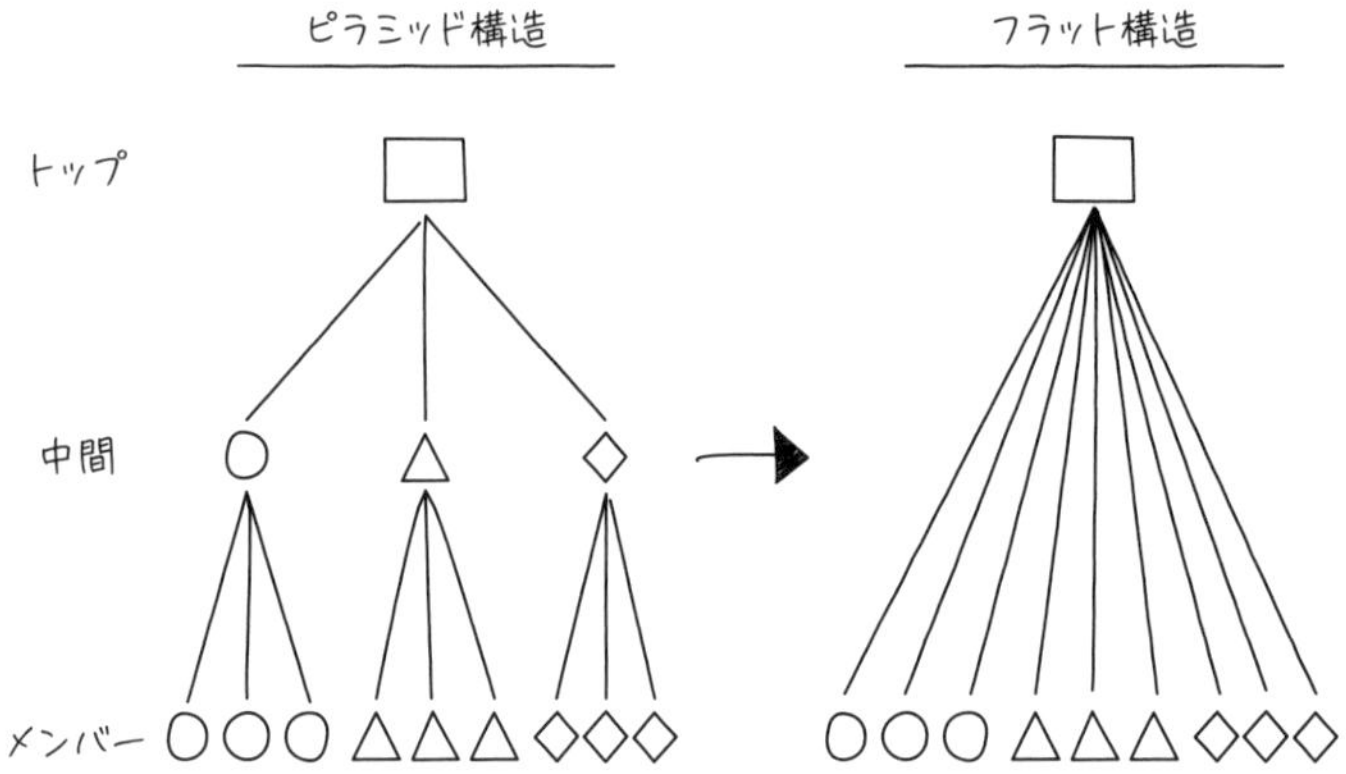

3つの中間ポストが無くなったので、一番上のトップがすべての管理・調整をしなければならなくなります。するとトップの処理能力が、今度はボトルネックになるかもしれません。

「いやいやそんなことはない。各メンバーが自発的にヨコと連携してものごとを進めていくんだ」

そんな声も聞こえてきそうです。でもそうすると今度は、余計に調整の手間が掛かることになってしまいます。図6-4のビフォー・アフターのコミュニケーションの線の数を比較すると、15本から45本に増大しています。もし、中間で誰かが調整するという行為をなくしてしまうと、**フラットな組織は煩雑な調整の中で機能不全に陥ってしまう可能性もある**ということです。

「中間管理職が何もやっていない」「無駄だ」

図6-4　ピラミッドvs.フラット②

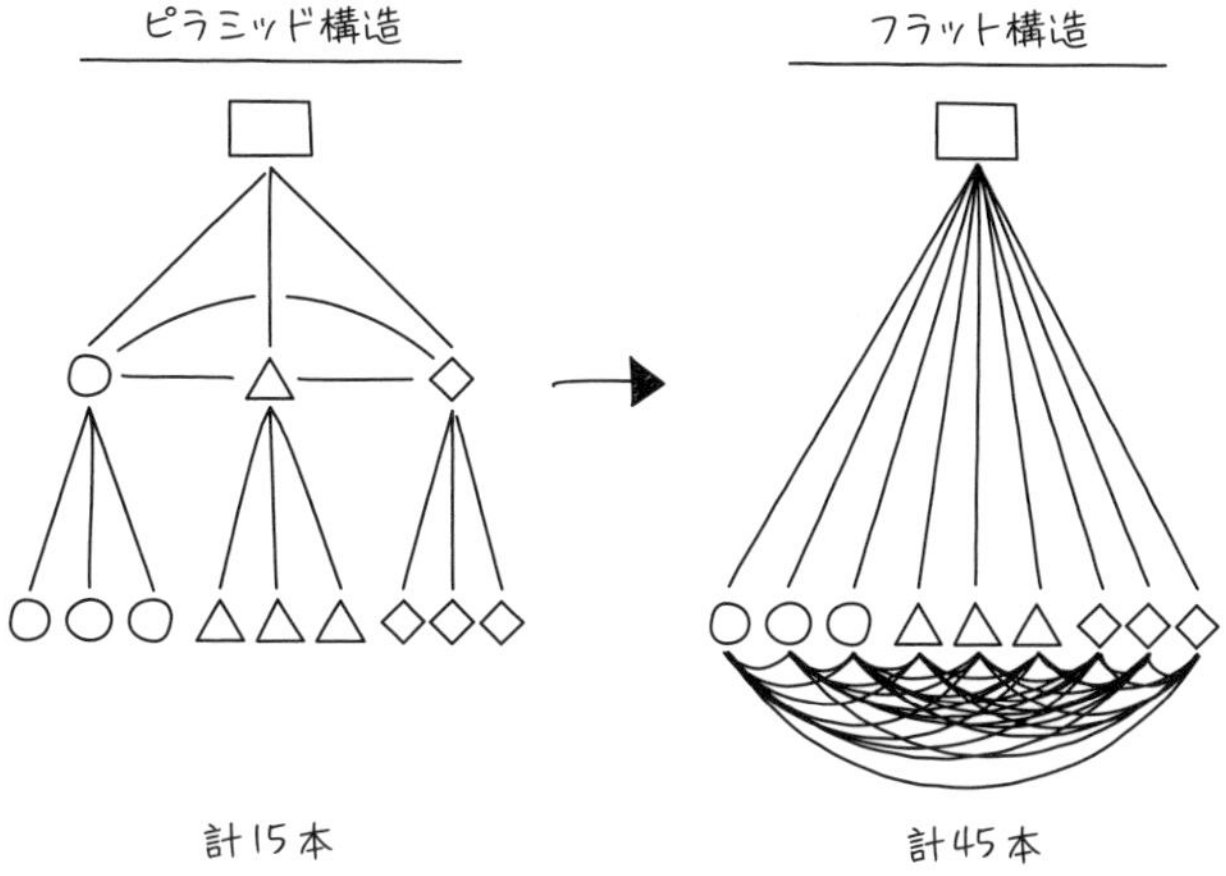

「だからフラットにする」という議論は、単純過ぎるのです。単に「中間管理職が不要だ」ということではなくて、「中間管理職が本来果たすべき役割を果たしていない」ということを意識すべきです。

本来、日本企業の経営の強さは、ミドル・アップ・ダウンにありました。単にフラット化するという発想だけではなく、組織の上下の連結ピンになり、自らリスクをとって意思決定・調整を行ない、組織の活性化や価値創造に邁進する本来のミドルの姿を取り戻すことが何倍も重要です。

フラット化は、その議論をし尽くした上で、どこまでするのかを議論すべきでしょう。

組織構造はなぜコンフリクトを抱えるのか

組織の構造には、大きく3の軸が存在します。

1つ目は機能軸です。付加価値連鎖（バリューチェーン）に沿ってインプットからアウトプットを創出していく企業は、複数の機能、たとえば「研究開発」「調達」「製造」「営業」といった機能の連鎖によって成り立っています。なので、1つ目は機能軸。

2つ目の軸は事業軸です。企業は成長と共に、最初の事業（製品）から、徐々に他の事業（製品）へと事業領域を拡大していき、複数の事業を抱えるのが通常です。それゆえ、2つ目の軸は事業軸です。

3つ目は、地域軸です。事業の拡大に併せて、地域的な範囲も拡大し、相対する顧客も増えていきます。多くの企業はグローバル展開を進めるので、欧州地域とかアジア地域とか、地域（あるいは顧客）という軸も組織構造を考える際には重要になります。

これら複数の視点を組み合わせて、要素分解を行なっていくにはピラミッドが最適です。ただこの場合、異なる3つの軸が併存するので、ピラミッド構造の組織設計をしようとすると、どうしても、機能軸・事業軸・地域軸のいずれかを「主」、他の軸を「副」に

図6-5　組織をピラミッドで考える①

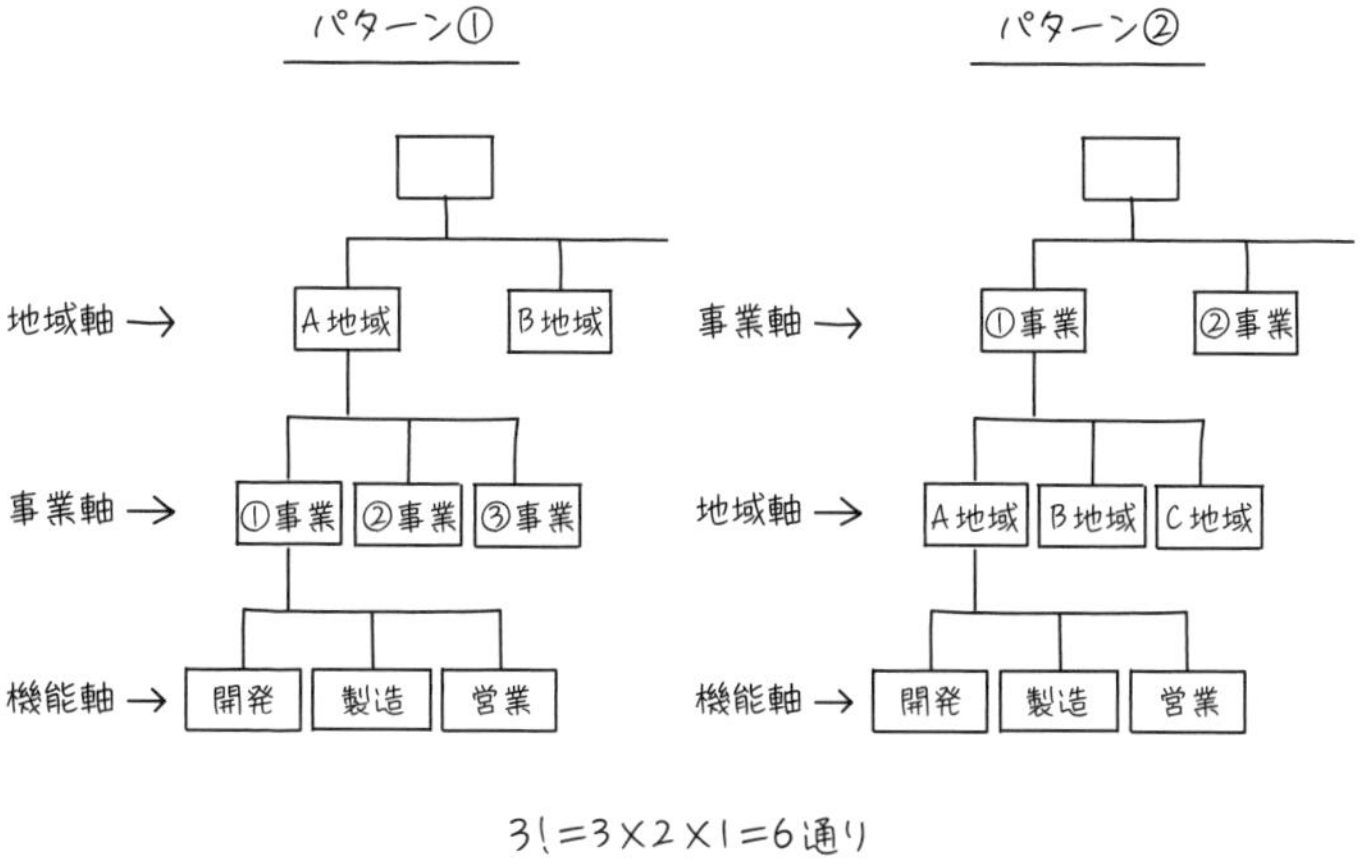

せざるを得なくなります（図6-5）。その組み合わせの数は3！（階乗）＝3×2×1＝6通りです。さらに、研究開発や調達など、バリューチェーンの支援活動の機能などを別出ししたりすると、数限りないバリエーションが生まれることになります（図6-6）。ただいずれにしても、何かを「主」とし、何かを「副」にせざるを得ません。

そこには必ず避けられない課題が生まれることになります。利害の衝突です。

たとえば、地域軸を主として考え、ある企業にとっては地域Aが重要だったとします。そして、地域Aを成長させるためには事業①が重要だったとします。逆に、事業軸を主にして考えた場合、その企業にとっては事業②を伸ばすことが重要だったとします。そこで事業②に注力すると、今度は地域Aの成長が疎かになり機会損失につながるかもしれません。

つまり、いずれかの軸を「主」にすると、こちらを立てるとあちらが立たずのトレード・オフの問題を生じる可能性が大になるのです。ピラミッドを描いてみると、そうした事実があらためて可視化されますね。

マトリックス組織の落とし穴

ピラミッド組織もフラット組織も問題があるなら、ではマトリックス組織にすればどうか。そんな声も聞こえてきそうですね。

マトリックス組織とは、多様な視点や専門性を持つ人が柔軟に協業できる仕組みとして、以前流行しました。ただ、マトリックス組織は、複数のボスを同時に明確に持つ組織構造になってしまいます。たとえば、ボスが2人いて、1人は日本法人の社長（地域軸）、もう1人はA事業部長（事業軸）で、双方に対して仕事上の責任を負うという形です（図6–7）。

これでは、2人のボスを抱えるミドルマネジャーは、今度こそ完全にスタック・イン・ザ・ミドルになって身動きが取れなくなってしまいます。先ほどの例で言うと、「地域A

図6-6　組織をピラミッドで考える②

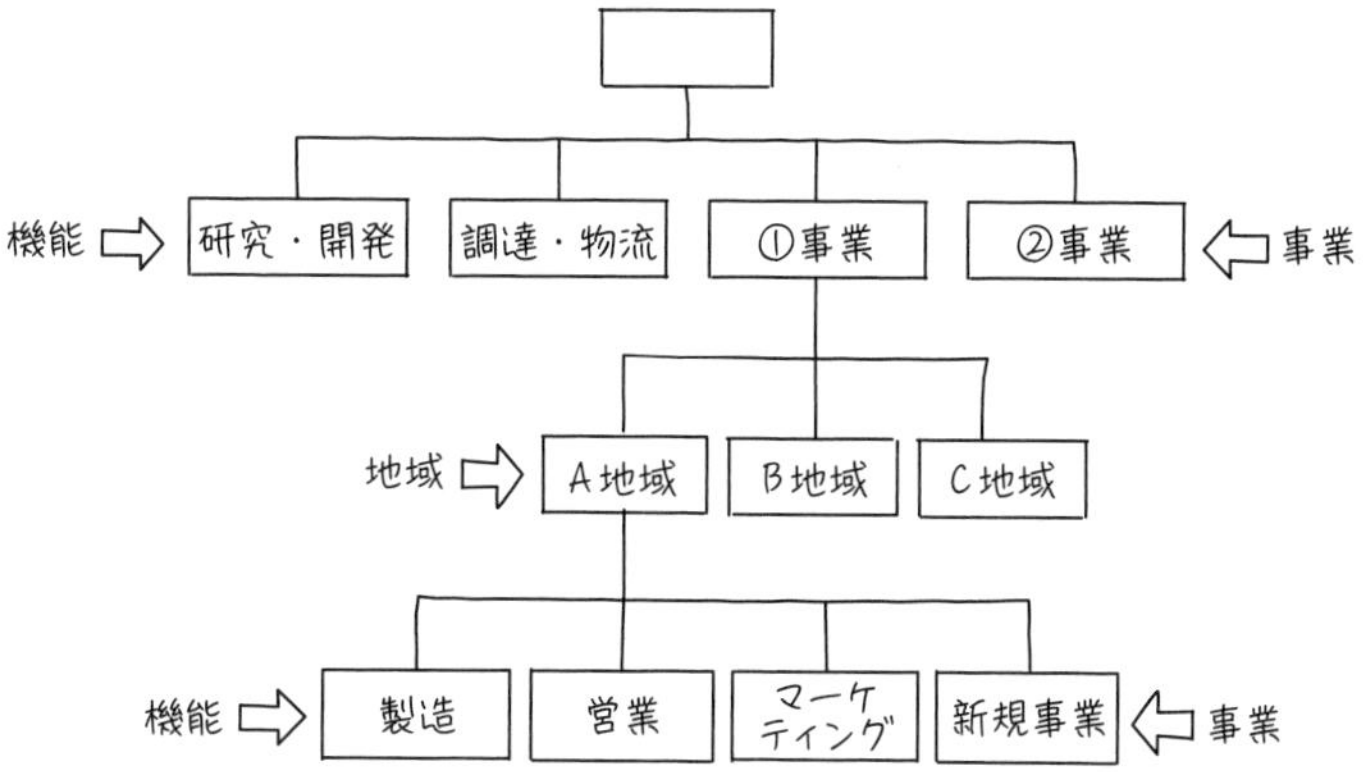

図6-7　マトリックス組織

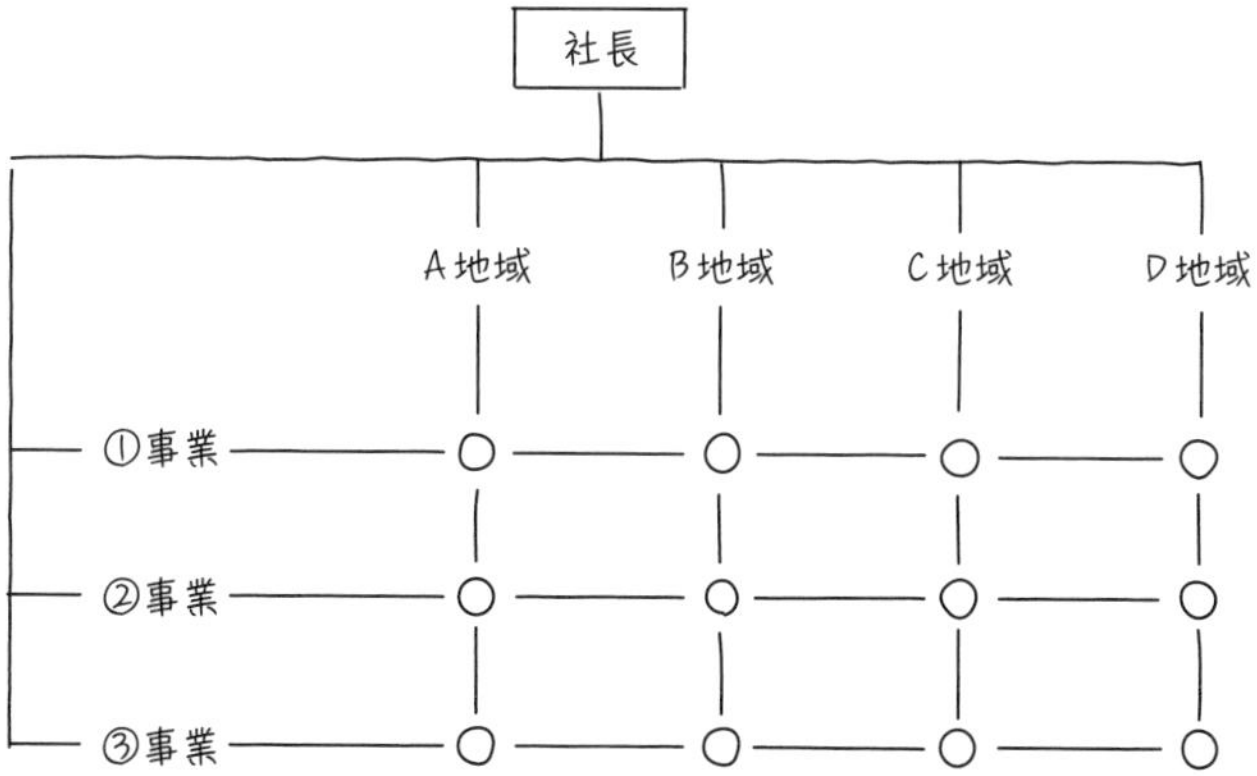

を伸ばせ！」「②事業も伸ばせ！」という相矛盾する指令を同時に満たすことがマストになるからです。

ただでさえ「機能軸」「事業軸」「地域軸」の3つが存在する以上、どれかを主にしつつも、それ以外の軸も何とかうまくマネジメントしている状況なのですから、マトリックス組織のように明確に2人のボスを持つ組織は、早晩破綻するはずです。

ただ、数十年の長きにわたってマトリックス組織を維持・機能させてきた会社がありま す。欧州の重電メーカーABBです。苦労の連続の末、最近、事業部制に移行してしまいましたが、そこから得られたラーニングには大きな意味があります。

以前、ABB出身の方にお聞きしたのですが、マトリックス組織を何とか機能させてきたカギは、適切なKPI（Key Performance Indicator）をそれぞれの上司としっかりと握ることと、密度の濃いコミュニケーションだそうです。つまり、組織構造だけで万能の答えを見つけることは不可能なのです。

たとえマトリックス組織ではないにしても、相矛盾することになる異なる3つの軸が存在する以上、組織構造（ハード）だけではなく、KPI設定やコミュニケーション（ソフト）の設計こそが、組織マネジメントの肝になるのです。

3

組織変革の着手の順番は「7S」で考える

7Sで「組織のどこから変えるか」を見極める

皆さんも、マッキンゼーの「7S」モデルというフレームワークをどこかで聞いたことがあると思います。7Sとは図6-8のような形で表現されることが多い、組織分析のためのフレームワークです。7Sのユニークな形は印象的で、その形のユニークさゆえに、組織について考える時には、この形を頭の中に思い描くと、発想を刺激してくれます。

ここからは、組織変革を行なう際に大変示唆に富むこの「7S」という図にまつわる私のエピソードを紹介します。

私は、ベイン・アンド・カンパニー時代の新卒1年目の時、1度だけ明示的に7Sを

図6-8　7Sモデル

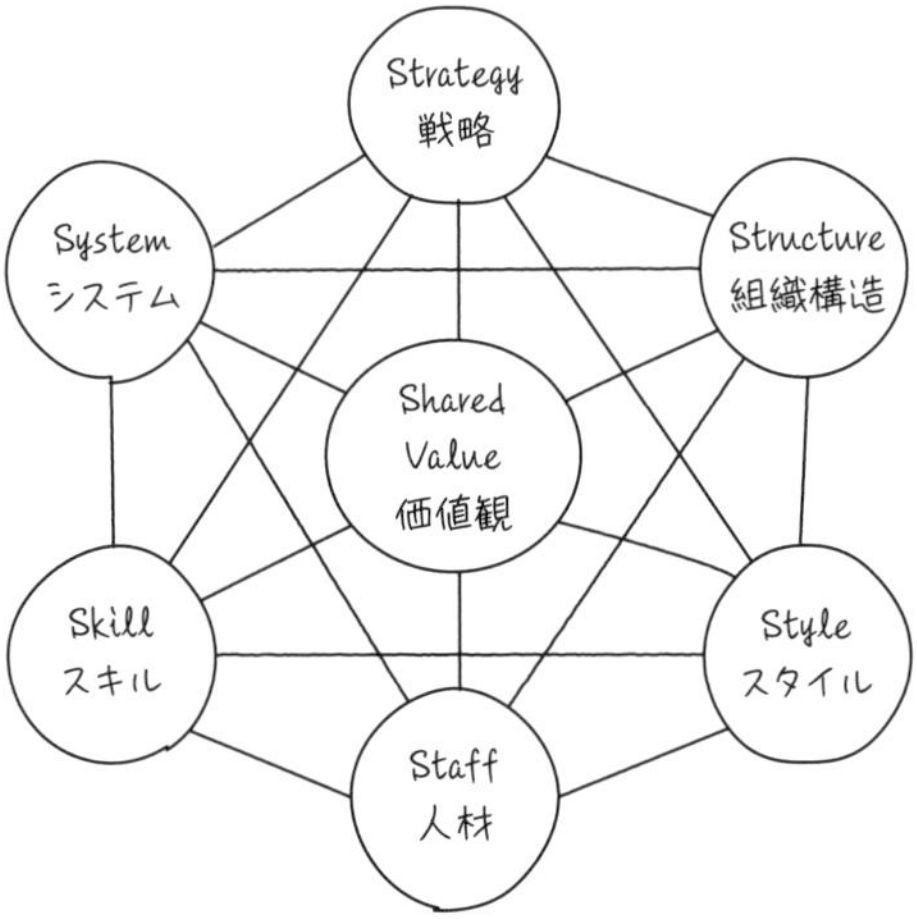

使ったことがありました。まあ、私が使ったというより、当時マッキンゼーから来たベインの東京支社長に「7Sを使って分析をするように」と言われただけなのですが。その時が私と7Sとのはじめての出会いでもありました。

実際に私が行なったことは、クライアント企業の、「①現在の組織（as is）の現状・課題を7Sで整理する」こと、「②あるべき組織の姿（to be）を7Sで表現する」こと、「③as isとto beを比較しながら考察し、どのSから変えていくべきかを決定する」ことでした。ちょうど図にすると図6-9のようなイメージです。

その会社は、とても優秀で多彩な人を毎年多く採用していました。それにもかかわら

図6-9　7Sによる分析

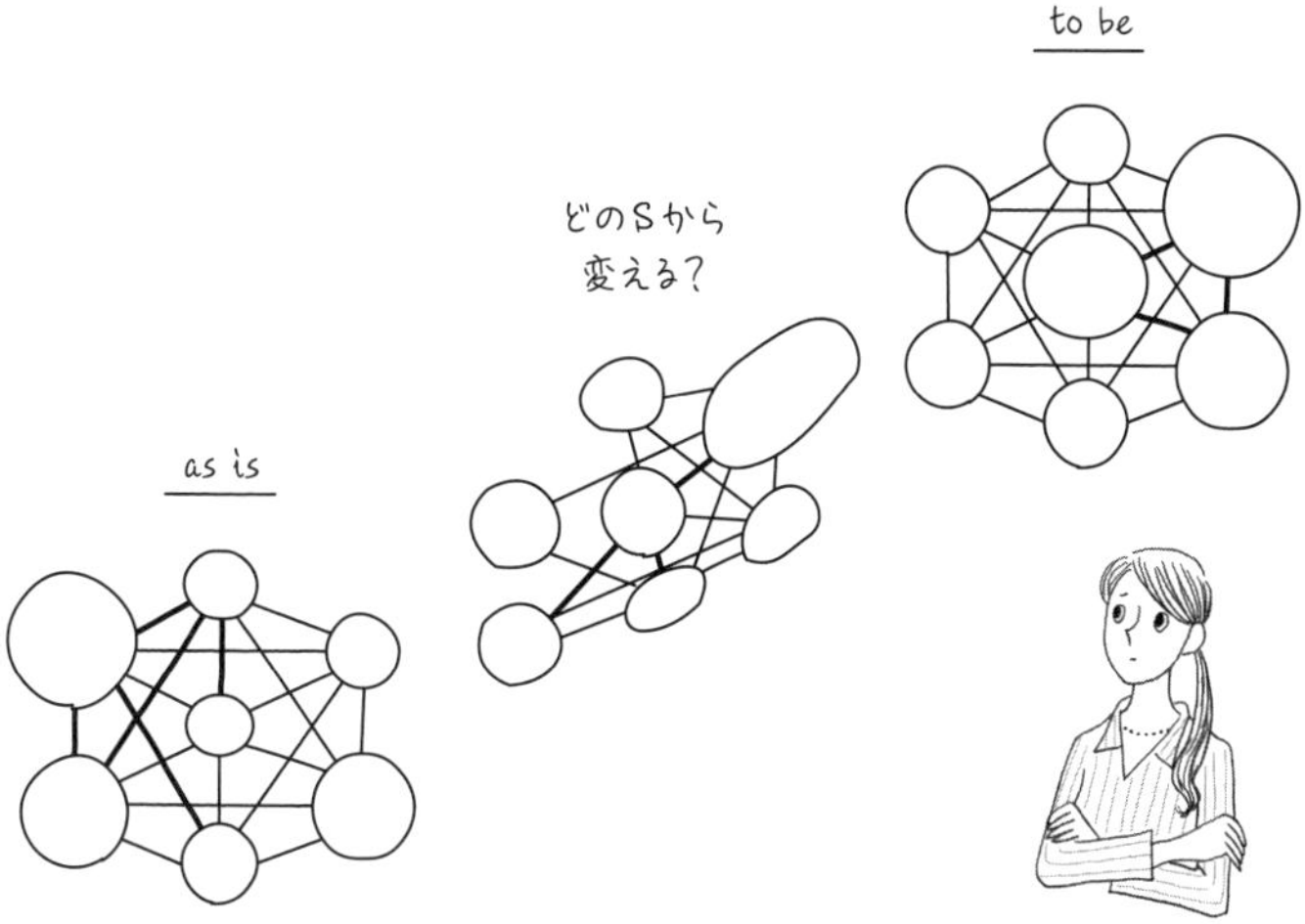

ず、10年くらい経つと、みんな金太郎アメのような均質的な人材になり、新しいチャレンジが生まれてこないという問題に直面していました。そういった意味で「スキル（Skill）」や「人材（Staff）」に大きな課題があったのですが、すぐには変わりそうにありません。

最終的な私たちの提言内容は、次の2つでした。1つ目は、部長級のエース人材をラインから外して集め、全国で変化を起こすための伝道師的な役割を担う部署を創ること。2つ目は、会社のビジョンを再設定し、その浸透を推進し、人事評価へ反映することでした。つまり、「組織構造（Structure）」と「価値観（Shared Value）」から着手することを提言したのです。

「スキル（Skill）」や「人材（Staff）」を変え

るために、「組織構造（Structure）」と「価値観（Shared Value）」から変える。これは、望む結果領域と打ち手を講じる原因領域が異なっていることを意味します。7Sのようなモデル図を眺める際には、**原因と結果は離れていると考えたほうがいい**と思います。

この事例には他にも幾つかの含意があります。

まずは、組織が7Sのように様々な要素が絡み合っている特徴を持つとすると、組織変革を行なう際には、適切なレバレッジ・ポイントを探すべきだということです。原因と結果は、時間的・空間的に隣接していないものです。

そして、**最終的（to be）には7Sのすべての要素が整合性を持つ形になっている必要がある**ということです。そうしなければ、将来の組織マネジメントにおいて、矛盾が生じることになってしまいます。

組織変革は痛みを伴う「相転移」

図6-9のように「as is」から「to be」に変わる際に、各要素が、がっちりときつくつながったままでは、組織は変わりようがありません。変わるためには、まずは「緩む」必

要があります。それは、今のやり方を「健全に・批判的に」眺め、固定観念を打破するということです。

そもそも組織が変わるということは、様々な要素の「関係性」が変わり、問題への対処の構造そのものが変わるということです。最近よくDX（デジタル・トランスフォーメーション）という言葉を聞きますが、このトランスフォーメーション（変革）も、単に現状をIT／IoT／クラウド化するということではなく、ビジネスの進め方、問題解決の仕方、顧客への価値提供の中身や仕方を変えることに本質があります。**組織変革は、組織内の関係性の状況（相）が変わる「相転移」**なのです。

幾つか組織変革に関連するモデルを紹介しましょう。

たとえば、心理学者のクルト・レビンは、組織の変革モデルとして、「①解凍」→「②変革」→「③再凍結」という3段階のモデルを提示しました。これは「氷」→「水」→「氷」の相転移のアナロジーで考えるとわかりやすいと思います。でき上がった「城」の氷の彫刻を、「戦車」の氷の彫刻に変えるためには、1度、溶かして水にするしかありません。

一方、ハーバード・ビジネス・スクール名誉教授のジョン・P・コッターは、8段階の

図6-10　組織変革のパターン

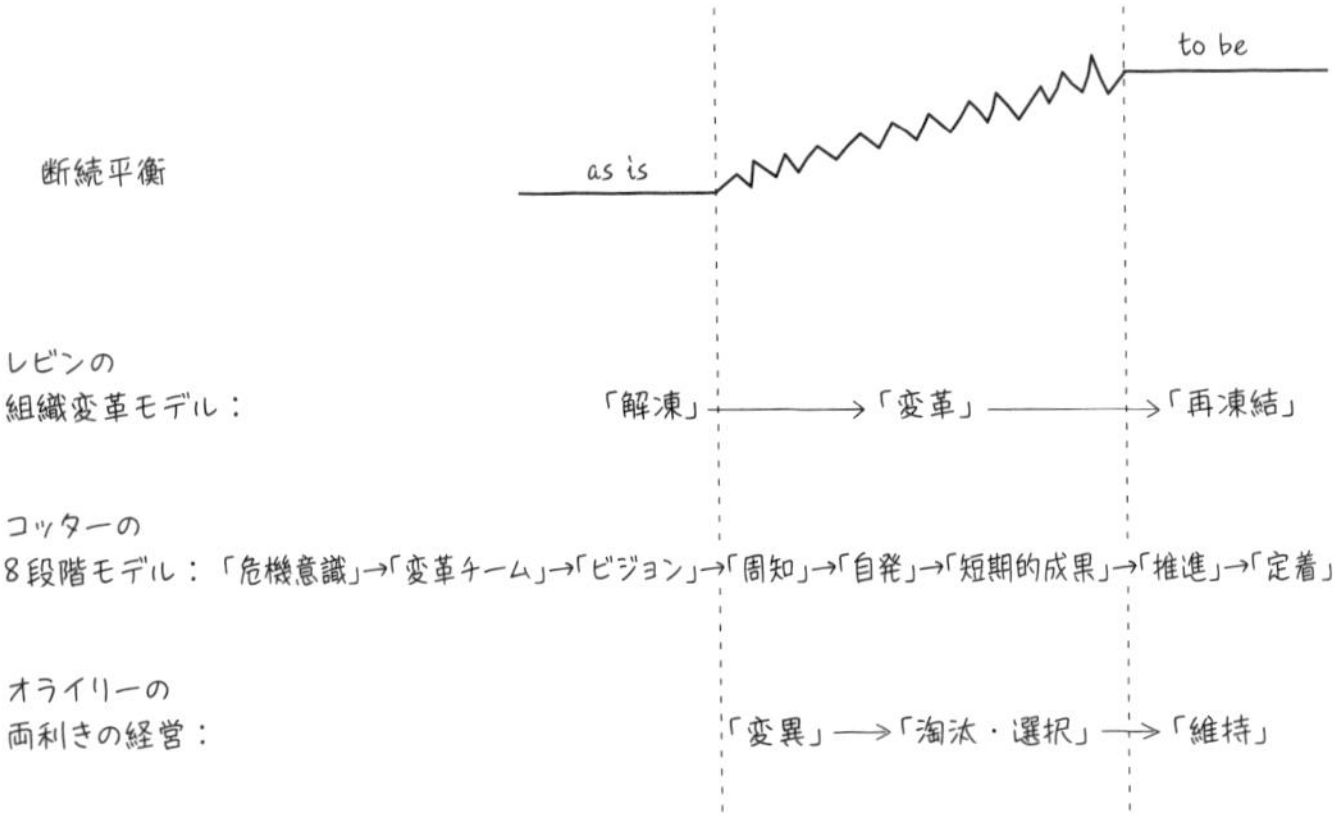

組織変革のプロセスを提示しました。「①危機意識」→「②変革チーム」→「③ビジョン」→「④周知」→「⑤自発」→「⑥短期的成果」→「⑦推進」→「⑧定着」です。最初の7つは、まさにレビンの言う「解凍」「変革」のプロセスにあたります。

あるいは最近では、既存事業と新規事業の成長を同時に達成しようとする組織経営学者のチャールズ・A・オライリーの「両利きの経営」という概念が流行っています。そこでは、生物進化のパターンがアナロジーとして用いられています。つまり、「変異」→「淘汰・選択」→「維持」です。企業成長は、新しいものが生まれ、それが古いものを一部排除しながら定着していくプロセスと捉えられています。

いずれのプロセスも、基本は「安定・平衡」→

「不安定・非平衡」→「安定・平衡」という断続平衡であるという点です（図6−10）。

そんな不安定を通過する断続平衡なのですから、かならず副反応が生じます。古いつながりを断ち、新しい関係性を築こうとするのですから、軋轢《あつれき》が生じないわけはなく、抵抗勢力が生まれないわけはないのです。

逆説的に言うと、組織変革において、もしすべて順調に進んでいるという声ばかり聞こえるなら、何も変わっていないということです。従業員アンケートを行なって「順調に変わっている」「大きな問題は起こっていない」「この変革に賛成だ」という声ばかりが聞こえてきたとすると、それは赤信号です。

軋轢の創造とそれを乗り越えるプロセスこそ組織変革と言えるのです。

戦うべきは組織慣性

企業の衰退の最も大きな要因は、過去の成功体験に縛られることです。

かつてのコア・コンピタンスが、環境変化によってコア・リジディティ（硬直性）に変わってしまう。そして、それを変えることができなかった時、企業の衰退は始まります。

特に最も厄介なリジディティは、組織の文化や問題対処の方法の中にあり、これらは組織の「慣性」をもたらします。そして、組織がどんどんと自分たちにとって都合の良い内向きの論理に凝り固まってしまいます。

しかしながら、顧客の求めるものや時代が求めるものは、時間と共に必ず変化します。

そして、

1. 組織が環境とインタラクションするオープン・システムである以上、
2. 境界を定義する視点が数多くある以上、
3. 相矛盾する組織設計の軸が複数ある以上、

組織は、顧客の求める価値の変化に応じて変わっていくということだけは変えてはいけない、ということが言えそうです。組織マネジメントの概念を1枚の図にすると、ちょうど図6－11のように表現できるかもしれません。

私が勤めていた頃のデルは、とても勢いのある成長企業でした。組織も大きく拡大していました。

当時のデルは、ユニークな組織哲学を持っていました。その哲学とは、「組織が大きく

図6-11　組織は変わり続ける必要がある

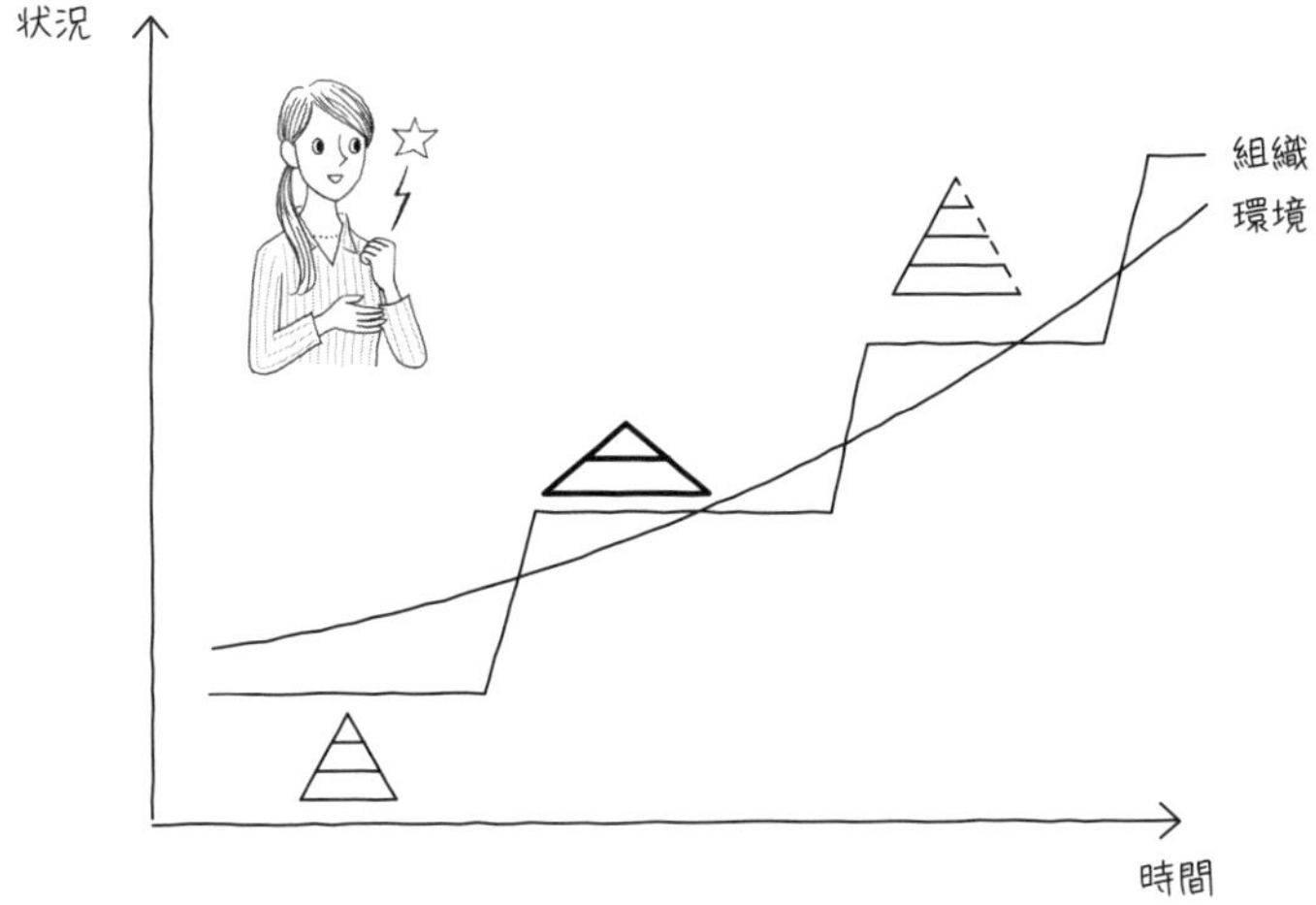

なる」→「多くの顧客を対象にする」→「顧客ニーズのバラツキが出る」→「より顧客に密着する必要がある」→「組織分割をする」というものでした。年に3回も組織変更をした年があったほどです。

私が所属していた法人事業には、内勤営業と外勤営業という2種類の営業社員が存在していました。大企業は外勤の訪問をより多く求めますが、中堅企業はそれほどでもありません。それゆえ、組織分割の基準は、主に担当する顧客企業の規模でした。それに併せて、顧客接点の構造（内勤と外勤の比率）を変えて、対応力を上げることを目指したのです。

また、グローバル組織の変更も頻繁にありました。デル・ジャパンには大きく法人向けと個人向けの事業があったのですが、入社した当時は、それらをまとめて「日本」という地域の括りの中で管理していました。しかし途中からグローバルレベルで法人と個人という事業の区分けが強くなり、直接のレポートラインが、日本の社長から米国本社の法人事業部のトップへと変わりました。

組織の主軸が「地域」→「事業」と変わったのです。私はその後退社しましたが、また、「事業」→「地域」へと変わり、再度、元に戻ったとも聞いています。

このように組織のかたちに唯一の正解はなく、振り子のように振れるものです。それゆえ、とどまり続けるのではなく、自ら変化を仕掛けていくことこそが組織変革においては大事なのです。

COLUMN

ダイナミック・ケイパビリティ

コア・リジディティに打ち勝つためには、どうすべきか。

近年、そういった観点では、「ダイナミック・ケイパビリティ」という論理が脚光を浴びています。デイビッド・ティースという経営学者によると、ダイナミック・ケイパビリティは「変化に対応するために、内外の資源・能力を再構築し続ける高次のメタ能力」と定義されます。

つまり、資源・能力を変えるための、資源・能力よりも高次の「メタ能力」がダイナミック・ケイパビリティだというわけです。ティースは、ダイナミック・ケイパビリティを、3つの要素に分解しました。それは、「センシング（Sensing：感知）」「シージング（Seizing：捕捉）」「トランスフォーミング（Transforming：変革）」の3つです。

センシングの肝は、新しい機会の発見にあります。ダイナミック・ケイパビリティ論では、外部環境（顧客やサプライヤー、公的機関なども含む）を単に企業の外に存在する「何か」と見るのではなく、相互作用を通して新たな価値を共に創造していく協力者と捉えます。

つまり、センシングとは、機会を探索・評価・理解し、変革の種を共に見出していくプロセスです。

シージングは、その感知した機会をビジネスモデルへと落とし込んでいくプロセスです。そこでは、過去の成功体験に囚われることなく、外部との役割分担（企業の境界線）を適切に設計していくことが重要になります。

トランスフォーミングとは、その新たなビジネスモデルのガバナンス体制を整備し、学習する仕組みを構築するなど、資源の再配分を行ない、組織へと定着させていくプロセスとなります。

私は、この3つの要素のそれぞれの英単語の頭文字をとって、企業変革のプロセスをSSTサイクルと呼んでいます。このSSTサイクルを、我々が慣れ親しんだPDCAサイクルと比較してみてください（図6–12）。すぐにこれらが異質なものだと気付くはずです。PDCAは、プロセスをより良く（Do Better）・深化させていくことに適しており、SSTは、プロセスを異なるものへと進化・変化（Do Different）させていくものだと言えます。

異なる2つの視点を同時に扱うには「田の字」がパワフルです。そして、田の字では

図6-12　SSTとPDCAの比較

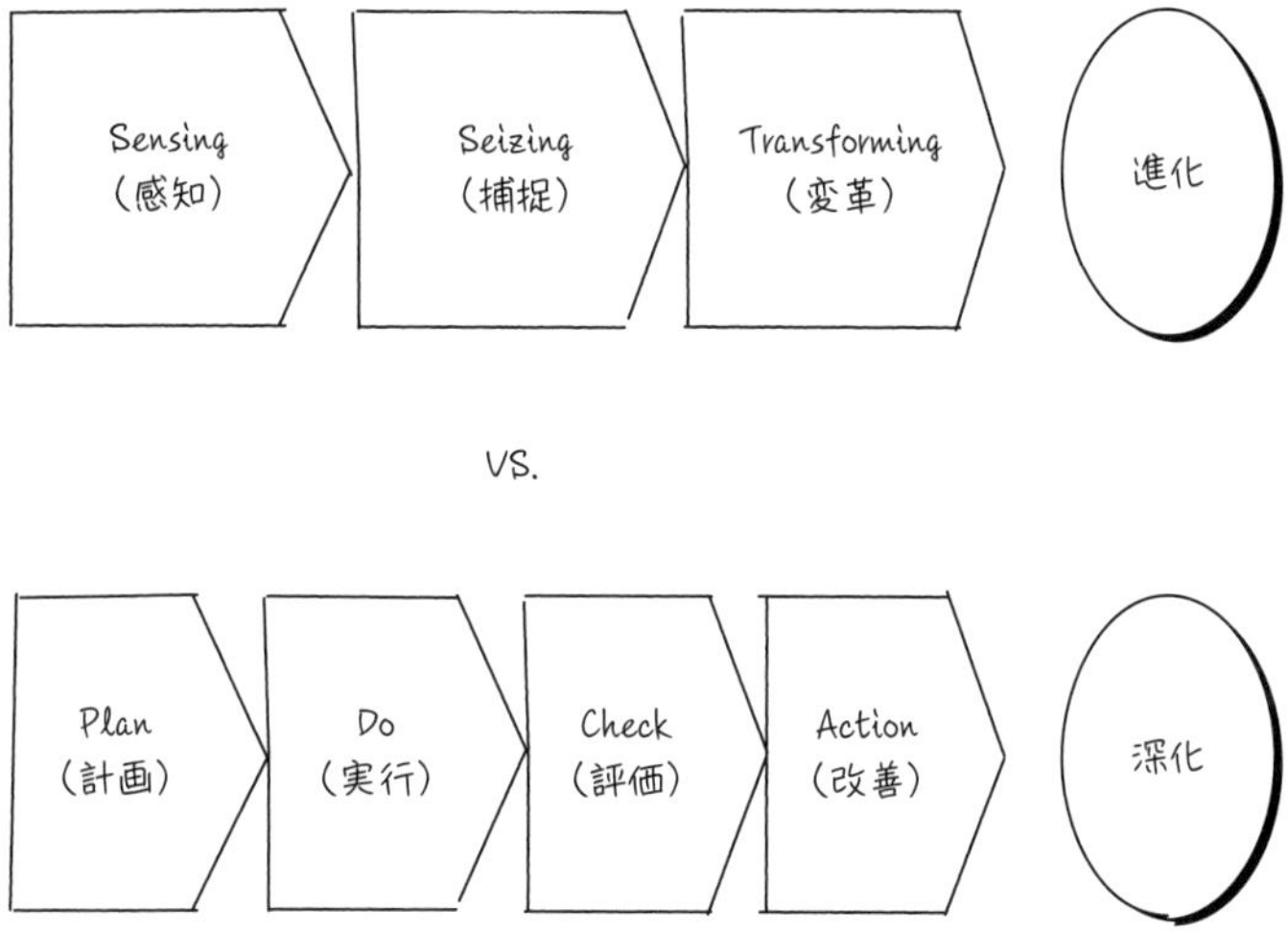

図6-13　PDCA・SSTマトリックス

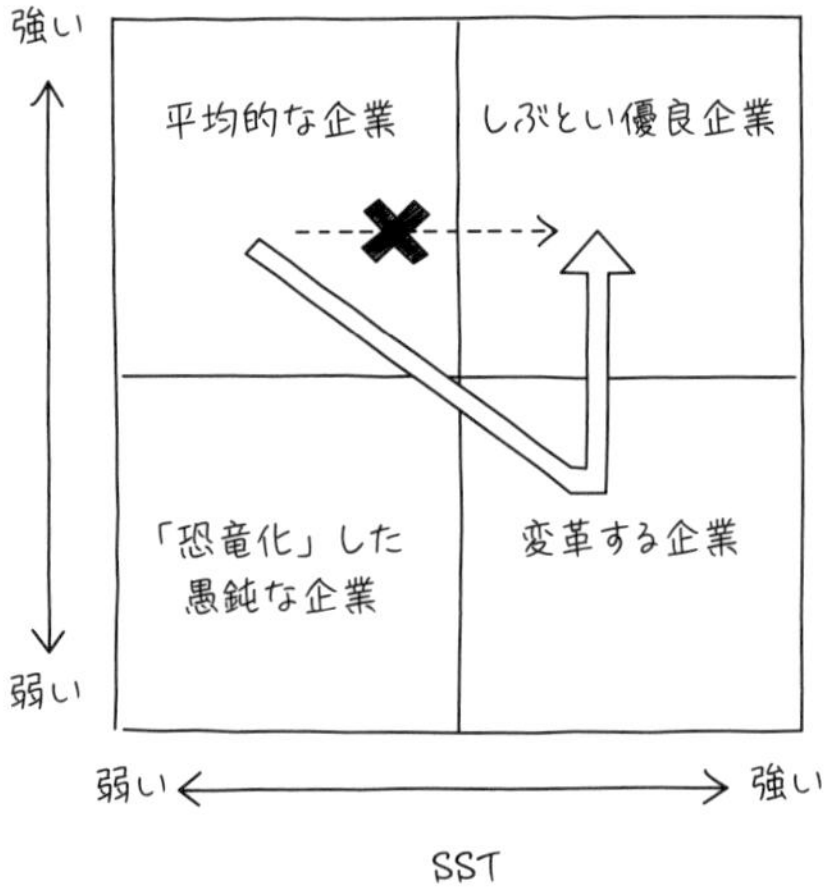

状況を4つのセグメントに分けることが可能です。そこで日本企業をPDCAとSSTの2軸を使って4つに分けてみましょう。

多くの企業は、PDCAは強いけど、SSTは弱い「平均的な企業」に属するのではないでしょうか。おそらく、PDCAが強すぎるとSSTを阻害し、いきなり右上の「しぶとい優良企業」には直接行けそうもありません。跳び上がるためには一旦しゃがむように、変わるためには一旦PDCAを弱めるくらいがちょうど良いのかもしれません（図6-13）。

つまり、変化に適応し、コア・リジディティに対処していくためには、

ステップ①「兆し」を捉える感知（Sensing）への資源投入
ステップ②PDCAよりSSTの重視
ステップ③SSTとPDCAの連動（深化と探索のバランスという点で「両利きの経営」です）

というステップを経ることが望ましいと言えます。

PDCAを一旦弱めてでも、新しい変化に機敏に反応するSSTサイクルを組織に埋め込む。そして、それをあらためてPDCAと両立できるようにしていく、というプロセスが望まれるのではないでしょうか。このようにPDCA・SSTの「田の字」は企業変革の道筋を示してくれます。

前述しましたが、経営の一番難しい課題の1つは、「今」と「未来」のトレード・オフにどう対処するかです。そういった意味で経営者は、ビジネスモデルを創り込むこと以上に、現在のビジネスモデルをどう変えていくかにも、もっと注力すべきなのでしょう。

CHAPTER

7

図で考える コスト削減

経営には、必要なところに投資するのと同時に、無駄なコストを削減していくという営みがあります。ただ、削減するところや削減の仕方を間違えると労多くして効果がなかったり、企業にダメージを与えることもあります。上手にやる方法を、図を描いて考えてみましょう。

1

経費の削減箇所は「ピラミッド」であぶりだす

削減余地はどこにある？

経費削減余地を探るために、どんなアプローチがあるかをピラミッドで分解してみましょう。通常、**何かをピラミッドで分解すると、論点がハッキリする**ものです。

まず真っ先に経費削減の候補となるのは、過去に比べて増加している経費でしょう。経費は固定費と変動費に分かれます。もし事業が拡大しているなら、単位当たり（たとえば販売数量当たり、売上当たり）の固定費の比率は必ず下がります。変動費は横ばいのはずです。もし増加しているなら、そこは削減のチャンスです。

次に、これら経費率が低下あるいは横ばいであったとしても、A事業部よりB事業部の

図7-1　ピラミッドで経費の削減箇所を探す

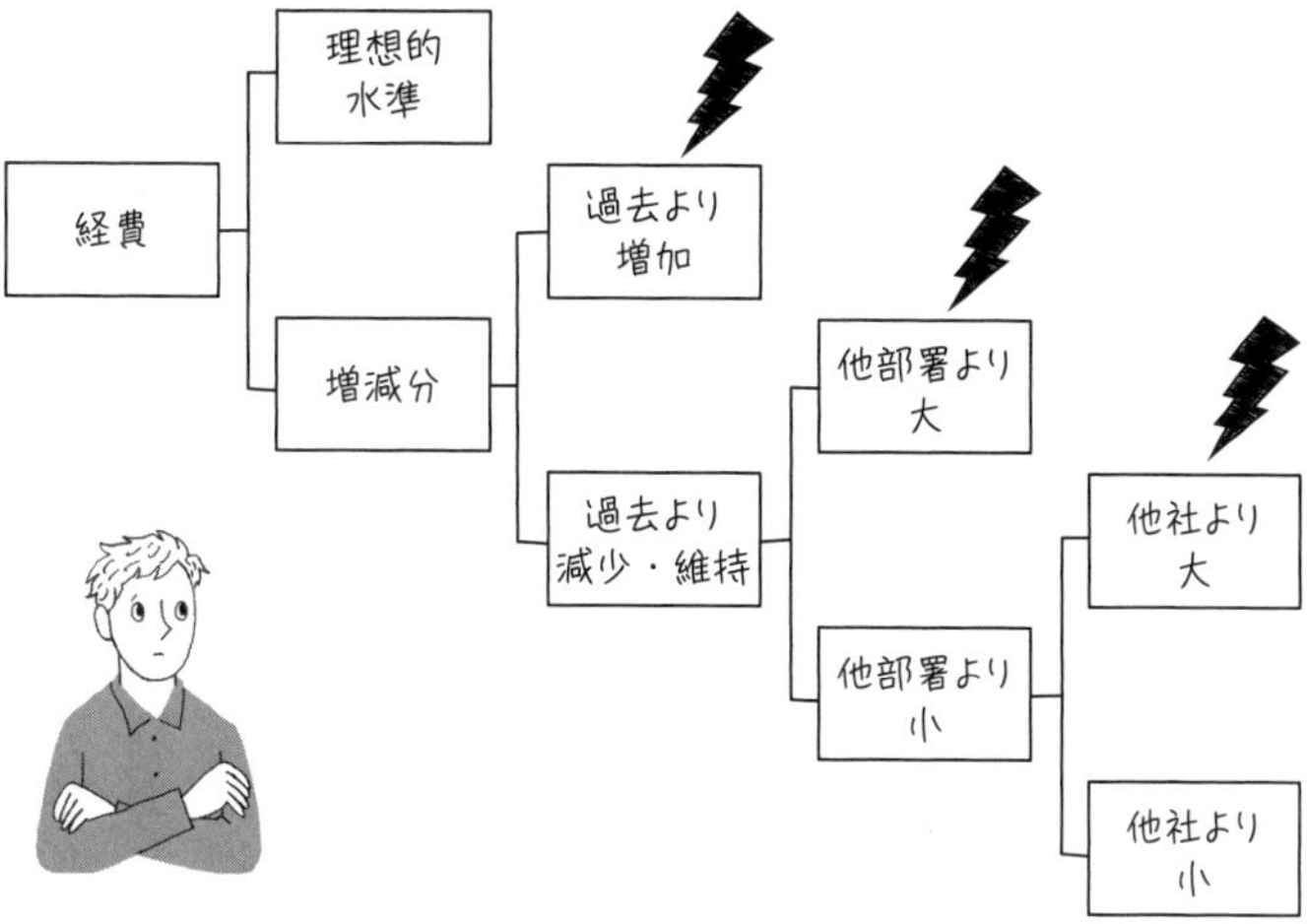

経費率が高かったとしたら、B事業部では削減の余地があるかもしれません。さらにA事業部ですら、もし他社と比較して他社よりも経費率が高いのなら、削減の余地があるはずです（図7―1）。

経費削減のフルポテンシャル「BDP」

この他社との比較という点では、BDP（Best Demonstrated Practice）という考え方があります。

私がまだ駆け出しのコンサルタントだった20代の頃、社内トレーニングでBDPという概念を学びました。今では簡略化されて「べ

図7-2　BDP

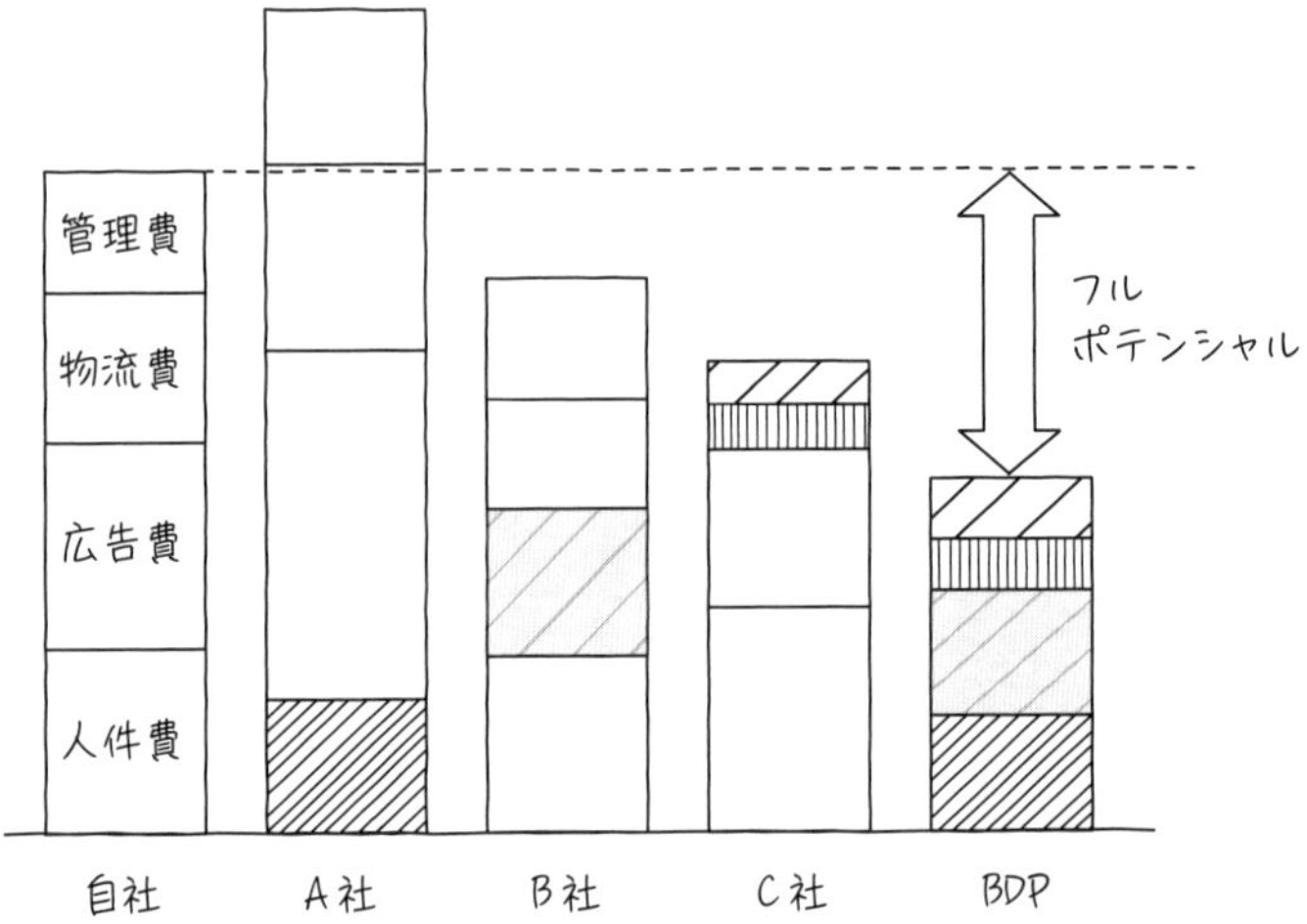

ストプラクティス」と呼ばれたりもします。基本的には他社とのコスト構造の違いを比較して、削減余地を探る手法です。

講師のマネジャーが、このようにＢＤＰを説明してくれました。

「Ａ社の人件費が一番低いのならＡ社の数値、Ｂ社の広告費が一番低いのならＢ社の数値、Ｃ社の物流費と管理費が小さいのならＣ社の数値といった風に、競争相手の経費項目ごとにベストなものを組み合わせてＢＤＰを計算すべきだ」（図7-2）。

……ちょっと待ってよ（笑）。

まだ、経営の「ケ」の字もよくわかっていなかった私でさえ、背景の異なる各社の良いとこ取りをして「これがBDPです！」と主張したところで、さすがにそれは机上の空論じゃないですか、と反論しました。しかし、そのマネジャーは、「いやこれで構わない」と主張したのです。「背景がわからない中、都合良く創り出した数字には意味が無い」という私の論理に対して、「背景がわからないからこそ、どんなチャンスがあるかもしれないと考えるべきだ」と。

そこには、**人は「神」には近づけないが、誰かがやっているのなら、人は「人」には近づける**という思想がありました。「わからないから制約を前提に考えよう」ではなく、「わからないから制約を取り除いて自由に発想してみよう」というスタンスなのです。

CHAPTER1では、事業のフルポテンシャルの重要性を説明しました。経費削減においても、個々の制約条件から出発するのではなく、フルポテンシャルを理解することが重要だということです。

「減らす」だけでなく「半減する」「ゼロにする」視点を持つ

話をピラミッドに戻しましょう。

コストをピラミッドで分解し、**時間的・空間的（自社他部門間・他社間）に存在するバラツキに着目することで、経費削減の道筋が見えてきます。**

ただ本質的には、もっと大事な視点があります。それは、「そもそも、その経費が必要なのか否か」という視点です。つまり、そのお金が、価値を生んでいるかどうかです。図で描いたものを、「そもそも」と、前提や常識を健全に疑ってみることは非常にパワフルです。

現在の私が勤務している大学でも、そのような「そもそも必要なのか？」と思える作業（つまり、人件費）は山のようにあります。

私のキャリアはある意味、時代の流れに逆行しています。若いころは外資系企業やベンチャー企業に勤め、ほとんど「ハンコ」を使ったことがありませんでした。今50歳を超えて大学に移り、本格的に「ハンコ」文化に直面しています。文字通り書類に2桁のハンコが並んだりしているのです。

たとえば、どう考えても誰も二度と見ることのない書類をワードで作成する作業もあります。私がその書類を作り、メールで事務方に提出する。事務方はそれを印刷して、関連部署に回し、ハンコを集める。最終的には、専攻長や学術院長といった偉い先生方のメールボックスを回遊した後、捺印がなされ、分厚いバインダーに綴じられることになる。

ある時その書類がWeb化されると聞いて喜びました。しかし残念ながら糠喜びでした。Webで提出する場合は、Webに入力した後、自分でプリントアウトして捺印して、紙でも事務室に提出しなければならないというのです。それならメールでワードを送付するほうがまだましです……。

まあ、大学はなかなか変われないとは思うのですが、大事なことは、「その経費・作業が価値のあるアウトプットを生んでいるのか」と本質的な問い掛けを行なうことにあります。当然、アウトプットの価値があるか否かを評価するのは、その後工程にいるユーザー部署です。

「そもそも」と、コスト削減に本質から迫るためには、次の2つの具体的手段が有効です（図7-3）。

1つ目は、**「減らす」ではなく、ゼロベースで「積み上げる」**という方向で経費を見ることです。今あるものを削ろうとするから、既存勢力からの大きな抵抗を生み出してしまいます。一旦、すべてを御破算にして、「ゼロからいるものだけを積み上げさせる」というアプローチが有効です。白い紙の上に、必要なものだけを描き出してみてはいかがで

図7-3　経費は「ゼロベース」や「半減」を考えてみる

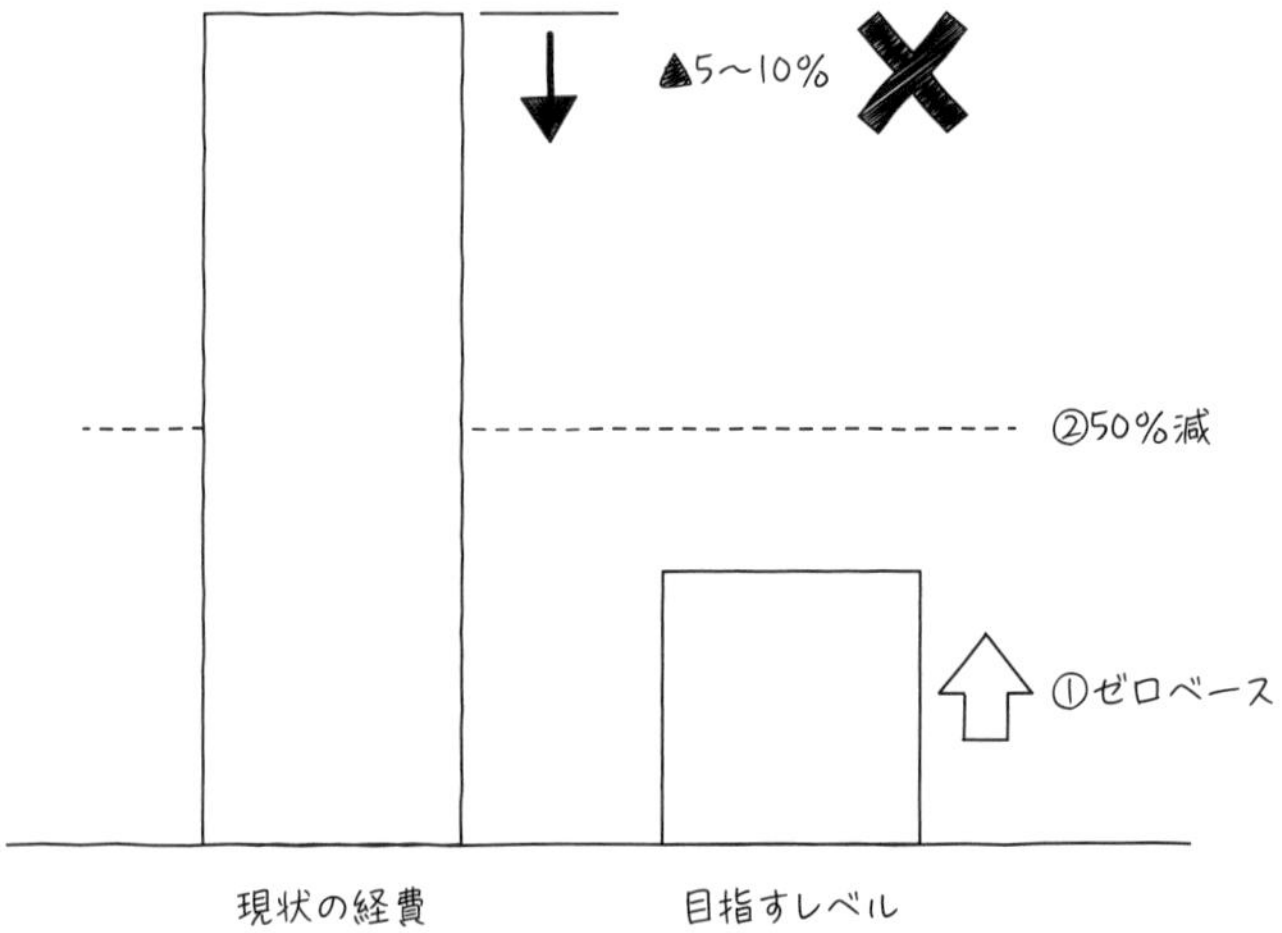

しょうか。

2つ目は、5%、10%といった改善レベルを目標とするのではなく、**半分（50%減）にするにはどうすべきか、ということにチャレンジする**ことです。半減は、現状の延長線上では相当に困難です。「非連続」なアプローチが必要になるはずです。そうしたチャレンジを考えることからユニークなアイデアが生まれてくる可能性もあります。

過去からの慣習や、既得権益が複雑に絡むのが経費です。なかなか削減しにくいのは確かです。それゆえ、アプローチを「減らす」から「ゼロから積み上げる」へ、「減らす」から「無くす」へと発想を変えるべきです。

2

ビジネスプロセスの効率化・強化は「矢バネ」から考える

リエンジニアリング＝矢バネの再構築

先ほどの経費とは異なり、ビジネスプロセスの効率化を考える時には注意が必要です。なぜなら、ビジネスプロセスは、より直接的に事業の競争優位に影響を与えるからです。

マイケル・ポーター[*1]を引き合いに出すまでもなく、企業はインプット・アウトプットを行なうシステムであり、企業活動そのものが付加価値を生み出すための連鎖です。そして連鎖を図で表すには矢バネが最適です。この企業の矢バネの良し悪しは競争力を左右してしまうので、単に「減らす」というアプローチにはリスクが伴います。

＊1　マイケル・ポーター：米国の経営学者。競争戦略に関する研究の第一人者。ファイブフォース分析やバリューチェーンなどの分析手法を提唱。

そこでビジネスプロセスの効率化を考える際には、図7－4のように、まず矢バネでシンプルなビジネスシステムを描いて考えてみましょう。矢バネの太さは、それぞれの機能の能力の高さ・強さなどを表しているとします。

この図から、どのような強化・効率化の可能性を見つけることができるでしょうか。それを発見するためには、図の個別要素と全体を上へ下へと見比べながら行き来することが効果的です。

Fix・Balance・Re-organize

矢バネの見方として、Fix・Balance・Re-organizeの３つの視点をご紹介しましょう。

1. １つの矢バネに着目すると、Fix（直す）
2. ２つの矢バネに着目すると、Balance（バランスする）
3. 数多くの矢バネに着目すると、Re-organize（再構成する）

図7-4　バリューチェーンを変革する

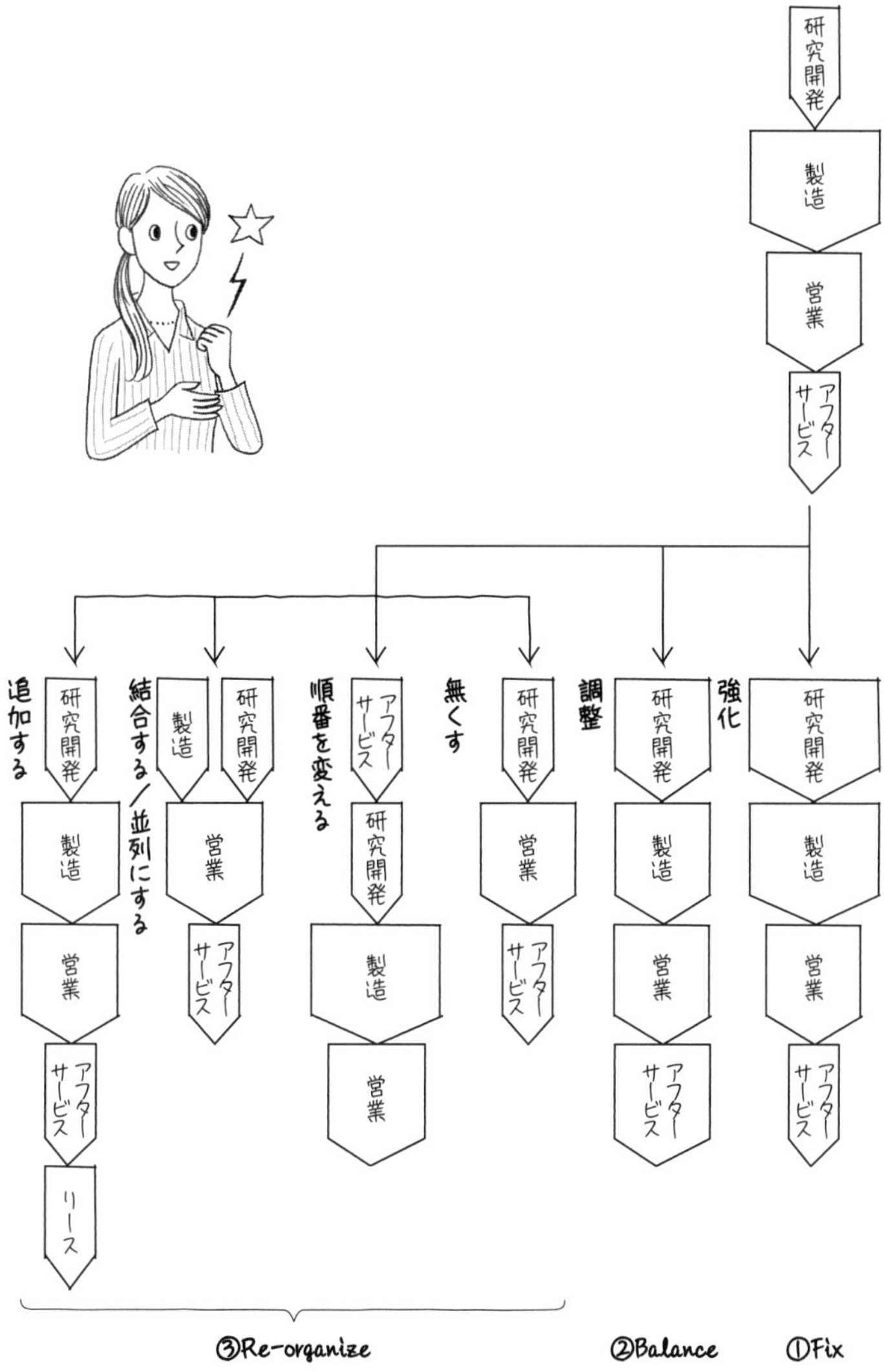

1つ目のFixは、矢バネ1つを直すことです。たとえば、研究開発力が課題であれば、その課題を洗い出し強化することです。

2つ目のBalanceは、ヒト・モノ・カネの配分を変え、矢バネ間の偏りを是正し、資源の有効活用を図ることです。たとえば、良い製品が作れないまま営業力だけが突出すると、長い目で見ればブランドを毀損することにもなりかねません。であれば、新しい営業支店を作るのをやめて、追加的な開発拠点を作るほうがましです。

かつて日本の液晶メーカーは、グローバルに「売り切る力」が無いまま、巨大で高コストな「生産する力」を持ってしまいました。そのために売れない在庫を溜めることになり、苦境に立たされました。これも、ビジネスシステムのアンバランスが生み出した悲劇の1つです。

3つ目のRe-organizeは、矢バネを大きく組み替え、これまでとは異なる形へと進化させることです。これには幾つかのパターンが考えられます。

無くす

どれかの矢バネをやめてしまう。

（例）製造の外部委託、アフターサービスの外注化。

順番を変える

矢バネの順序を入れ替える。

（例）まずプロトタイプを作ってから、後で製品を改良していく。

結合する／並列にする

矢バネを同時並行的に行なう。

（例）コンカレント・エンジニアリングでは、製品開発と生産ライン設計を同時に調整しながら行なう。

追加する

新しい矢バネを加える。

（例）ガソリンスタンドがレンタカービジネスを始める。

非効率なシステムから効果効率的なシステムへと脱皮するためには、矢バネの構造は変わらざるを得ません。これは、Do Better の発想ではなく、Do Different の発想です。そうして生まれ変わったビジネスプロセスは新たな優位性の源になります。

ちなみに、無くしたり、並列にしたりというRe-organizeの基本的発想は、「単純化（シンプル）」「短縮化（スピード）」「並列化（シンクロ）」です。

かつてビジネスプロセス・リエンジニアリングという手法が流行りました。今、DX時代ではアジャイル経営の重要性が謳われたりしています。

ただ、それらの基本的な思想はずっと変わっておらず、「単純化」「短縮化」「並列化」にあるのです。

COLUMN

時間優位の競争戦略

ビジネスプロセス・リエンジニアリングが流行ったのとほぼ同じ頃、コンサルティング会社のBCGは「タイムベース競争」というコンセプトを発表しました。「時間こそが企業にとっての希少資源であり、時間短縮こそが企業の競争優位の源になる」という考え方です（あまり流行りませんでしたが……）。

リエンジニアリング革命も、IT技術を駆使して余計なプロセスを省き、それまで3日かかっていたことを10分で片付けてしまうことで優位性を築けると主張していて、この2つのコンセプトの源流は同じです。そのカギとなる視点は「速さ」です。先ほどの「単純化」「短縮化」「並列化」も、すべて時間が短縮されることに価値がありました。

一方、もう1つ時間に関連した視点があります。それは「早さ」です。

ビジネスでは、「早さ」がものごとの命運を左右する事例が数多くあります。かつてビル・ゲイツは、マイクロソフトの立ち上げを卒業まで待てませんでした。もし待っていたら、今のマイクロソフトはなかったかもしれません。あるいは、グラハム・ベルは、イライシャ・グレイより2時間前に電話の特許を出すことで、AT&Tの創始者になりました。

一般的に言って、日本企業に比べ欧米企業の動きは俊敏です。たとえば、先進国の太陽光発電事業が、コスト競争力で新興国に押されて勝ち目が無くなってきた時、シーメンスはいち早く撤退を決めました。パナソニックが撤退を決めたのはその後、かなり経ってからのことです。

また、欧州の家電の名門フィリップスは2000年代初頭、AV事業・液晶パネル事業などから撤退し、素早く医療機器分野でのM&Aを進め、BtoBの医療機器メーカーとして復活を遂げました。ここでも日系企業との開きは10年以上になりました。

あるいは歴史に目を転じてみても、豊臣秀吉は、本能寺の変の報から約10日間で毛利氏と和睦を結び畿内に戻るという「中国大返し」を実行し、天下を手に入れました。太平洋戦争で日本は、開戦の通告が少し遅れてしまったことで、奇襲の汚名を受けることになってしまいました。

「時間」のわずかな差が、企業や国の命運を左右することもあるのです。

「早い」ことは多くのメリットをもたらします。先行者優位性を築けるかもしれませんし、学習の促進もでき、修正もききます。また、素早く経験曲線を下り、コスト競争力を手に入れることもできるはずです。

この「早さ」や「速さ」を最大限活用した強みは「時間優位」とも呼べます。時間は、ヒト・モノ・カネ・情報の次に来る第5の経営資源と言われます。そして「時間」は形がなく捉えどころがないので、そこを強みにすれば持続的な競争優位の源になるはずです。

すべてを早く・速くするというオペレーショナルな打ち手が、戦略的な競争優位を生み出すことになるという発想、面白いと思いませんか？

CHAPTER

8

図で考えるリーダーシップ

本書の最後にご紹介するのは、経営者、つまり社長や役員、あるいはマネジメント職など、意思決定者のリーダーシップについてです。どう考え、決断し、伝えるか。リーダーの悩みは深く尽きぬものですが、図を描くことで幾つかの手掛かりを手に入れることが可能です。

1

リーダーシップに悩んだ時は「矢バネ」の先に「夢」を描く

矢バネの向きを変えてコンフリクトを解消する

会社に勤めようが、自分で事業を始めようが、多くの場合、責任や権限は拡大し、それに併せて率いるチームは拡大していきます。もともと自分に自信があり、どんどん人を引っ張っていくことのできるカリスマがある人間なら悩むことは無いのかもしれませんが、ほとんどの人は、うまくリーダーシップを発揮できないと悩む場面に直面することがあるのではないでしょうか。

私も、「うまくチームをまとめられない」「チーム内にフラストレーションが溜まっている」「しっかりと意図が伝わらず、効率的に働いてもらえない」「上はラクしていると思われる。苦労は理解してもらえない」といった悩みに何度も直面してきました。こうした

図8-1　リーダーシップの悩み

リーダーとメンバー間のある種の**対立関係を理解するためには、「向き」を明示する矢バネが最適**です。悩みの構図を矢バネで考えてみましょう。

リーダーは、完璧とは言わないまでも部下の方を向いて、部下に慕われるリーダーを目指そうとするものです。一方メンバーは、リーダーを見て、リーダーの至らないところに不満を募らせてしまいます。そのギャップがフラストレーションのもとになります。リーダーとメンバーが対立する基本的な構図は、お互いを向き合い、その中でいがみ合ってしまう構図です（図8-1）。

人間、完璧になることなど不可能です。このような構図の中では、いつまでたってもお互いの不満は消えません。必要なことは、こ

図8−2　矢バネの向きを変える

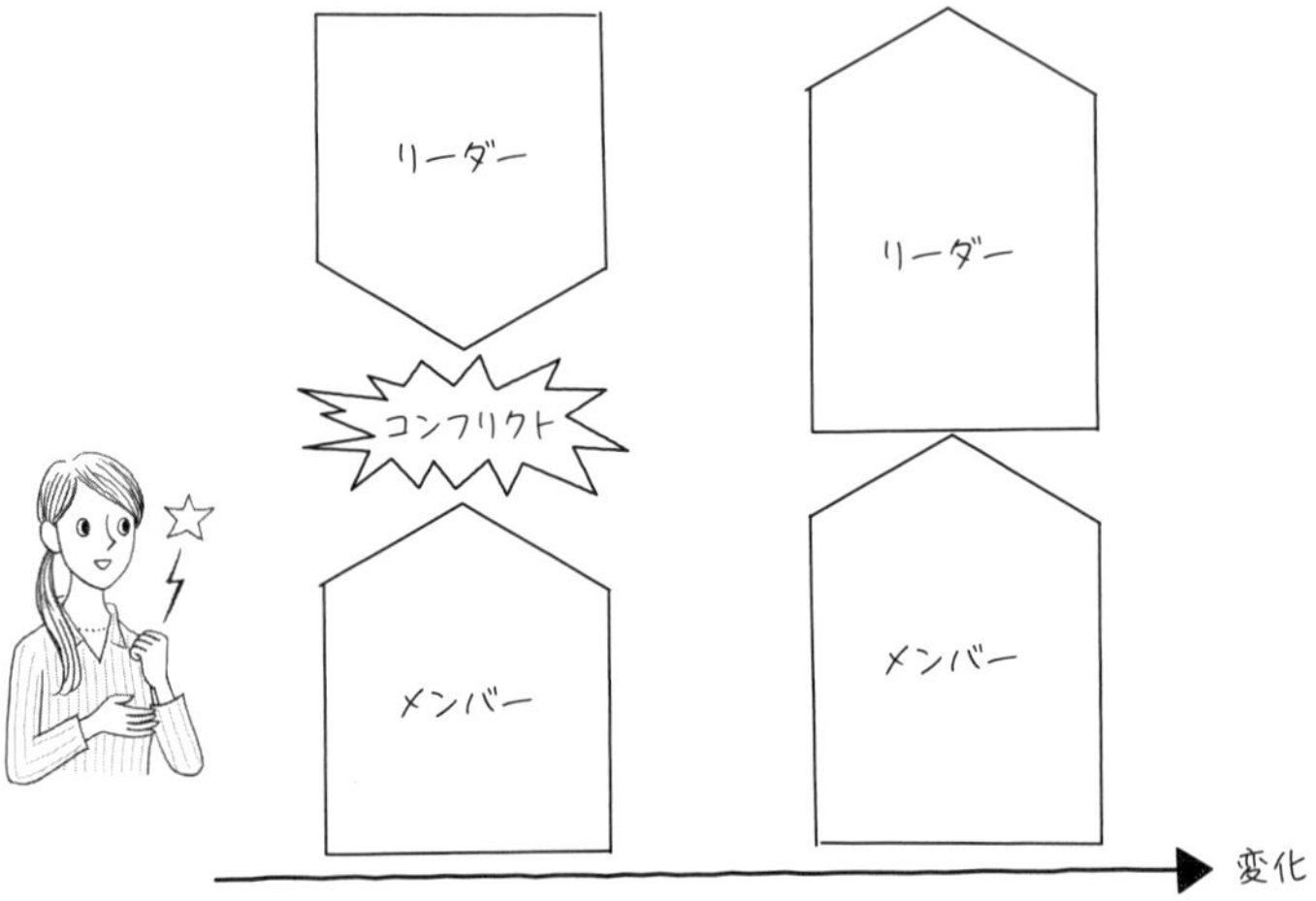

の構図を変えることです。矢バネの方向を変えて、コンフリクトを生む構図を解消してみてはどうでしょう。そう、みんなで同じ方向を向けば良いのです（図8−2）。

「Why？」を取り戻す

人のモチベーションに関する喩え話に、有名な《3人のレンガ職人の話》があります。旅人が3人のレンガ職人に出会い、会話をしていく話です。1人目は不満そうに、2人目は黙々と、3人目は嬉々として働いていました。

1人目「朝から晩まで、暑い日も寒い日

も私はレンガを積んでいる。腰も痛いし手も痛い。こんな大変な仕事をしないといけない自分は、ついていない」

2人目「壁をつくっている。この仕事のおかげで家族を養っていける。大変だなんて言っていたらバチが当たる」

3人目「歴史に残る偉大な大聖堂をつくっている。素晴らしいことだ」

1人目と2人目は、おそらく図8-1の相対する矢バネの中にあり、3人目は、図8-2の矢バネが同じ方向を向いた状況にあります。3人目が所属するチームではおそらく、リーダーもメンバーも、「大聖堂をつくる」という、「なぜレンガを積むという作業を行なっているか」の「Why」のほうを向いてベクトルが揃っています。

この「Why」は、突き詰めると、社会や時代の「善」や、人の「想い」に至ります。

たとえば、松下電器産業（現パナソニックホールディングス）の創業者松下幸之助は、水道の水のように安くて良い製品を日本の隅々まで行き渡らせ、戦後日本を豊かにすることを目指しました。いわゆる「水道哲学」です。

これは昭和のエピソードですが、今であれば、AIやIoTで新しい価値を生み出したいという人もいれば、地域社会と一緒になって貧困問題に取り組みたい人もいるでしょ

図8–3　矢バネの先に「Why」を描く

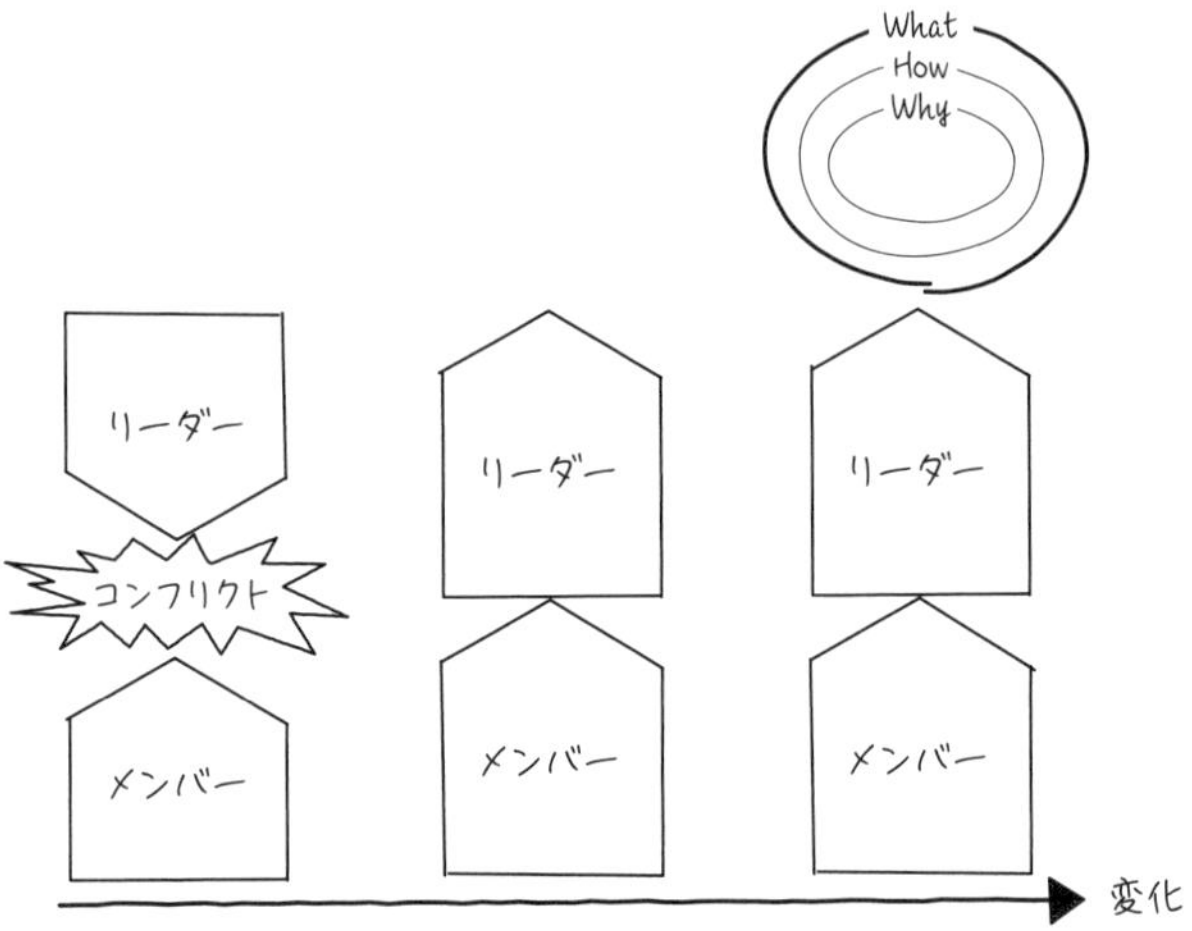

う。万人に共通の唯一の正解はありません。自分なりに「Why」を考え抜いて「How」と「What」を見つけてください。それが、チームとリーダーが一丸となって前に進むための正当性の源になるのです。だからリーダーシップに悩んだ時には、一度、矢バネを描いてみて、矢バネの先の「余白」に想いを馳せてください。**皆さんは、そこに何を描きますか？**（図8–3）

そして「あなた自身が完璧である必要は無い」ということも思い出してください。人はリーダーについていくのではなく、リーダーが描く夢についていくものだからです。まさに、「者ども、行け！」ではなく、「者ども、我に続け！」で行きましょう。

結局リーダーは結果を出すしかない

仕事をしていると、当然、危機的な状況に直面することもあります。リーダーとして責任ある立場にいたりすると、大変さは倍増します。

私もコンサルティングファームでマネジャーをしていた頃、アウトプットが出ずに苦労したことがありました。クライアントからのプレッシャーも大きく、上司からのプレッシャーも大きく、それはそれは辛い時期でした。でもそんな経験を経てきた今、あらためて大事なことは2つあると感じています。

1つ目は、あまり気にせず思い詰めないことです。「別に命を取られるわけではない」と思うことです。人生本とかによく書かれていますが、人生、ほとんどのことは「所詮、取るに足らない小さなこと」です。今の世の中、その気になれば、どうやったって食べていくことはできるはず。また、10年も経てば、たいていの苦労はいい思い出になります。1人で思い詰めるくらいなら、仲間に愚痴をこぼしたり遊びに行ったり、無理矢理にでも「や～めた！　一旦休憩」と物理的にも問題から離れる時間を取るほうが100倍マシです。

2つ目は、1つ目と矛盾するように聞こえるかもしれませんが、結果を出すことにはとことん拘《こだわ》ることです。若かりし頃、上司にこんなことを言われました。「結局のところ、逃げても辛さからは逃れられない。結果を出すしかないんだよ」。

先ほどの図8-3を思い出してもらいたいのですが、何かの価値を目指してリーダーシップを発揮し、チームをまとめる以上、最終的には「結果が出せるか否か」が大切な判断軸になります。結果を出せない自分自身をごまかそうとしても、その状況を一番よくわかっているのは自分自身です。ごまかし通せるわけがありません。また、結果が出なければ、メンバーからの信頼も得られないでしょう。

人が満足を得られる時とは、自分が役に立っているという「自己効力感」や、マズローの5段階欲求説の2番目の「承認欲求」が満たされた時です。つまり、**危機に直面した時には、「取るに足らないこと」だと一呼吸置いた後、「結果を出すために全力を尽くす」しかない**のです。

「ワンランク上で考え」
「ワンランク下で手を動かす」

では、どうやって結果を出すのか。先ほどのレンガ職人の話を少し拡張して考えてみましょう。

レンガ職人の上に、壁全体を担当するリーダー（中間管理職）と、大聖堂の建築全体を担当する上司（最終責任者）がいたとします。そしてあなたは、レンガ職人ではなく壁施工のリーダー（中間管理職）だったとします。危機に直面した中間管理職であるあなたは、結果を出すためにどうすればいいでしょうか？

最も効果的な方法は**「ワンランク上で考え」「ワンランク下で手を動かす」**です。大聖堂の建設責任者（上司）の立ち場で考えれば、床や屋根を担当するリーダーと調整し、効率アップの方法を見出せるかもしれません。一方、レンガ職人の立場で一緒に動けば、共に汗をかくリーダーへの信頼が増し、チーム力の底上げにつながるかもしれません。

2

リーダーシップに悩んだ時は「田の字」で情報の受け渡しを見直す

間違ったことを正しくやらない

リーダーシップを考える上で、「Why」と並んでもう1つ重要な視点があります。それは「情報」です。リーダーシップは複数の人が集まった場所で発揮されるわけですから、テレパシーでもない限り、ちゃんと相手を理解して、相手にしっかり意図を伝えることからすべては始まります。つまりリーダーシップは、「情報」の受け渡しによってなされるのです。うまくいっていない時は、この情報の受け渡しに着目することも大事です。

次のエピソードは私の失敗談です。

まだ20代後半のコンサルタントだった頃、クライアントのチームメンバーをとても怒らせてしまったことがありました。分析結果を出すことを焦るあまり、あまりに多くの、そして無茶な情報提供をお願いしたことが、そもそもの原因です。私は、一生懸命その分析の重要性を訴え、情報提供の必要性を強調しましたが、相手はますます臍《へそ》を曲げるばかりでした。

そんな時、その状況を見かねたプロジェクト・リーダーのベテランコンサルタントが間に入ってくれました。私は期待しました。分析を進めるために、私に替わってクライアント・メンバーを説得してくれるのだと。

しかし、ベテランコンサルタントの取った行動はまったく違いました。約1時間、そのクライアント・メンバーの言い分をじっと聞きながらメモを取るだけだったのです。マネジャー自身が何かを主張するわけでもなく、情報提供の難しさについて語るクライアントの言葉にじっと耳を傾けていました。そうすると、やがて雰囲気が変わっていき、「こういう情報なら提供可能だ」「このほうが意味ある分析になるはずだ」という代替アイデアまでクライアント・メンバーから出てくる始末です。そして、私の抱えていた問題は解決することになりました。

私がやろうとしていたことは「間違ったこと」でした。相手の言うことを聞いて理解しようとしていなかったのです。しかも「一生懸命伝える」という「正しいやり方」でもの

図8-4　HowとWhatの田の字①

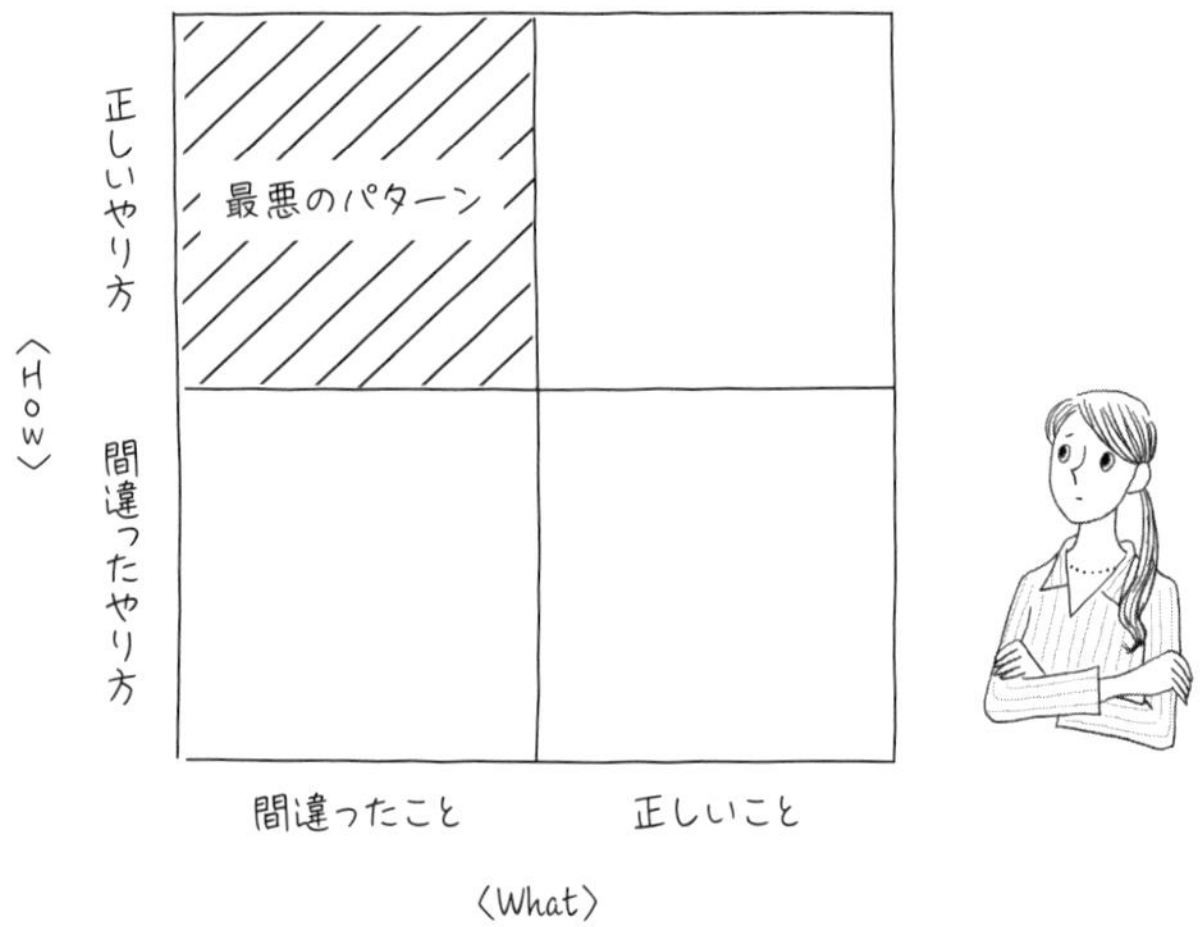

ごとを進めようとしていました。このように**間違ったことを正しくやることほど最悪のことはありません。**相手の言うことを聞かず、理解せず、間違ったことを、正しくやってしまうものですから、状況は悪くなるばかりです。間違ったことなら、正しくやらないほうがまだましです。

「正しいこと」か「間違ったこと」かを〈What〉とし、「正しいやり方」と「間違ったやり方」を〈How〉で表すと、〈What〉と〈How〉の組み合わせは「田の字」になります（図8-4）。

ベテランコンサルタントは、「正しいこと」を「正しいやり方」で実践して見せてくれたのです。リーダーシップを発揮する上では、**「聞く力」が最初、「伝える力」はその後です**

図8−5　HowとWhatの田の字②

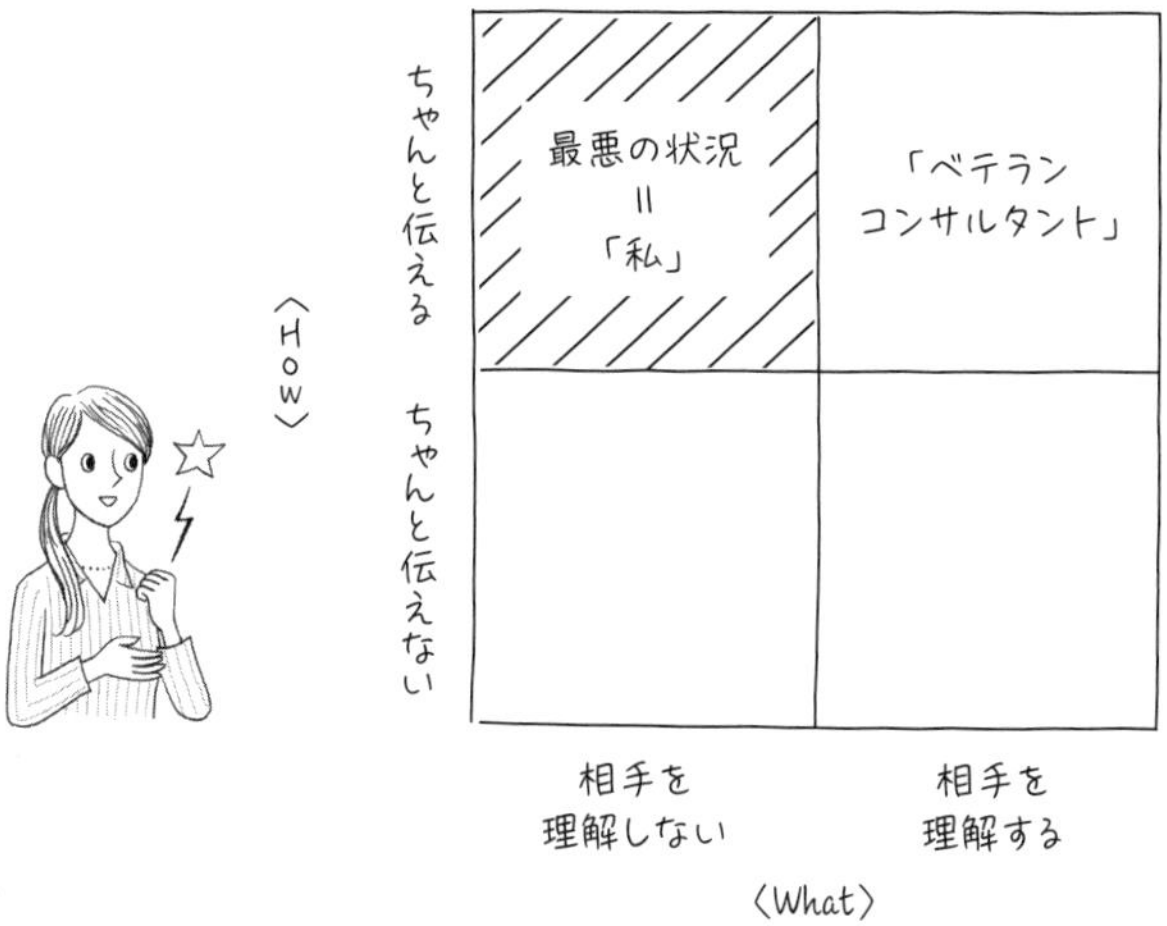

（図8−5）。左上のマス目が私のいた「最悪な状況」です。

トヨタにはバッド・ニュース・ファーストという文化が根付いているそうです。問題があればそれを隠したり、罰したりするのではなく、問題の真因を突き止め、カイゼンを行なうためのチャンスに繋げていく企業文化です。トヨタ生産方式の中のアンドン（異常発生を瞬時に知らせる仕組み）もその表れの1つです。

この図が教えてくれるのは、リーダーシップにおいて最初にありきなのは、耳を傾け（目を見開いて）、相手や問題を正しく理解することだということです。

皆さん、できていますか？

減衰する情報を増幅させる

耳を傾けて、問題を正しく理解できたら、リーダーとして次にすべきことは「正しく伝える」ことです。

その際に意識しなければならないことがあります。それは、**情報には「減衰」するという特徴がある**ということです。人は100%自分の思いを伝えることはできないし、聞いたことを100%理解できるわけではありません。

たとえば、あなたが3階層ある組織のリーダーだったとします。そして下の階層に50%しか伝えられず、下の人は50%しか受け止められないと仮定すると、1段階経るごとに、25%(=0.5×0.5) しか伝わらないことになります。それが3階層になると一番下の階層には1・6% ($=(0.25)^3$) しか伝わらないことになってしまいます。

逆に組織の一番下の階層の人たちが、日常的に顧客と接し、その顧客情報を一番理解しているとすると、その顧客情報は、自分には1・6%しか届いていないことになってしまいます(図8-6)。2%弱の情報を得て、2%弱の指示しか伝わらないと考えると恐ろしい限りです。それゆえ、会議でも雑談でもメールでも、様々な手段を使って、聞く努力と

図8-6　情報は減衰する

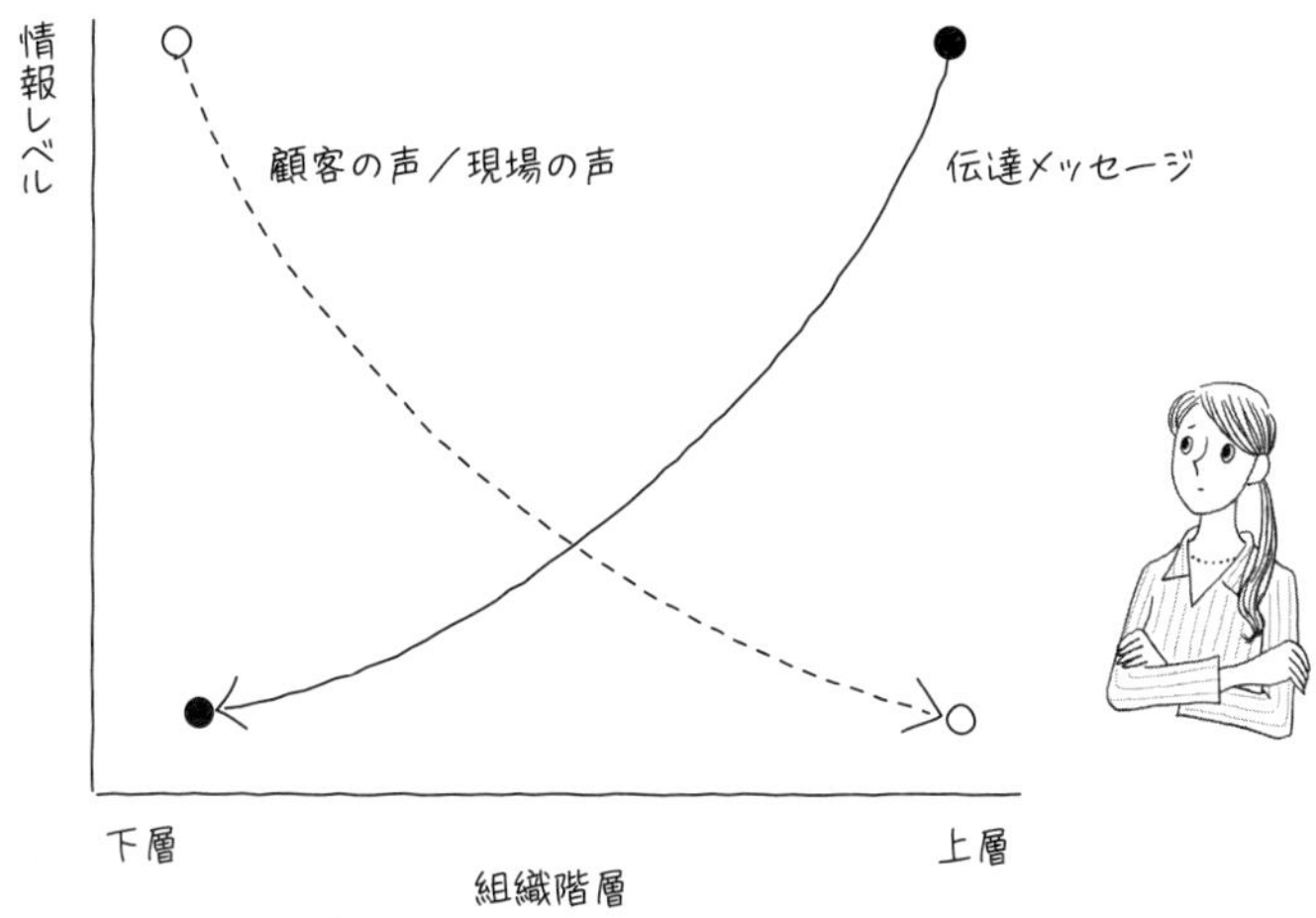

伝える努力を継続しなければリーダーシップの発揮は叶いません。

情報の減衰を防ぐためには幾つかのヒントがあります。

1つ目は、同じメッセージを繰り返すことです。人は同じことを何度も繰り返し聞かされると、それが長期メモリーに定着します。

2つ目は、組織の各階層に直接語りかけることです。減衰を防ぐために、伝言ゲームを回避するという発想です。

3つ目は、フェース・トゥー・フェースのコミュニケーションを重視することです。情報だけではなく、熱意や価値観なども減衰していきます。コミュニケーションは言葉以外が8割~9割を占めるという話もあります。

その伝達にはやはり、リアルな「場」が果たす役割は大きいものです。

そしてできれば、本章の最初に述べたように、**共に目指すWhyの共有を通じて、「減衰」を「増幅」に転換すべき**です。Whyが共有されていれば、組織の各階層が逆に「増幅器」になり、Whyをより豊かにしてくれるはずです。

3

大きな意思決定をする時は「ベン図」で正しい答えを模索する

意思決定の質は「認識」と「現実」の理解次第

次に、意思決定の正しさについて考えてみましょう。

人の意思決定は、当然のことながら、その人の考えや「認識」に基づいて行なわれます。また、これも当然なのですが、意思決定は正しい「現実の理解」に基づいて行なわれるほうが、より正しくなるはずです。

さて、意思決定の質がその人の「認識」と正しい「現実の理解」に左右されるとしたら、この2つをどのように扱うべきでしょうか。

異なる2つのものの包含関係を理解するには、ベン図が便利です。そこで「認識」と「現実」の関係性をベン図で表してみましょう。

図8-7　「現実」と「認識」の関係のパターン

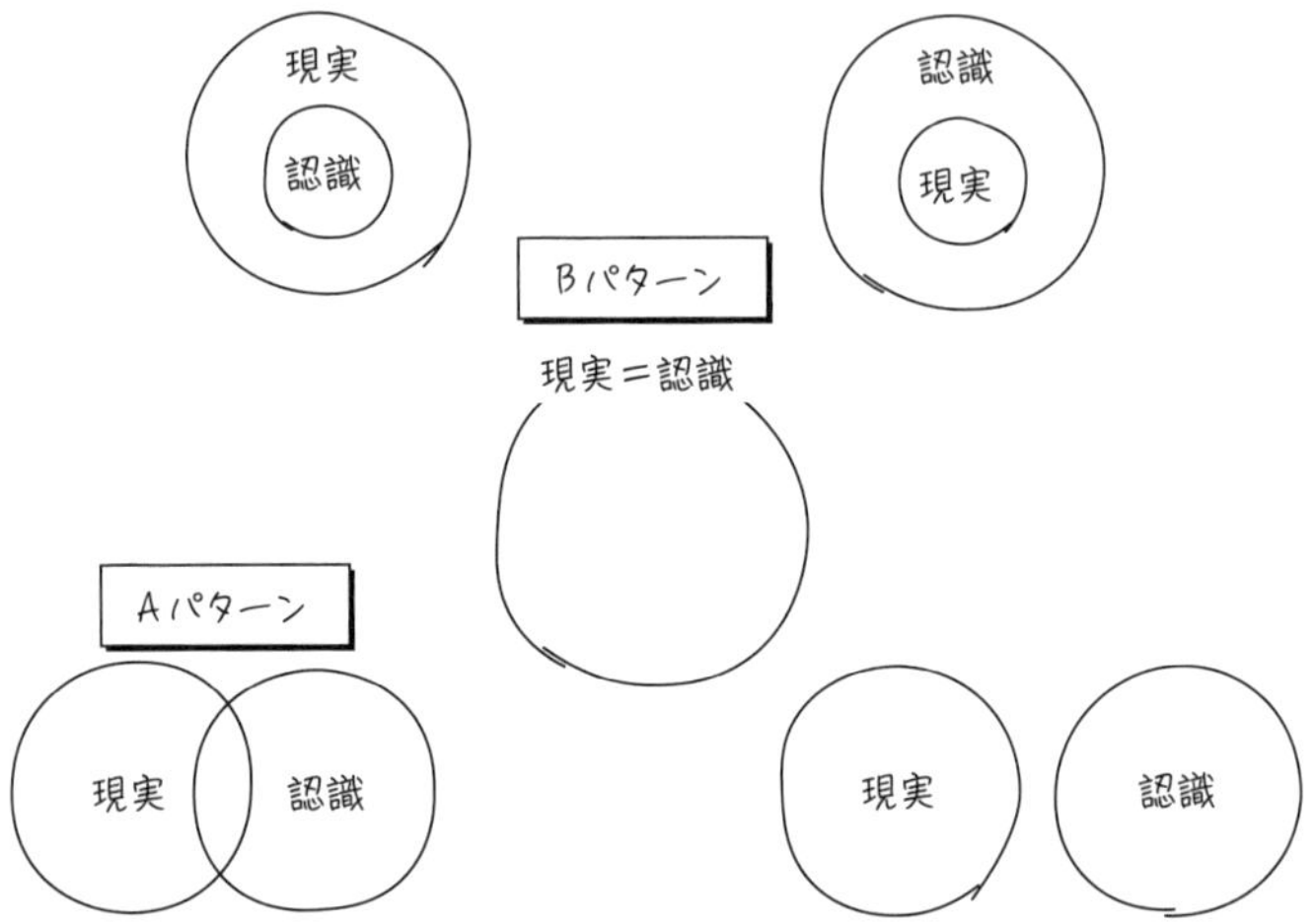

図8-7がそのすべての組み合わせになります。まず右下は、まったく現実を無視した認識であり論外です。右上の関係は、関連する現実をすべて包含し、さらにそれを超える認識を持つということなので相当に難しいはずです。また左上も左下の関係も不十分です。

もちろん望ましいのは、真ん中の「現実」と「認識」がおおよそ一致している状況ですね。そこで、ここでは真ん中（Bパターン）と左下（Aパターン）の「認識」と「現実」に着目したいと思います。

Believing is Seeingのワナ

Aパターンでは当然、意思決定は認識に基

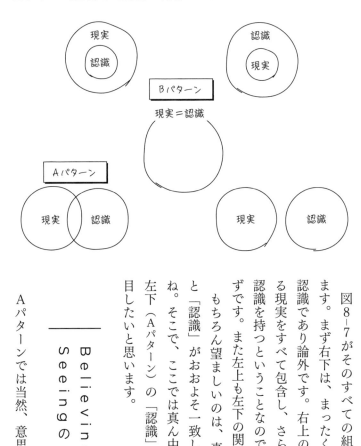

図8-8　現実と認識のズレ

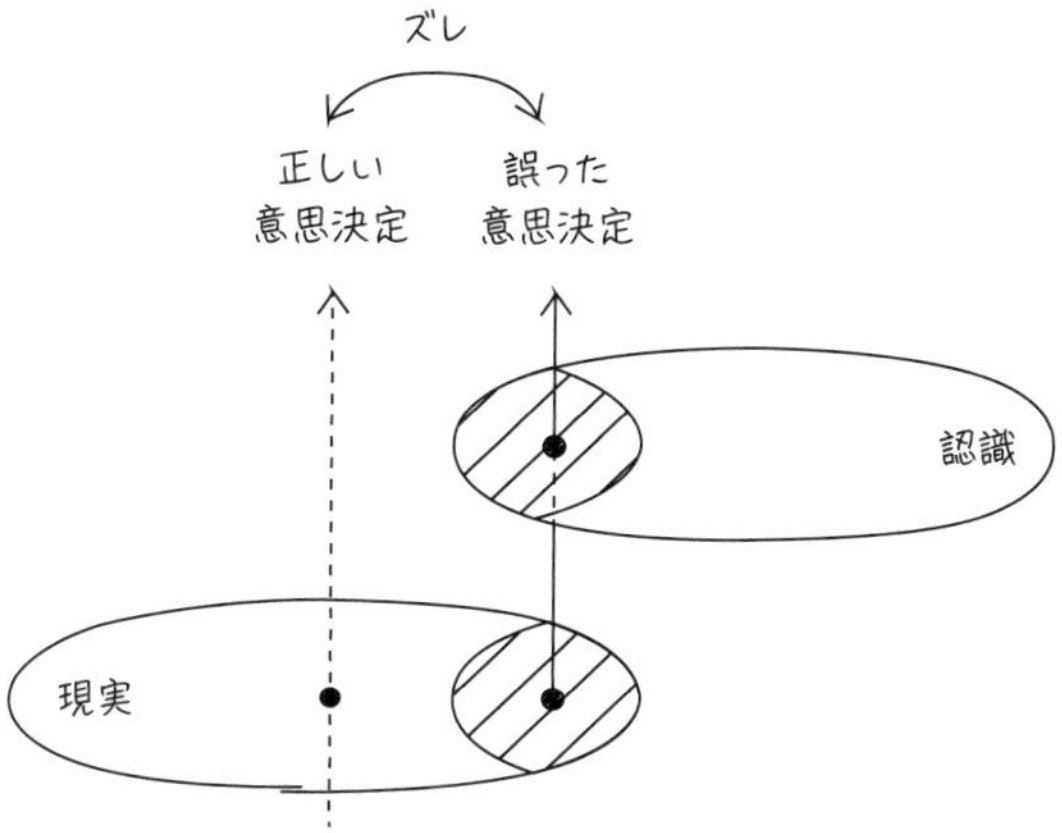

づいて行なわれるので、ズレた認識が現実の一部を切り取り、誤った意思決定につながってしまいます（図8-8）。ここで陥っているのが、「Believing is Seeing」のワナです。著名なカール・ワイクという組織学者が「Seeing is Believing（百聞は一見にしかずの英語版）」に対して新たに作ったフレーズですが、Believing is Seeingは、自分の信じているもの（認識しているもの）しか見なくなってしまう状況を意味します。

様々な経験を通じて、人はその人なりの認識（メンタル・モデル）を構築していきます。そして1度それができ上がってしまうと、なかなかそれを更新することができず、徐々に現実から離れていってしまいます。それゆえ、大きな意思決定を行なう際には、次の2

図8-9　認識のズレを修正する

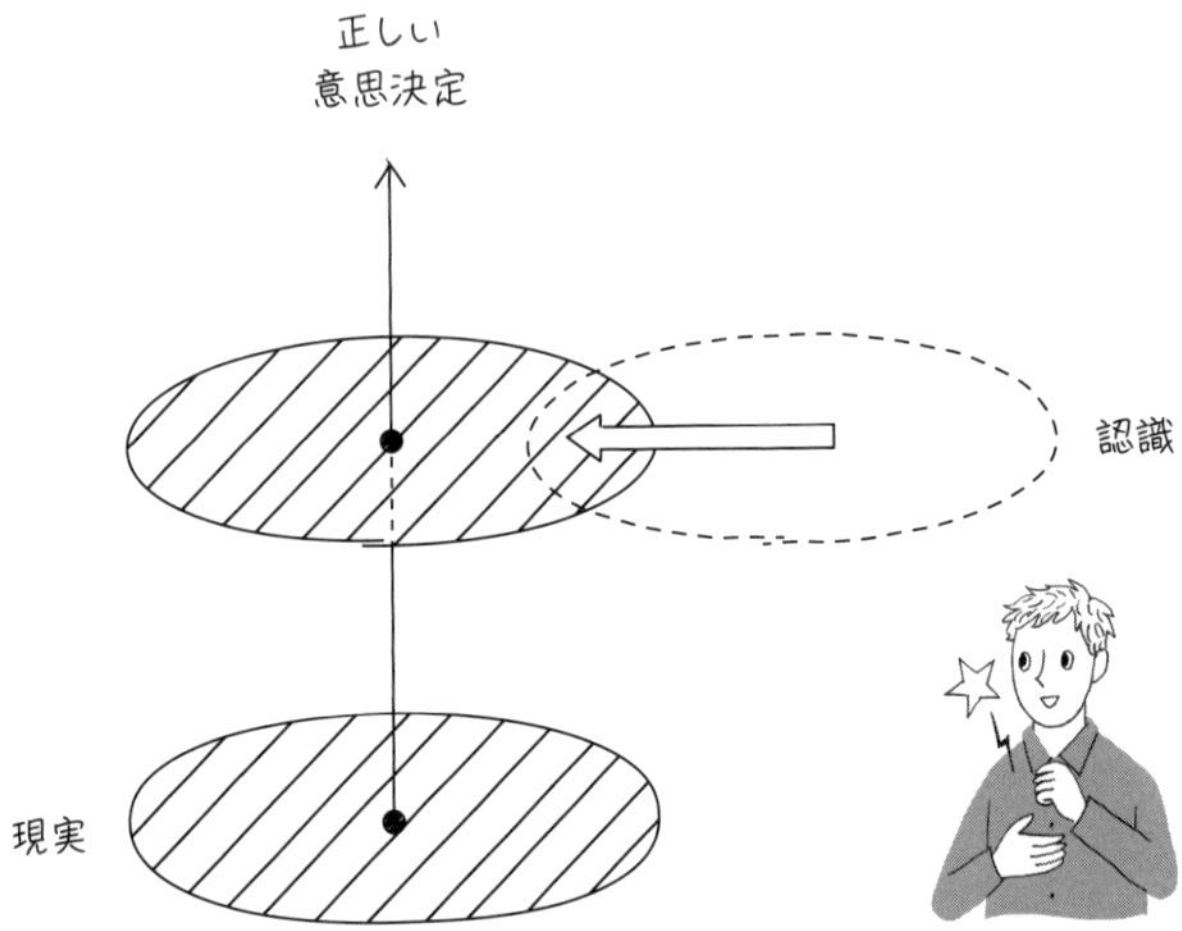

つに気を付けるべきです。

1つ目は、自らの認識に囚われず、虚心坦懐に一次情報に触れ、Seeing is Believingを取り戻すことです。以前、デルで働いていた頃、優れた性能を持つ新製品を上市したことがありました。他社に比べて性能・価格は申し分なく間違いなく売れると思っていましたが、いざ売り出してみるとほとんど売れませんでした。遅まきながら、買ってくれた少数の顧客にヒアリングを行なうと、「使い勝手が悪い」というのです。「高性能→売れる」という認識（メンタル・モデル）に囚われ、ユーザビリティという至極全うなポイントを見過ごしていたのです。

やはり、1次情報に自ら触れることで認識を修正し、「現実⇕認識⇕意思決定」の整合性を取り戻すことです（図8－9）。意思決定者は、必ず、「正しく現実を把握しているか」「自分の認識はズレていないか」「現実から意思決定まで本当に整合性が取れているのか」と自問自答を行なうと良いと思います。捻じ曲げるべきは現実ではなく、認識こそ変えるべきなのです。

2つ目は、常に認識のアップデートを行なうことです。認識が凝り固まってくる大きな要因の1つはインプットの欠乏です。「認識→意思決定→認識→意思決定……」のサイクルを続けると、どんどん現実から遊離するものです。これは凝り固まった中間管理職によく見られる現象です。過去の成功体験だけが認識の土台となり凝り固まってしまうのです。

そうではなく、「普段あまり接触の無い部署とのコミュニケーションの場を持つ」「若い人と会話してみる」「仲間以外との接触の場を持つ」「時にはお金を払って普段気にしていないテーマの講演会に参加してみる」などなど、**「認識→現実→認識→現実→…」のサイクルを取り戻し、現実と認識のファインチューニングを行なうことが必要**です。

トレード・オンを見据えた問題設定をする

あらためて言うまでもありませんが、問題解決のためのはじめの一歩は、正しい問題設定です。

大きな意思決定を行なう際には、今一度、「何が解くべき問いなのか」を疑ってかかるべきです。間違った問題設定に基づいて正しく答えを出すと、結果的に間違った方向に進んでしまいます。

幼少の頃から大学に至るまで、常に解くべき問題を与えられてきた我々にとって、自ら問題設定を行なうことは実は難しいことです。ただ、難しいからこそ価値があります。**リーダーの腕の見せ所は、問題解決ではなく、問題設定にこそあります。**

たとえば、ヤマト運輸は、短期的な利益を後回しにしてでも、「サービス第一」を選択しました。またアマゾンは、赤字が続く中でも、市場というプラットフォームの魅力度向上に専念しました。

利益が出ない中で、「利益を取るか、価値を取るか」というトレード・オフの問題設定ではなく、将来を見据え「どうすれば利益と価値を両立させられるか」というトレード・

オンの問題設定を行なったのです。そして最終的に、優れた宅配事業やオンライン市場を創り上げました。彼らが持っていた視野は、長くて広く、トレード・オンを見据えた問題設定だったと言えます。

リーダーとしての個々人の意思決定もかくありたいものです。安易なトレード・オフと捉えることなく、**長期的なトレード・オンを目指せるような問題設定をする**ようにしましょう。

ここにこそリーダーの醍醐味があります。それゆえ意思決定の際には、こう自問自答してみてはどうでしょう。

「それは10年後の自分に恥ずかしくない、トレード・オンに向けた選択か?」

「自分は自分」と割り切りを持つ

話は少し回り道になりますが、最後にベン図と共に正しい意思決定をするために、重要な逸話を紹介しておきたいと思います。それは人間の精神の発達プロセスに関するストーリーです。

精神科医の高橋和巳氏の著作『人は変われる 「大人のこころ」のターニングポイント』

図8-10　精神の発達過程

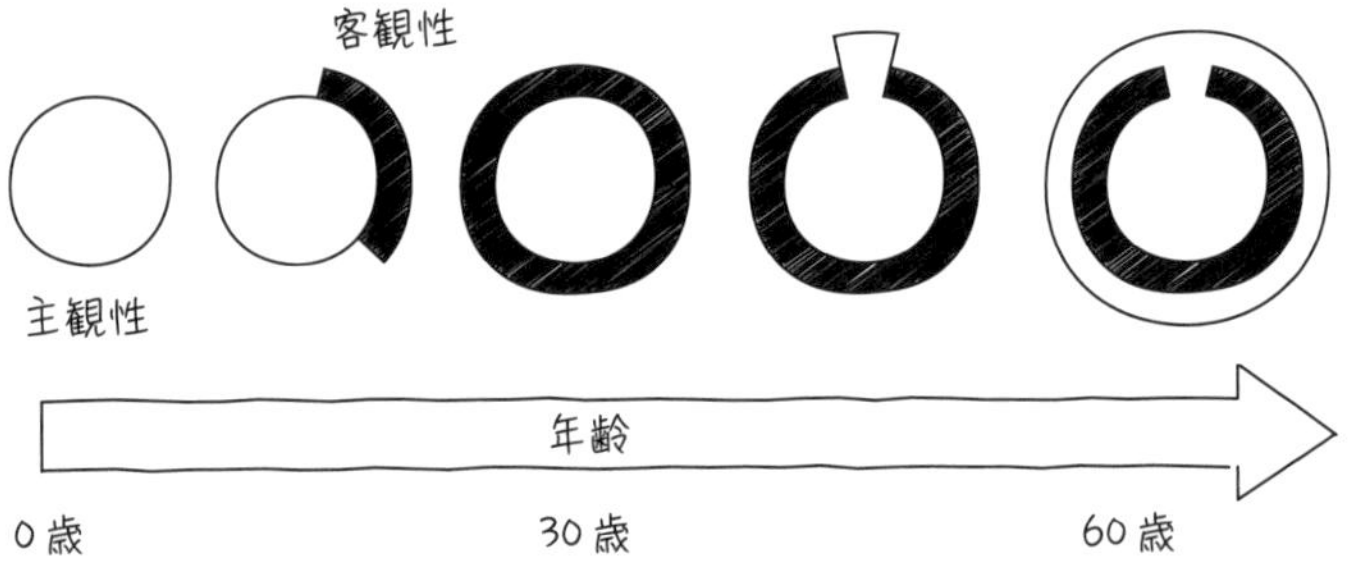

（三五館）にあった論理を私なりにまとめてみました。図8－10を見ながら読んでみてください。

人は、生まれたばかりの時点では〝主観性の塊〟だそうです。つまり、赤ちゃんにとっては主観的な世界しか存在しないということです。お腹がすく。オムツが濡れる。でも大声で泣けば、いつの間にか空腹は満たされ、オムツも気持ち良い新しいものに替わります。ある意味すべて思い通りになる世界です。

しかし、徐々に客観的な世界の存在に気付き始めます。

空腹が満たされるのは、おっぱいから出てくる温かいお乳を飲めるからで、そのおっぱいに辿りつけるのはお母さんがいるからで……と理解していく。その周りにはお父さんがいて、お兄さんがいてと、自分にとっての客観的な存在に触れ、それを1つひとつゆっくりと認識していきます。

周りの世界がどうなっているのか、自分との関わり方はどのようなものなのか。そんな客観的な世界に対する理解・解釈が完成するのは30～40代、人生の中盤頃なのだそうです。

そこから先には2つの道があります。

1つは、惰性の道です。どうせ自分ではどうにもならない客観的な世界があるのだから「何をしても同じだ」と考えてしまい、そこで精神の発達が止まってしまう道です。それは、客観的な世界の理解・解釈の内側に、自分自身が留まってしまうことを意味します。

もう1つは、主観性を取り戻す道です。「待てよ、そもそも自分は、限りあるたった一度の人生を生きるユニークな存在だったはずだ……」と思い直し、主観性を取り戻す旅を今一度始める挑戦の道です。「主観性を取り戻す」と言っても、赤ちゃんのように主観性だけの世界に逆戻りすることではありません。周りの客観的な世界を包み込むような主観性の構築です。

人にはそれぞれ個性があります。リーダーシップを発揮する際にも、その個性は避けて

図8-11　あなたにとっての正しい意思決定

通れません。だから自分らしい意思決定をすればいいのです。

さあ最後に、紙1枚に図8-11のようなベン図を描いてみてください。

2つのベン図が交わるところにこそ、自分なりの正しい意思決定があるはずです。

COLUMN

ダメな上司との付き合い方

働かず、役に立たない上司がいると、それだけで現場には、大いに不満が溜まるものです。

でも、だからといって自分が腐ってしまっては、まったく損するだけです。そんな時、私は無理矢理でも次のように考えるようにしていました。精神的にも物理的にもメリットは大きいはずです。

上司との付き合い方①ダメ上司の下にいることはワンランク上の活躍機会と捉える

ダメな上司の下にいる時は、自分が上の立場になった際の貴重な予行演習の機会だと考えたほうが得策です。

できる上司の下にいたら、学ぶことはできても、実践して力を身に付ける機会にはならないのですから。

上司との付き合い方②上司をいかに楽にさせるかを目標にする

前述の観点に立つと、上司には徹底的に楽してもらったほうが良いということになります。ほんとに上司が何もせずとも、仕事が回るようになったら、自分が次のステップに行く準備が整ったということになります。

上司との付き合い方③上司は仕えるものではなく使うもの

達成すべきことは「外への価値創出」「Whyの実現」です。だから、あなたがもし優れたリーダーならば、すべての資源を活用すべきです。ダメな上司でも人脈はあるかもしれませんし、さらに上の経営層とのコミュニケーション・パスとして活用できるかもしれません。

顔を立てつつ、最大限活用し、自分の資源にしてしまえばいいのです。

上司との付き合い方④上司とは作業（タスク）ではなく、目的を握る

繰り返しになりますが、共通の目的は矢バネの先にあります。作業そのもので上司と握ると自由度を奪われかねません。

「何を達成すべきか」という目的、あるいは結果で合意形成すべきです。

ダメな上司の下で腐っていては、その先には進めません。これら4つの視点を持ちながら、自分の領域を広げ、能力を高めていくことが「技術屋」「事務屋」といった「〇×屋」から、ジェネラル・マネジャー（経営陣）へと脱皮していく近道なのです。

おわりに

本書ではここまで、「図」と「経営」について述べてきました。

皆さんが日々直面する問題設定や問題解決の課題に対して、少しでも役立つ視点を提供できていれば幸いです。

そして、この「図で考える」というアプローチは、必ずしもビジネスにだけ役立つというわけではありません。思考のＯＳとも言えるものなので、個々人の成長にも大いに役立つはずです。

そこで、自己成長という観点でのお話をして、本書を締めくくりたいと思います。

私は、自己成長を目指すには、大きく２つのパターンがあると考えています。
①意識を変えて、行動を変える。

②行動を変えて、意識を変える。

私自身、意志の弱い人間なので、①のアプローチは大体において失敗します。

「よしっ、明日から心を入れ替えて戦略論をマスターするぞ」

「よしっ、明日から本格的にダイエットだ！」

そう意気込んで初日は分厚い本の最初の100ページほどを一気に読み、ほぼ何も食べずにダイエットに励む。まあ1日目はいいのですが、こんなのは長続きするわけがない。2日目には本を開けるのも嫌になり、チョコレートを貪り喰ってしまう……。

忙しい社会人になって、学ぶべきことも増え、対処すべき仕事も増え、それらを一気に解消しようとして陥るのは、決まって1日坊主でした。あらためて思うのは、威力を発揮するのはやはり②のアプローチだということです。

もともと私は「計画マニア」でした。受験期には勉強している時間より、勉強のための計画を立てている時間のほうが長かったのではないかというくらいです。模試に向けて「どの科目をどんな順番でどれくらいの時間勉強するのが良いのか」「模試までの時間を有効活用し、全科目の合計点を如何に最大化できるだろうか」と、そんなことばかり考えていました。そして就職して、だんだんと忙しくなればなるほど、私はかつてのように「計画」を立てるようになりました。

計画を立てることと、②の「行動」→「意識」のアプローチの間にはどんな関係があるのか、皆さんは疑問に思われるかもしれません。私の解釈は以下の通りです。

そんなに簡単に意識は変わらないから、行動から変える。

ただ、やるべきことを一気に片付けられないので、やるべきことを少しずつの塊に分割する。

それを時間軸で割り振ると「計画」ができる。

つまり計画を立てることは、現実的な「小さな行動」を始められるように、自分を追い込むことに他ならないのです。そして、そんなコツコツとした小さな積み重ねが、いつしか勉強や仕事の成果につながり、やがて勉強や仕事に対する姿勢が変わり、意識・意欲も変わっていく。行動が結果的に意識を変える。こんな感じだと思っています。

実は、私の「図で考える」原点は、この計画作りにあったように思います。

学生時代、計画を作る際には、目盛りも日付も手書きでした。ヨコ軸に時間。タテ軸に科目や単元を書きながら、どうすればうまくいきそうかを考えるのです。まさに書いている時間が考えている時間。当然、状況によって目盛りの単位も変えるし、科目や単元の粒度も変えていきます。

また、ある程度まとまった時間が取れる時にやることと、端切れの時間でやることも、モザイク模様のようにうまく組み合わせていきます。たとえば丸1日なら数学を根本定理から、風呂から上がって寝る前までは英単語を少しだけ暗記といった風に。

やったことは日々、色のついたペンで消し込みます。もちろん、行き詰まったら計画を書き直します。しかしその繰り返しが、希少な資源である「時間」の最大活用につながったような気がします。

計画が図であり、図が行動へと自分を駆動してくれるのです。

私は、今でも計画を立てる時は、Ａ４の方眼紙１枚とペン１本です。

本書で議論してきた「図で考える」アプローチと、図で考えたことを自らの血肉にするための「モジュール化」は自己成長にも活かさない手はないと思います。

まず手始めに紙１枚を取り出して、ヨコ軸に日付、縦軸に、たとえば、戦略、マーケティング、イノベーション、組織、リーダーシップ、その他、といったような項目を書き出し、1日1個、どれかの項目のところに◯を書いてみてください。そして1日1枚、図を描いてみるのです。その日のでき事の分析でも、考えたことでも、誰かから聞いた話でも、新聞で読んだ記事でも、なんでもいいので、それを題材に図を描いて考え、溜めてみるのです。

1枚描くと、◯を1つ赤く塗りつぶし、調子よく1日2枚描けた日があったとすると、翌日分の◯も赤く塗りつぶす。そんなことから始めてみてはどうでしょう。

紙1枚には大体1カ月半程度の日付が書けるので、コツコツやると、1カ月半後くらいには、知恵のネタが50枚程度でき上がるはずです。

これはすなわち、あなたの成長が可視化されたものに他なりません。

千里の道も1歩から。

まずは行動から始めてみませんか！

【著者紹介】
平井孝志（ひらい　たかし）
筑波大学大学院ビジネスサイエンス系国際経営プロフェッショナル専攻教授
東京大学教養学部卒業、同大学大学院理学系研究科修士課程修了。マサチューセッツ工科大学（MIT）スローン経営大学院MBA。早稲田大学より博士（学術）。ベイン・アンド・カンパニー、デル（法人マーケティング・ディレクター）、スターバックス コーヒー ジャパン（経営企画部門長）、ローランド・ベルガー（執行役員シニアパートナー）などを経て現職。コンサルタント時代には、電機、消費財、自動車など幅広いクライアントにおいて、全社戦略、事業戦略、新規事業開発の立案および実施を支援。現在は、経営戦略、ロジカル・シンキングなどの企業研修も手掛ける。早稲田大学大学院経営管理研究科客員教授、三井倉庫ホールディングス株式会社社外取締役。著書に『本質思考』『武器としての図で考える習慣』（共に東洋経済新報社）他多数。

武器としての図で考える経営
本質を見極め未来を構想する抽象化思考のレッスン

2023年10月10日発行

著　者——平井孝志
発行者——田北浩章
発行所——東洋経済新報社
〒103-8345　東京都中央区日本橋本石町 1-2-1
電話＝東洋経済コールセンター 03(6386)1040
https://toyokeizai.net/

ブックデザイン……小口翔平+畑中茜+村上佑佳（tobufune）
イラスト……………大塚砂織
ＤＴＰ……………アイランドコレクション
印　刷……………広済堂ネクスト
編集協力…………パプリカ商店
編集担当…………齋藤宏軌
 Printed in Japan　ISBN 978-4-492-04747-7